JN177201

新編 下田歌子著作集「女子のつとめ」

7頁「凡例」への付記

一、本文中に、今日の視点から見た場合、人権上不適切な表現が用いられている個所があるが、歴史的資料としての性質から、底本通りとした。

新編 下田歌子 著作集

女子のつとめ

【現代語訳】

監修 実践女子大学下田歌子研究所
訳 伊藤由希子

三元社

女子のつとめ　目次

女子のつとめ〈現代語訳〉

女子のつとめ〈現代語訳〉 9

序 11

上の巻

一、全般的なことについて 12

二、少女（むすめ）としてのつとめ 13

心の修め方 …… 14

ふるまい方 …… 20

言葉の使い方 …… 23

父母や祖父母に対する心得 …… 25

兄や姉に対する心得 …… 32

弟や妹に対する心得 …… 34

使用人に対する心得 …… 35

学ぶべきことと学ぶべきでないことと …… 39

日課 …… 44

三、妻としてのつとめ 46
心の修め方 …… 47
ふるまい方 …… 52
言葉の使い方 …… 56
夫に対する心得 …… 59
舅や姑に対する心得 …… 62
小姑に対する心得 …… 65

四、主婦としてのつとめ 66
心の修め方 …… 67
ふるまい方 …… 68
言葉の使い方 …… 70
親戚に対する心得 …… 71
友人に対する心得 …… 80
使用人に対する心得 …… 99
家事についての注意 …… 114
看病についての心得 …… 121

下の巻

一、母としてのつとめ　123

母の責務……123
心の修め方……124
ふるまい方……127
妊娠についての注意……129
育児についての心得……131
授乳についての注意……134
乳母についての注意……136
使用人や伽の者についての注意……137
幼児の衣食住についての注意……143
歯が生える時期についての注意……149
種痘についての注意……150
幼児の病気についての注意……151
幼児の遊びおよび玩具についての注意……153
家庭教育……155

二、姑としてのつとめ　174

心の修め方……174
昔の舅・姑と嫁と……176
現在の舅・姑と嫁と……178

ふるまい方……180
三、姉としてのつとめ　185
心の修め方……185
ふるまい方……186
弟や妹に対する心得……186
四、妹としてのつとめ　191
心の修め方……191
ふるまい方……191
兄弟姉妹のいましめ……193
小姑に対する心得……201
五、小姑としてのつとめ　202
女子のつとめ〈原文〉　207
上の巻……208
下の巻……268
解題　伊藤由希子　315

凡例

一、本書の底本には『新編　女子のつとめ』（成美堂書店、一九〇二）を使用した。

〈現代語訳〉

一、原文に即し、原文の文脈・含意を損なわないように訳すことを目指した。

一、訳者による語注を文中の（　）内に示し、参考事項を脚注に示した。

〈原文〉

一、旧漢字は基本的に新漢字・通用漢字に改めた。

一、原文を尊重し、表記ゆれや句点・読点は原文どおりに残した。

一、明らかな誤植と思われる箇所は、訳者の判断で適宜修正した。

一、ルビ（振り仮名）は、訳者の判断で、適宜削除・追加した。ただし、原文にルビが付されておらず、読み方の可能性が複数ある場合には、訳者によるルビを付すことは控えた。なお、原文にもともと付されていたルビと訳者によって付されたルビは特に区別していない。

一、【　】内は、原文で漢字の左側に付されたルビ（語の意味を示す）である。

女子のつとめ〈現代語訳〉

序

私が女子を教育するようになって、長い年月が経ちました。ある時は学校で、ある時は家塾（私塾）で、若い少女たちと接することが多かったものですから、彼女たちの日常生活について申し上げたことを、この人たちが書きとめておいたり、また私自身も筆のおもむくままに書き記したりしたことがだんだんとたまってきて、文箱いっぱいになりました。今回、知り合いの本屋の主が、それをまとめて刊行しないかと勧めるので、それもそうかと思うようになって、ともかくもと承知したものの、そうは言っても話の順序さえ整えられていないのですが、本屋が「どうか早く」と促すので、仕方なく原稿を渡しました。

石の上にも三年と言いますが、長い年月少女たちに言い続けてきたことは、特にこれといった取るべきところもないものですが、まだ世に馴れていない若竹のような後進の者たちが、机の横に置いておいても悪いことばかりではあるまいと、無理に強がってみたりしています。

明治三十五年初夏

下田歌子記す

女子のつとめ　上の巻

一、全般的なことについて

女子（女性）のつとめとはどのようなものでしょうか。女子のつとめとは、天から与えられた女子としての職責をまっとうすることです。では女子の天職とは何でしょうか。それは言うならば、人の母として、妻として、女（むすめ）として安定した立場を保（たも）って、少しも道からはずれることがないことです。そして、その安定した立場を保とうとするには、まず第一に徳を積み、知を磨（みが）き、身体をすこやかにし、さらに女子の仕事をきちんとできるようにしなければなりません。これから順々に、女子として努力すべきことのおおよそをお話ししていこうと思います。

二、少女（むすめ）としてのつとめ

人の子として生まれたからには、まず孝道（親孝行の道）をまっとうするようつとめなければなりません。昔から東洋の教えでは、「孝は百行（ひゃっこう）の本（もと）（孝はあらゆる善行の基となるものである）」と言い伝えられてきたのですが、かの西洋の学問を中途半端に理解して、かえって、親孝行は愚かなことであるかのように言ったり考えたりするような人も出てきたのは、あやまりと言えましょう。

無慈悲な親が孝という文字を楯（たて）に我が子を責（せ）めさいなんだり、また子の方も、孝という人として大切な道を思い違いをして、母が父以外の男のもとに通うなかだちをしてやったり、あるいは、親の病（やまい）を救おうとしてかえって自分の身を滅ぼし妻子を犠牲とするといったように、もっとも身近でもっとも大事な親にむしろ残忍狂暴の汚名を負わせることになってしまうようなことがあるのは、孝それ自体がいけないのではなく、それを行った人がなすべきことを間違えているのです。ですから、親孝行は愚かなことであるといったでたらめな批評などは気にせず、やはり両親に対する孝養（孝行を尽くして養う）はけっして怠（おこた）ってはなりません。

孝行が大切であるのは男でも女でも同じことですが、女子は大人になると嫁（とつ）いで人の家に行くものですので、父母の膝元（ひざもと）にいられる時間は本当に短いものです。だからこそ、男子よりもいっそう心して、親のそばにいる間はできるだけ誠実に仕えるべきです。この詳細については、後でまたお話しします。

心の修め方

少女の心は白紙のようなものです。父母がそれに色をつけていくのにしたがって染まっていくものですが、学校に通うようになり、友達とも交わるようになると、赤くなるべきはずのものが黒くなり、青くなるべきはずのものが紫となり、ややもすれば、あれこれ好ましくない色にも染まって、反古染（貧しい人が着ていた着物のように、つぎはぎに染められた反物）のようにもなりはててしまいます。これはたいへん恐ろしいことです。ですので、父母のもとにいる年頃でも、少しは物事がわかり判断がつくようになったならば、まずは何があろうと神を敬う気持ちを深めるようにしなければなりません。

学びの道が人々に開かれて以降[1]、学問がある人はかえって有神論を捨てることが多くなり、物事の道理を知る人は必ず無神論者であると考えられるようになってきているこの国の将来は、たいへん恐ろしくも、また危うくも思われます。理（道理）に従って非理（道理に合わないこと）を退け、義（道義）を優先して利（欲利）を後回しにし、世間の評価や栄誉・恥辱を少しも気にかけず、常に俗世の生き死にのレベルを越えた正しい道を求め、そうした道を喜んで行おうという人が、世間にはそもそもどれほどいるのでしょうか。神を信じ天を恐れる人々は、たとえ知識も学問もなくても、死にゆく時も心穏やかで、利に執着せず、それはあたかも大いなる賢者のふるまいのようでもあります。とすれば、一般の人の心を正しい道に導くには、この不完全な人間以外に、目には見えなくても信じられる何ものかがなくてはなりません。何のために神を崇（あが）めるのかについては、私自身少し考えていることもありますが、今ここではそのことについては述べません。それぞれの人が信を寄せるものは、神でも仏でも、その種類は何でもいいのです。この日本の国体（天皇を中心とした日本の国のあり方）に抵触せず、天皇に忠義を尽くす忠君の道からはずれさえしなければ、神を敬う道すじはどのような道でもかまいません。ただひたすらに、目に見えない天の姿を見、耳に聞こえない天の声を聞いて、天が、人目にはわからない徳行（道徳にかなった正しい行い）に対しても、誰の目にも明らかな報いを与え、隠れて行われた悪行に対しても、明らかな罰を浴びせることを恐れつつしんで、人からの評価は気にせずに自問自答して、ただひたすらに、この上なく正しく恵み深い神の御心（みこころ）にかなうことを望むべきなのです。

ただし、迷信は常に無神論者から攻撃を受けるものです。知ある者はけっして迷信を持たないものですが、知がない者は、往々にしてこの横道に入りやすいものです。まして、物事がまだよくわかっていない少女（むすめ）たちは、ややもすれば、「神を敬うべし」ということを勘違いして、迷信に入って

【1】明治維新以降の時代を指す

いってしまうことがあります。病気にかかった時に医師に薬をもらわずに、仏壇に供(そな)えられた腐った水を飲んだり、神への供え物の腐ったご飯などを食べたり、ひどい場合には、「方角がよくない」「年まわりが悪い」などと言って、良医にかからずにやぶ医者を頼ったり、あるいは、塩断ち（神仏への祈願や病気を治すために塩気のある食べ物を食べないこと）や火の物断ち（火を通した食べ物を断つこと）をして胃腸を壊したり、裸足で寒参(かんまい)り（寒中の三十日間、信心や祈願のため毎夜神仏に参ること）をして風邪や熱におかされるといったことは、まさに知識のある人たちに笑われる迷信です。このようなことにまどわされて、まことの神の御心にそむくようなことは、けっしてしてはいけません。

心だにまことの道にかなひなば祈らずとても神やまもらん[2]

（心さえ神のまことの道にかなっていれば、祈らずとも神はお守りくださるでしょう）

のどけさや願ひ無き身の神まうで[3]

（これといった願いもなく神に詣(もう)でる心持ちの、なんと穏やかなことよ）

などと詠われていることこそ、本当に神の御心を汲み知りえたものと言えるでしょう。

けれど、「縄床(じょうしょう)に座せば、覚えずして禅定(ぜんぢやう)成るべし（坐禅用の腰掛けに座れば、知らず知らずのうちに心が静まって精神が集中できるであろう）[4]」と言うように、まず畏(おそ)れ多い神の御前に詣でておごそかに拝(おが)み、真心から祈ろうとしなければ、心は清められ改まらないものですので、幼い頃から、毎朝毎晩、天を拝んでお祈りすべきです。そしてそのお祈りは、けっして利欲のためにしてはなりません。ひたすら「私の心を正しい方へとお導きください」「私があやまちをおかしませんようお願いいたします」と念じて、そして無事に過ごすことができたならば、心正しくあやまちなく過ごせたことを感謝しなければなりません。このようにしてこそ、まことに神の御心にかない、ついには思いもよらない幸福をも授けられるようになるのです。

安神立命（あんじんりゅうめい）（身を神にまかせ、どのようなことにも動じないこと）の手立てを考えることは、男にとっても女にとってもとりわけ大切なこととはいえ、特に女子は感情に駆（か）られることが多く、迷いの世界へと誘（いざな）われることも少なくありません。それゆえ、男子よりもいっそうこの点に気をつけて、人間を超えたものの中に、自分が頼むべきものを見つけ、それに自分の精神をゆだねて、けっして疑うことがないようにすることが肝心です。しかし、年をとってからだと、神聖な信仰を固めるのはきわめて難しいものですので、まだ本当に無心で無邪気な年頃に信仰を確固としたものにするのがよいでしょう。知らず知らずのうちに耳に入り、眼に見えることが次第に心の基調をなす色となっていき、心の中までその信仰に染まることもあるでしょうが、信心とは自分でいろいろ努力することで起こってくるものであって、けっしてよ

【2】菅原道真の歌
【3】幕末の志士・吉田松陰は、妹宛の書簡に「心学本に『のどけさやねがひなき身の神詣で』、神に願ふよりは身に行ふが宜しく候」と書いている
【4】吉田兼好『徒然草』より

そから取りつけるようなものではありませんので、くれぐれも無理に信心を持たせようなどと考えてはなりません。

申すも畏れ多いことですが、天皇・皇后両陛下は、代々の天皇の神霊を深く尊び崇め、敬い信じていらっしゃり、大きな出来事があるたびにまず賢所（宮中で、天照大神の御霊代である神鏡を祀ってある所）にお告げ申し上げ、結婚の祝典も宗廟（祖先の霊を祀ってある所）の神の御前でお執り行い、陛下みずからがお祀りをなさる際にはたいそうおごそかにお執り行いになるということをうかがっております。まことに尊いことです。そうであれば、我々臣民（天皇のもとにある国民）も、このような陛下のご意思を尊び、これに習い申し上げるべきでしょう。けれど前にも述べたように、信仰は自由であるとすでに天皇陛下がお言葉をくださっていますから、信じるところのものはそれぞれの人の思うがままでよいのはもちろんですが、自分が信仰するものが尊いのだとひたすらに思いこんで、一番基本にある、自分の君主である天皇陛下も国も忘れたかのようにふるまうのは、もってのほかです。くれぐれも考え違いをしてはいけません。

神を敬う思いが深くなれば、安神立命の方法も、次第に身についてくるものです。とはいえ、これは普通は幼い女子ができることではないでしょうが、前に言ったように、幼少の時から神を信じれば、その信心はたいへん強固になるものです。

次に必要なことは、どんなものであれ、聖人・賢人が書き残した嘉言（いましめとなる立派な言葉）、確言（しっかりした根拠のある、信じるべき言葉）を声に出して読むことです。昔の人たちは、日常かたわらに置いていた机や硯、その他の道具類に、心を修め、身を守る手引きとなるような言葉を書いたり彫ったりして、毎日毎日これが眼に触れるようにつとめました。また、熊沢蕃山先生（江戸時代の儒学者）は、君子（高い徳と品位を備えた人）と小人（徳がなく品性のいやしい人）との姿かたちをそれぞれ描いた二幅の掛け軸を作って、居間の床の間にかけ、日々これを前にしては、自分の心のありさまが君子の姿かたちに似ている時は喜び、小人に似ている時は憂い恐れて、みずからをかえりみて、改めるべき点を改めたといいます。幼い女児は、その言葉の意味もよくわからない頃から、よい言葉を、まずなんとはなしに口に出して身につけるのがよいでしょう。この言葉が知らず知らずのうちに心の基調をなす色となって、自分の行いを正して身を修め、自分の心を支配するものとなれば、これはたいへん立派なものとなるでしょう。

また、少女は、自分と同じくらいの年齢の子がよい行いをしたことが書いてある伝記を読んだり、そのような様子を描いた絵などを見て、昔の人の徳に習うようにしましょう。遠い昔、中国の衛荘姜（中国・春秋戦国時代の衛の君主である荘公の妻）という賢い夫人は、詩を作ってその中で、「若い人は、特に同じ年頃の人のことに心を引かれることが多いものだ」とおっしゃいました。なるほど、昔の人が心配事や災難があっても、それに心を乱されることなくたゆまず行動し続け、つとめて婦道（女性としてあるべき道）を歩んだその足跡を見れば、「私も負けてはいられない」という勇気も湧き、耐えがたいことにも耐えることができるようになるものです。

つまり、心を修めるためには、まずは畏れ多い神の御心を信じ、正しく清く誠実に生き、心をゆがめたり濁らせたり偽（いつわ）り飾ったりといったことはけっしてしてはなりません。この後も章を追って順々にお話ししていきます。

ふるまい方

少女（むすめ）時代というのは、ふるまい方、つまり行動に関しては、きわめて簡単で単純な年代です。特に、父母の保護のもとにあって、すべて父母のおっしゃるままにすればそれで何の難しいこともない未成年の間は、ただ素直に真面目に、親のお考えに従ってふるまえばよいのです。けっしてわがままにふるまったりしてはいけません（もし父母がいらっしゃらないのであれば、父母に代わる人に対して）。

聖人（中国・春秋戦国時代の思想家である孔子のこと）の言葉にもあるように、父母が存命の時には、少女（むすめ）は遠くに行ってはいけません。また、どこかに行く時には、行き先を必ず知らせておき、無断で他へ行くようなことはけっしてしてはいけません[5]。ただし、父母の許しをもらって遠い国に留学するといった場合は、このかぎりではありません。

まず、朝は早く起きて身支度をし、身のまわりのものは自分で整えましょう。たくさんの使用人を使っているような家であっても、幼い頃はむやみに人を使わずに、自分で自分のことをするのがよいでしょう。みずから我が身を修めようとする心が養われ、身体の運動にもなり、また、人を使う時の思いやりの心も育つからです。特に、人手が少ない家などでは、自分のことは手早く済ませ、父母の手助けをしてさしあげるようにしましょう。

学校へ通う年齢になったならば、特に朝夕の家にいる間は、父母によくお仕えするように心がけましょう。復習（おさらい）や何（なん）やで暇がないと言って、まるで家の主（あるじ）が公（おおやけ）の仕事で忙しい時のような様子を真似て、母の命令にも背き（そむ）、机にかじりついているなどというのは、もってのほかです。今の学校教育（特に女子の）は、普通の体格の少女（むすめ）がやりきれないほどにたいへんなものではありません。授業中に集中して学んでおけば、家でそれほど復習に時間を費やすことはないはずです。また、多少の復習は必要でも、けっして多くの時間を費やすほどではありません。そうであれば、母の助けとなるようなことなどはできるかぎり喜んでしてさしあげ、かいがいしく立ちはたらくようにすべきです。

また運動は、体を育てるという観点からもきわめて大切なものです。年少の頃はとりわけ運動するべきですが、とはいえ、それぞれの家庭のきまりに無理に逆らうのはよくありません。

友達に勧められたとしても、よろしくない場所には出入りしてはいけません。よからぬ人とつきあってはいけません。間食をしてはいけません。きれいな服を欲しがってはいけません。ただし、父母が「どうしても」とおっしゃる時にはその仰せ（おお）に従うべきですが、その場合でも折々（おりおり）に自分の考え

【5】「子曰く（しいわく）、父母在せ（いま）ば、遠く遊ばず。遊ぶに必ず方（ほう）有り」（『論語』）より

を訴えて、最終的には父母の許しを得るようにしましょう。

身体もそうですし、自分の部屋や道具類など、何もかも清潔に、秩序正しく整える習慣をつけましょう。健康に気を配らなかったために病気になるようでは、親不孝です。よく注意しましょう。立ち居ふるまいはきわめてしとやかにするべきですが、学校で課せられる体操や運動などは、精一杯活発にやりましょう。身ぎれいに姿かたちを整えるのは好ましいことですが、厚化粧でなまめかしい身なりをするのはいけません。容姿は端正で清雅（清らかでみやびやかなこと）に、立ち居ふるまいは優美で高尚にするのがよいとは言え、高貴な家柄でもない女子が、やたらに上品ぶったことだけを真似て高貴なふりをするのは、まったくみっともないことこの上ありません。

反対に、高貴な方が貧しい女子がするようなことまで心得ていらっしゃるのは、まことに尊く、奥ゆかしいものです。申すも畏れ多いことですが、我が国の代々の皇后陛下の中には宮中で蚕を飼われた例も多く、また、現在のヨーロッパ諸国の王室で、女性が必ず修めなければならない業として看病に関することを学んでいらっしゃることなどは、まことに素晴らしいことです。くれぐれも、勘違いをして、逆のことをしてはなりません。

女子は特に、「素行がよくない」などといった少女時代の評判が、男子の場合よりも、一生の大きな汚点となります。ですので、年少の頃のふるまいには慎重に慎重を重ねて、父母にまで心配をかけないように気をつけましょう。

言葉の使い方

女子にとって、言葉づかいはとても重要です。話し方がしとやかで、声音（こわね）がさわやかで、言葉も上品だと、その人柄まで高貴に感じられるものです。

言葉づかいを大人になってから急にあらためようとするのは、たいへん難しいものです。幼い頃から、正しい音声、よい言葉を身につけるようにし、なまったり、間違った言葉に馴れてしまったりしてはいけません。目上の人に対しては、静かに、丁寧な言葉づかいで話すようにしましょう。女子は、目下の人に対しても、横柄（おうへい）な言葉を使うべきではありません。ふさわしい言葉を使うようにしましょう。

女子はとかくおしゃべりなものです。おしゃべりだと品がないように思われ、反対に口数が少ないと奥ゆかしく感じられます。学校でも家庭でも、教師の前に出たり客の中に入ったりすると、答えるべきことさえ口ごもって、聞き取りにくい小さな声で話すのに、友達や使用人の女たちと一緒にいる時は、とんでもないことまで大声でぺらぺらと話し散らしていたりするのは、まったく見苦しいものです。答えるべきこと、きちんと言うべき時には、はっきりと明らかに言って答え、反対に、言うべきではないこと、答えるべきでない時には、口を閉じるのがよいのです。

今の日本社会は、いろいろな物事がまだ十分に秩序立っておらず、少女（むすめ）が耳にすべきではないようなことまで洩れ聞こえてくるようなこともなくはありませんが、そのようなことには耳をとめるべきではありません。まして、そのようなことを自分の口から人に伝えるなどというのは恥ずかしいことですので、人の悪い評判や、嘘偽り、道理にはずれたことなどは、冗談でも口にしてはなりません。また、家に帰ってから学校の教師を品評するようなことを自慢げに言ったり、あるいは家での出来事などを学校で友達に話すなどといったことは、いずれもしてはならないことです。それに友達についても、よいことはいいですが、悪いことは言ってはいけません。人についての中傷や、とりとめのない話も、いずれもしてはなりません。少女が口にすべきは、教師や親などからうかがったこと、修身（この当時学校で教えられていた道徳教育科目）や学科などに関することであって、それも、学がない人の前でもの知り顔に話すのはよくありません。同じ学校の友達同士や、家庭で話すのは結構なことです。

　幼い頃は特に見識も浅く、あらゆることがまだよくわかっていませんから、自分から話すことはなるべく少なくして、他の人から聞くことを多くすることが必要です。まだものをよく知らない年頃を、世間で「憎まれざかり」などと言うことがあるのは、そのようなものをわかっていない者たちが、耳に聞いたままに何の分別もなく、またそのことのよしあしも考えずに、やたらにあれこれ言い散らしたり、人がいやがるようなこともはばかることなく口に出したりするからです。ですから、先に述べたように、自分は言葉少なく、大人の話を多く聞くようにするのがよいのです。幼い時分に、自分の言うことはまったく理屈が通っていると信じ、利口ぶって大人と張りあって議論などしたことを、大人になってから、「お前は子どもの時、私にこういうことを言ったぞ」などと言われて顔を赤くするというのは往々にしてあることです。よく気をつけましょう。

とはいえ、子どもが無邪気に、遠慮なくものを言うのが悪いというわけではありません。ただ、子どもが言うべきではないことを言うのがよくないということです。このことを取り違えて、やたらと大人びた、ふさいだような子どもに育ててはいけません。そうして、だんだんとものがわかるようになってきたら、それなりに受け答えの言葉にも馴れて、人の妻となって人前に出た時に、指をくわえて恥ずかしがったりすることがないようにしましょう。けれどその時も、あまり出しゃばりに思われるようではいけません。ちょうどいい程度になるよう、心がけましょう。

父母や祖父母に対する心得（こころえ）

父母にお仕えして孝行をしなさいということは、三千年も前から今まで伝えられてきた教えで、誰でもよく知っていることですが、そのように誰でも知っていることが思いのほか行われていないのは、まことに悲しいことではありませんか。子に対する父母の愛情は天から授（さず）けられたもので、我が子をいとおしいと思う心に引かれるからこそ、なしがたいこともなし、耐（た）えがたい苦労にも耐えて、子どもを育（はぐく）んでくださるのです。もしこれが他人から与えられた職務であれば、たとえちょっとの間でも、耐え忍ぶことができるでしょうか。

そのように耐えがたいことを耐え、なしがたいことをなして育まれたことに対する恩は、子が一生つとめても返すことができないほどのものですが、まして女子は、父母の保護のもとにあって父母の手に助けられる年頃にだけ生家にいて、大人になれば生家を出て、他の家に嫁ぐものです。その嫁ぐ時も、父母は娘のために、できるだけいいようにと婿を選んだり、家を調べたりしてさまざまに力を尽くし、その後も、やれ結婚準備だ、お祝いの宴だと絶え間なく動きまわり、お嫁に行かせた後も、「向こうの家でうまくやっているだろうか」、「いい評判をもらえていればいいけれど」と日夜祈り案じて、ひたすら娘の幸福と栄誉を望んでいるものです。かくしてその娘が平穏無事に過ごしていければいいのですが、中には、それでも素行がよろしくなく、心がけも悪く、ついには不幸な境遇に陥るようなこともあって、そうすると父母は落ちついて暮らすこともできなくなり、それでもこのような愚かな子のためでも、なんとかうまく後始末してやろうと考えます。まことにかたじけなく、ありがたいことです。

それなのに、親子の間の孝という文字にさえいろいろと理屈をつけて、「なぜ子は親に孝行しなければいけないのか」などと言ったり、「親は子に対し慈しみ深いものだから、反対に子は親に対し孝行しなければならない」などと言ったりする人もいます。それなら、親が子に対して慈しみ深くなければ、子も親に孝行しなくてもいいと言うのでしょうか。そのような理屈っぽい、法律的な説明は、そもそも親子兄弟や夫婦など、近親の間柄で持ち出すべきものではありません。法律は疎遠な関係において こそ必要なものであって、他人であっても、親友の間には不要なものです。もし親友同士の間に、法律に頼らざるをえない事態が生じたならば、それはもう親友と呼べなくなる時でしょう。親子であればなおさらです。親子の間のことをあまりに理屈に訴えた結果、下手をすると親子で財産を争って法廷にまで出るということもある今の文明社会は、真の文明社会と言えるでしょうか。まことに疑わしいものです。

賢さ、身分の高さ、貧富などを見るならば、自分の生みの親より賢い人、高い地位にいる人、裕福な人は、世間にたくさんいるでしょう。それだけでなく、事によっては、自分のことを信じて引き立ててくれる人や、自分の親よりも力を貸してくれる人が、広い世界のどこかにいないとも言えません。けれど、いろいろの点から自分にとって益になる人、自分よりすぐれている人は他にたくさんいても、ただわけも理屈もなく、慕わしく、敬いたくなるのが我が親というもので、それは自然の情として当然のことなのです。たとえば、自分と親と比べていずれが尊いかなどといった利害得失に思いをめぐらす間もないほどに、知らず知らずにみずからの身を挺して親の体を覆ってかばうといったおのずから生じる情こそ、真によくよく味わうべき、天がお与えになった肉親の情愛でしょう。

人々の内にあるこのような自然の情を開発して教え示し、信仰を確固としたものにさせていることが、宗教が特にすぐれた力を持っているゆえんなのでしょう。「何事のおはしますかは知らねどもかたじけなさに涙こぼるる（どのようなものがここにいらっしゃるかはわからないが、かたじけなくありがたい思いに自然と涙がこぼれてくる）」[6]。これは、信者が神仏の前に詣でると、何の理屈も考えもなく拝んでしまうということを詠んでいます。これこそ、子が親を思う情の源なのです。親が自分を愛し、慈しんでくださる度合いが、他の人よりも深いからありがたいというだけではありません。それほどまでにしてくださらなかったとしても、自分の親はやはり慕わしいと思う心こそ、まことにいじらしい親孝行な子の情であると言うべきでしょう。

次にまず、少女が普段親に仕えるにあたっての心得を言いますと、学校に通う年齢になったら、朝は早く起きて、身のまわりのものを整理整頓し、部屋の掃除をし（ただし使用人が多い家はこのかぎりではありませんが、年少の頃はなるべく運動がてら、みずから掃除をするのがいいでしょう）、身支度を終えて、それでもまだ時間があれば、父母の手伝いをしましょう。

出かける時、帰った時は必ず父母に報告し、父母の機嫌をうかがうようにしましょう。昔の賢人（孔子のこと）も、子が親に仕える道を説いて、親に対する時の顔色（顔の表情）は難しいものだとおっしゃいました[7]。これは、父母は常に我が子のことを案じて思い悩みなさるもので、子どもの顔色が悪かったり不愉快な様子などを見ると、病気なのではないか、心配事があるのではないかとひどく気を病みなさるから、父母と顔を合わせる時にはまず顔色をよくするようにしなさいと教えていらっしゃるのです。ですから、外出や帰宅の際に父母の前に参上する時には、晴れやかな顔つきでにこやかに、しかもうやうやしい態度をとるようにしましょう。

そうして学校から帰ったら、できるだけ復習などはすみやかに済ませ、母の仕事を手伝い、夜は親たちの肩や腰を撫(な)でさすったり、新聞、雑誌などから好ましく、父母の心を和やかにするような記事を選んで読んだり、それについて話したりして、お聞かせするようにしましょう。ただしこれは、学習が少し進んでからのことです。

次に、身体を強くすこやかにするのも、孝行の一つです。聖人（孔子のこと）も、父母は何よりも子の病気に心を痛めるとおっしゃっています[8]。そうであれば、不注意で思いがけない病気にかかったり怪我をしたりして、親の心を煩(わずら)わせるようなことがないように、衛生（健康を保ち、病気の予防や治療につとめること）と体育とをおろそかにすることなく行うようにしましょう。

祖父母に対する心得は、父母に対する場合と格別異なることはないと言えますが、大事なのは、祖父母は父母よりももっと年を取り、体も衰え、気力も乏(とぼ)しくなっていらっしゃるものなので、いっそう注意して、丁寧に親切にお仕え申し上げなくてはならないということです。年老いた人は、眼もかすみ、耳も遠く、日常の動作もおぼつかなくなるものなので、一見すると見苦しく、またもの忘れが

【6】平安時代の歌人である西行が、伊勢神宮に参った時に詠ったと伝えられる歌
【7】「孝を問ふ、子曰(いわ)く、色難(かた)し」（『論語』）より
【8】「父母はただその疾(やまい)をこれ憂う」（『論語』）より

進むにしたがって、くどくどしたもの言いになったりもするものですが、それをうとましく思ったり、あざけったり、あるいはうるさいと言っていやな顔をするなどは、もってのほかです。そのように体が衰えた人は、いつまで生きることができるでしょうか。残された時間が少なくなられていることを気の毒に思い、できるだけ慰め、喜んでもらえるようつとめるようにしましょう。

若く美しい顔に老いの波が寄せ、うるわしい緑の黒髪に白髪が生えはじめるのは、うたた寝しながら見る夢のようにあっという間の出来事です。誰も彼もみなこのように老い衰えて死んでいくという世の常を思えば、自分の体をつねって他の人の痛みを知らなくてはなりません。私がこのようになった時、こう扱われれば嬉しく、こうされるのはつらいだろうなと思いをめぐらせて、誠心誠意親しみ、敬い、仕えましょう。歯が悪くなった人には、軟らかいもの、特にその人が好んで口にするものなどを、少しでも取り置いておいて薦(すす)め、外出がおっくうになった人たちには、季節ごとの花や紅葉も新鮮に感じられるものなので、朝晩出かけたり帰ったりするついでごとに、趣(おもむき)のある木の枝をほんの少しでも折ってきて、机の近くに飾ってさしあげるなど、ちょっとしたことであっても、思いやり深い心配りが肝心(かんじん)です。

老いていくのは、自分の身内の者だけではありません。まったく見知らぬ他人であっても、あわれみの思いを持って、できるかぎりその人の心を慰め手助けしてさしあげることこそ、誠の心を持つ人にふさわしい行為と言えましょう。昔、何とかという大名は、すぐれた君主だという評判が高くていらっしゃいました。ある修行者がその領内の市に来て宿を求め、その家の主人に、「ああ、人々がこの国の大名は、賢くてすぐれた君主だと称えていましたが、本当にそうですね」と言うので、主人が不思議に思って、「あなたはよその国からいらっしゃって、今ここにお着きになったばかりなのに、なぜそのようにおっしゃるのですか」とたずねると、修行者が、「そうなのですよ。今来た道で、十二、三歳くらいの女の子が、年取ったおばあさんの手を引いて助け、話しながら歩いて行くのを見かけたので、その女の子に、その方はあなたのおばあさんなのですかと聞いたら、その子は、いいえ、知らない人ですが、道の途中で腹痛が起こって我慢できないとおっしゃるので、通りがかりだったのでお助けしたのです、と言ったのです。大名様の徳が、幼い民にまで届き、目上の人を敬うという教えがすみずみまで行きわたっていることがよくわかりました」と答えて感心していたというのは、まことに興味深いお話です。

総じて女子には、同感の情という、気の毒な人を見ては自分のことのように感じ、できればこの人を助けてあげたいと願う心がありますが、この心こそ、まことに天から与えられた淑徳（女性の上品でしなやかな徳）の芽生えと言えるでしょう。このような感情や心は、幼い頃からしっかり養成しなければ、よい結果を結ばないものです。

この他、叔父叔母・伯父伯母などに対する場合も、大体のところは父母や祖父母に対する心得と大差ないと言っていいのですが、血縁の近さから言うと、父母は第一、祖父母は第二、そしてそれに続く人たちという違いも当然あるので、もっとも近しいはずの人に疎遠だったり、近しくないはずの人と度を超えて親しかったりと、本末を取り違えるようなことがあってはなりません。けれど、やたらとけじめをはっきりさせて、家の人ではないからよそよそしくするといったことは、けっしてあってはなりません。特に叔父叔母・伯父伯母といった人たちとは、たいてい別の所に住んでいることが多いものですので、たまに行き来するような際には、うちとけて親しみ、敬愛の情を尽くして目上の人にお仕えしようとする心がけをけっして怠ってはなりません。

兄や姉に対する心得

兄や姉は、自分が少女（むすめ）である年頃には、まずたいていは同じ家にいらっしゃる場合が多いでしょう。昔の人が言ったように、同じ母のお腹から生まれた兄弟姉妹というのは、手と足のような関係であって、衣服の表裏（おもてうら）のように密接してはいないけれども、切るにも切られず、離れるにも離れがたいものです。指先にほんのわずかな傷がつくだけでも全身に苦痛を感じるものですが、だからこそ、手足のような兄弟姉妹は、たがいに助け合い、わずかな傷もできないようによく注意すべきです。

まして、自分より年上の兄や姉たちは、父母がお亡くなりになった後には、父母に代わって自分を養い、慈しんでくださるのですから、特に真心を尽くして、両親に次（つ）いでお慕い申し上げ、情愛が深くなるようにするべきです。そして、弟や妹がもっとも注意すべきは、兄や姉は父母とは違って年の差もそんなにないという場合もありますので、そのために知らず知らずに兄や姉を敬う気持ちが薄くなったり、あるいはたいてい同じ部屋で過ごし、同じものを食べ、たがいにあまりに仲よくしすぎたりするうちに、言いつけを聞かず、憎らしい言葉で口答えし、自分こそが賢いのだと言わんばかりに気ままにふるまうようになったりといったことは、いずれも年下の者がけっしてしてはならないということです。

「悌(てい)」という漢字は、「すなお」と読み、主に、兄や姉に対する弟・妹の徳を指します。ですから、年下の者は、年上の人から言いつけられたことはこころよく承って、それに従わなくてはなりません。もし多少無理な点があったとしても、それに従うのが年下の者の道理であって、それはけっして恥ずかしいことではなく、むしろ褒められるべき行いなのです。その上で、その年上の人の言動がどう考えても道からはずれていると判断した時には、顔色をやわらげ、言葉を尽くして、くりかえし丁寧にいさめ申し上げるようにしましょう。ただ、若い頃は感情に駆られることが激しすぎて、ややもすれば中庸（過不足なく調和がとれていること。中正）を失ってしまうこともあります。また、知識や経験がまだ少ないために、善悪の判断を間違ってしまう可能性もないとは言えないので、自分が正しいと信じることもよくよく熟考し、あるいは徳の高い年上の人に相談するようにして、そうしないうちは、良い悪いをやたらにあれこれ論じたりしてはなりません。まして女子は、男子よりもいっそう謙遜(けんそん)・和順（穏やかで素直であること）の徳を守り、あれこれ言うのは後にして、まずは行いを先にするようつとめるべきです。兄や姉が病気になった時などは、とりわけ心を尽くして、親切にお世話しなくてはいけません。兄弟姉妹はたいてい、日常生活のあらゆることを共にすることが多いのですから、彼らの苦しみを救うのは当然自分たちそれぞれの任務であると心得るべきです。何事につけても、女子は、さまざまなものをあわれむ同感の情を、幼い頃から養成することがきわめて大切です。

弟や妹に対する心得

若い女子が弟や妹に対する時には、自分の力が及ぶ範囲で、できるかぎりの注意を与えて、世話をし、兄弟姉妹仲よくして、両親にほんのわずかの心配もかけないようにしましょう。つまり、両親が、「うちの子どもたちは仲がよくて、けんかもしないので安心だ」とお感じになるように心がけるのです。これは、年上の者が年下の者に対してよく親切を尽くさなければできないことです。くりかえし気をつけて、年下の者をあわれみ、教えるようにしましょう。（このことは、「妹としてのつとめ」の章でも説明します）

使用人に対する心得

少女（むすめ）が使用人に対する時には、よくよく注意しなければならないことがあります。そもそも、未成年の女子が父母のもとにいる年頃は、すべてみな父母のおかげで生きていくことができているものです。お椀一杯の食べ物、ひと揃えの衣服もすべて親から与えられたものであって、少女（むすめ）自身は家のために何もしていません。上流家庭は言うまでもなく、中流家庭では、親は家のお金を投じて少女（むすめ）に教育を施し、衣食住その他の必要品はむろんのこと、少女（むすめ）の玩具（おもちゃ）にもお金を出し、娯楽のためのものからさまざまな気晴らしにまで時間やお金を費やしてくださるのですから、まことにかたじけなく、もったいないことであると心得て、ちょっとしたものでも、自分のものではなく、みな両親のものなのだから、間違っても自分のもののように扱ってはいけないと考えるべきです。

そうすれば、家で召し使っている人々も、自分が召し使っているのではなく、両親が召し使っていらっしゃる人をお借りしているのですから、たとえとりわけ自分だけのためにつけてもらった使用人に対してであっても、けっしてわがままなふるまいはしてはいけません。にもかかわらず、良家の子は、ややもすれば人に対して驕（おご）り高ぶってわがままになり、それがひどくなると癇癪（かんしゃく）を起こして、使用人が気に入らないと言って、殴ったりひっかいたり、つねったりする者さえいます。これは男子でもあってはならないことなのに、まして女子でこのような悪い癖があるのは、本当に嘆かわしいことです。気に入らないことがあってもよく耐え忍んで、みだりに腹立たしげにふるまってはいけません。もしも自分が言い聞かせただけでは、使用人が「幼い主人の言うことだ」とあなどって、聞き入れないような場合には、やむをえず母に告げ、母から静かにさとしてもらうようにしましょう。けれど、子どもの告げ口というのはたいへん憎らしいものですし、道理をわきまえている者はけっしてしてはならないことです。このような場合でもよくよく考えて、なるべくは告げ口をしない方がやはりよいでしょう。

　そもそも、幼いからといって使用人たちにあなどられるというのは、自分に徳がないということです。蛇は三寸にしてその気を呑み（わずか三寸ほどの蛇でも人を呑み込むほどの気迫があることから、すぐれた人は幼い時から普通の人とは違ったところがあることのたとえ）、針は小さくても人はそれに触れることを恐れます。幼い頃から、自分に仕える者たちに、自分の慈愛に親しみ、自分の威光に畏れつつむようにさせることが大切です。そのためには、みずから心を正しくし、誰よりもきちんと身を修め、それによって使用人たちに自分を畏れ、信じる思いを持ち続けさせる以外、方法はありません。

　使用人の多くは、十分な教育を受けることができず、貧しい家庭に育ち、また、好ましくない友人とつきあったりした者もいるでしょう。なので、特にすぐれた人物でないかぎり、使用人たちは基本的に自分よりも劣っていると考えざるをえません。彼らを慈しみ、恵みをもっていたわりながら働いてもらうべきではありますが、やたらに馴れ親しんではいけません。幼い女の子などが、母や姉から聞いてもいないのに、ふしだらな話や汚れた事柄などを聞き知っているのは、たいていは使用人の女たちなどから伝えられることが多いのです。これはまことに悲しむべきことではありませんか。父母がせっかく、純白な少女の心を淑徳の色に染めようとお思いになっていたのに、知らないうちに、使用人によって不潔な風を吹き込まれるなどというのは、本当に残念でなりません。ですので、年若い女の子はよく注意をして、使用人などが好ましくない話などをはじめた時には、姿勢を正して改まった態度を取り、その話をやめさせるようにしましょう。やむをえない場合には、その場を離れるのもいいでしょう。

その昔、フランスのある街に住んでいた女の子が、七、八歳の頃、小学校から帰って、二十歳を越えた使用人に文字を見せたところ、彼女がそれをまったく読めないのを気の毒に思って、彼女に毎日一時間ずつ休みを与えてくれるよう母にお願いし、みずからが教師となって、その使用人に学校で教えることを教育しました。すると使用人は三十歳になる頃までに、女性が学ぶべきひと通りのことを立派に身につけるまでになったので、彼女はその恩を感じて、一生、その女の子の唯一無二の忠実な使用人であり続けたそうです。本当に素晴らしいことではありませんか。

一般に、多くの使用人がいる家庭で成長した女子の中には、ややもすれば人使いが荒く、思いやりが少なく、次々に用事を言いつけたり、思うように仕事ができないからと腹を立てて怒ったり、あるいはいらだって、無理なくらいに急いで仕事をさせようとするなど、とんでもないふるまいをする者もいないわけではありません。まして、このようなことをいましめ教えるべき母親がいない子や、やむをえない事情で親戚の家に下宿して通学している少女（むすめ）などは、そばで教えさとしてくれる年長者がいないために、思いがけずそのような悪い癖がついてしまうことがあるので、幼い頃からよくよく注意して、何はともあれ、もののあわれを理解する（人のことを思いやり、人の気持ちをよくわかる）ための教育をおろそかにしてはなりません。

また、その家に普段から出入りしている人や、その家の父母のおかげで暮らせているような人たちはみな、その家の子どもたちに対してもお世辞を言いますし、さらには子どもたちの前で自分のことをよく見せて、その親たちの歓心を買おうと考える者もないとはかぎりません。ですから、そのような人たちが言うことは、ややもすれば、その家の子どもである自分を過剰に褒めるために、自分が思い上がってしまうきっかけにもなりかねませんので、このような人たちに対しては、よく注意して、なるべく丁寧に、情愛深く接するべきではありますが、やたらに馴れ親しんだりしてはいけません。自分に仕える人たちに対する時は常に、何があっても慈愛と仁恕（じんじょ）（情け深く、思いやりがあること）の徳を基本としながらも、また、まだ幼くてもあなどることはできないという思いを常に彼らに抱かせるようにするべきです。

学ぶべきことと学ぶべきではないことと

女子が学ぶべきことは、まず普通の学科に関しては、小学校の頃は男子と格別異なる点はないとは言え、男子と同じく歴史を学び、地理を学び、あるいは物理学や化学、生物学を学ぶにしても、女子は将来、一家の主婦となってその家政を整え、子どもたちを教育し、その他にも妻として母としての実践に役立つことを考えて学ぶのであって、男子のように軍事や政治、法律やその他公（おおやけ）の仕事に直接たずさわることはないのですから、このような点によく注意して、そもそもの目的を取り違えることのないようにしなければなりません。

しかし、その妻や母としての立場から、夫や子を内助（夫や子が外で十分に働けるよう、家庭内で妻が助けること）し、薫陶（くんとう）（すぐれた徳で感化し、育てる）しようとする時に、夫や子が心を尽くし、力を入れているさまざまなことについて、理解するようすがもまったくなかったなら、彼らの心を慰め、安心させられるような円満な家庭をどうして作ることができるでしょうか。ですから、女子が将来直接たずさわるであろう家庭や育児などについてはもっとも熱心に学ぶべきではありますが、間接に関わるであろう、つまり男子が得意とするところの事業や学問などは、ただ知識を得るにとどめて、けっしてやたらに口に出したりしてはいけません。ところが、若くてまだものをよくわかっていない者たちは、ややもすればその学問をどんどん広げ、実際の役に立たない方へと流れて、古文をもてあそび、和歌を詠むのに耽（ふけ）ったりします。また、歴史の本を読みあさって、ついには勇ましい軍事の話や見事な政治の話などの面白さに引かれていくうちに、家の奥で針を持って衣服の破れ目をかがったり、台所でみずから食事の用意をするようなことを、ひどくいやしく、取るに足らないことだと思うようになって、しまいには自分自身が女性であることも忘れて、驕(おご)り高ぶって男子の言動を学んだりする者もいますが、まことに困ったものです。が、それも、「女丈夫(じょじょうふ)（気が強くてしっかりしている女性）」「女博士(おんなはかせ)」と呼ばれ、巴御前(ともえごぜん)（武勇で知られる平安時代の女性）や曹大家(そうたいこ)（中国・後漢の歴史家）、北条政子（源頼朝の妻。のちに将軍の後見となって「尼将軍」と呼ばれた）、ジャンヌ・ダルク（百年戦争末期にフランス軍の先頭に立って戦った少女）といった女性たちに肩を並べるまでになればともかく、はじめのうちは脱兎(だっと)のごとくすさまじい勢いでも、終わりには本来の娘らしいありさまへとすっかり変わって、いわゆる虻蜂(あぶはち)取らず（あれもこれもと狙って、どちらも駄目になる）になっては、実に残念です。「虎を描いて犬に類す（力量のない者がすぐれた人の真似をして失敗することのたとえ）」といういましめを、よくよく考えるべきでしょう。

そうしてみますと、女子が学ぶべきことは、前にも述べたように、主婦として必要な普通の学科は言うまでもなく、もしなお余力があれば、何でもよいので、女子の職業としてふさわしい技能を学び覚えましょう。その人が幸いにも裕福な身分となったならば、退屈をまぎらわす手遊びとしてこれをやってみて、できた品は友達に贈ったり、あるいはそれを売った代金を貧しい人たちを救う手立てにしましょう。西洋で行われている慈善会(バザー)というものは、もともとは貴婦人たちがみずから作った品々を売っていたのですが、今のように店から買った商品を売るようになったのは、やむをえずそうなってきたということです。

　ましてや中流以下の家庭の女子は、このような技能を、家政をおさめてその余った時間で、家計をみずからの手で支えるための助けともするべきです。そうすれば、万が一、不幸にも、頼みとする人と別れたり、自分を庇護してくれる人と離れたりということがあったとしても、親戚にすがり友人に頼りその助けを求め、ひたすらその人たちの顔色をうかがうような心細い状態へと一転するといった悲しい目にあうことも少なくなるでしょう。昨日までは親や夫のおかげで家も繁栄し、自分も他の人から敬われていたのが、今日は反対に、その人たちの前で腰をかがめて、自分や子どものことをお願いしなければならない境遇に陥るというのは、言うまでもなく、あまりにみじめで悔しいではありませんか。孟子（中国・春秋戦国時代の思想家）の母が、みずから織った織物を、いとしい子どもの学資にも充て、さらにはその織物で自分の思いまでも表したことが思い起こされます（必要なことは大体学び終わったと考えた孟子が学校をやめて帰ってきた時、母はまだ織っている途中の織物の糸を切って、「蚕を育てて絹糸を作り、それを染めて織り上げるまでには多くの人の労力が費やされいている。けれどそれをこうして途中で切ってしまえば服になることもない。お前が学問を途中でやめるのも同じことだ」と言って孟子を鼓舞した）。機糸を切って我が子を励ますという彼女の思い切った行動も、もし親戚や友人の助けで生計を得ている身であったならば、自分一人の考えではとてもできなかったでしょう。

　つまり、女子が品格を保って、女性としての徳をまっとうするためには、ひとえに自立の覚悟がなくてはなりません。そして、その自立の覚悟は、みずからなしうる技能を持っていなければはたすことはできません。他の人の助けを借りなくても自分でやっていくことができる人は、いつも心が穏やかで、見た目にも落ちついていて、おかしがたく威厳のあるたたずまいと、親しみやすく和やかな雰囲気とを、自然と備えているものです。

そして、このように志（こころざし）が堅く、技能にも秀でて、少しも人の恵みを求める必要がない人が、にもかかわらず、女（むすめ）として、妻としての自分の立場を忘れることなく、ますます親や夫に対して従順で孝貞（父母によく仕え、女性としての品行を固く守ること）であれば、まことに孝女貞婦と賞賛され、高く評価されるにふさわしいと言えるでしょう。一定の見識も分別もなく、また、自立するだけの技能も能力もない人が、目上の人にただひたすらに従ったり、あるいは、不満を感じつつも、その人のもとを離れてしまっては生きていく手立てがなくなる悲しさのために、無理や非道にも従わざるをえないことと比べれば、雲泥の差ではありませんか。このことをよく考えてみましょう。

くりかえしになりますが、女子が幼い頃から学ぶべきは、まずは常識（コモンセンス）を養うための普通の学科で、それからだんだんとお嫁に行く年齢が近づいてきたら、裁縫の技能や料理の技術は特に力を入れて習得すべきです。その次に、いけばな、茶の湯、音楽（箏（こと）、ピアノ、オルガン、バイオリンなどの高雅なもの）なども、芸術教育の助けとして、ひと通り心得ておくのがよいでしょう。また、和歌を詠むことも、女子の品性を高雅にするにはきわめてふさわしいものですので、時間があるようであれば試してみるのもよいでしょう。

けれど前にも述べたように、前者は正規の授業科目として女子に必ず学ばせるべきもの、後者は選択科目としてもし余裕があれば学ばせるべきもので、後者は必ず修めなくてはならないというわけではありません。「衣食足りて礼節を知る【9】」という昔からの言葉があります。これは衣服と食物が十分でなければ、人々がいくら礼節（礼儀と節度）を学んでも、それを実践させることは難しいという意味ですが、その言葉どおり、衣服と食物をととのえる実学をまずは優先し、礼儀作法の美しさについては後回しにするべきです。ただし、前者後者ともに、徳と誠を基本として、正しい理に従って正しい道を行うことを、ひとときも忘れてはいけません。

なお、機織（はたお）りをしたり糸を紡いだり蚕を育てたりというのは、以前は女子に必須のつとめとされていて、実際そうだったのですが、今日（こんにち）のように物事がこの上なく複雑になってきている時代には、誰も彼もがこのような技能を習得することはとてもできませんので、昔のように必ずやらなければならないということではありません。しかしせめて、自分が着るものはこのようにして作られるのだという方法だけでも知っておいて、全身を美しい衣服で装う人たちにも、蚕を育てる人が夜も寝ずに苦労してはたらき、糸を紡ぐ女子工員たちが、まるで動物の巣のようなみすぼらしい寝床（ねどこ）で安らかに夢を見ることもできずに責め働かされていることを、気の毒だと思いやる惻隠（そくいん）の心（あわれみの情）を養ってほしいものです。

【9】『菅氏』より

その他、押し絵や刺繍、編み物など、女子の手芸にふさわしいさまざまなことを、合間合間でたしなむのはよいことです。けれど、視力が弱い人などは控えめにすべきでしょう。絵画もまた好ましいものですが、うまく描けるようになるには何年もの時間がかかりますし、また、いくらかは天賦の才能が必要ですので、一般には、学校の普通科目でその方法を学ぶだけでいいでしょう。（以上に挙げたもののうちのどれであれ、一つの技能に力を入れて修得し、家計の助けとすることがたいへん好ましいことであるのは、前にも述べたとおりです）

日課

女子は、成長すると一家の主婦となって、家庭を整理する責任がありますから、幼い頃から、まずは物事を秩序立てる習慣をつけるようにしましょう。秩序を立てるためには、まずは日課を決めて、必ずその規則を実行することが必要です。毎日、朝は何時に起き、夜は何時に寝て、何時に食事をし、この勉強は何時から何時まで、といったように決めておいて、その範囲内でできなかった時には、次の日にその埋め合わせをするということでもかまいません。

このようにした上で、一週間に一、二度の休みの日や、一日に何時間かの休み時間には、なるべく楽しく、また、体のためになるような遊びをしましょう。文明国の人々はよくつとめ、よく遊び、一方末開の国の風習ではよくつとめず、よく遊ばないと言いますが、そのとおりなのでしょう。けれど幼い頃は、すべての面で、父母や家長の命令に従うべきですので、前に述べましたように、規定の日課は一生懸命つとめるべきであるとは言っても、父母の指示などによっては、やむをえずこれを変更して、おっしゃるとおりに従わなければならないこともあるでしょうから、このような時もまた、融通がきかないといったことがないようにしましょう。

女の子が、学業も進んで、あれこれものを書くことができるくらいになりましたら、なるべく毎日の出来事を日記帳に書いておくようにしましょう。これは年を取ってから昔を懐かしむよすがにもなりますし、また時には、ずいぶんとさまざまな参考になることもあるでしょう。とりわけ、文章を練習するにはこの上なくよい方法でして、日記を書こうとしますと、必然的に、自分の考えが人にもよく伝わるような文章を書かなければならなくなります。ですので、自分でテーマを決めて架空の事柄をいたずらに書くよりも、よっぽど文章力の向上に役立つのです。

その他にも、小さな手帳を常に手元に準備しておいて、覚えておきたいと思うことを書いておくのもよいでしょう。これも、年月が経ってから読むと、とても面白かったりしみじみと思うことも多く、また、多少なりとも何かの助けにもなるものです。

何であれ、幼い頃からさまざまなもののきまりということによく注意して、正しい規則に馴れるようにしましょう。日課を決めて、それにつとめるといったこともまた、物事を規則立てる習慣を作るのに必要なことです。

この他にも、女子が父母のもとにいる年頃のつとめはまださまざまありますが、ここでは大体のところでとどめて、後日また補いたいと思います。

三、妻としてのつとめ

人の妻となったならば、まずは貞節（女性としての品行を守り、夫に尽くすこと）の道を女性の徳の要（かなめ）とするべきことは、いまさら言うまでもありません。さらに内助がよい結果を生むためには、まずは夫の望みや夫の仕事がどのようなものかを知って、励ますべき時は励まし、いさめるべき時はいさめなくてはなりません。とすれば、妻として必ず修めるべき家政や育児などについての学問や技術は言うまでもなく、夫を助けるのに十分な力を養おうとするなら、これはそう簡単なことではありません。けれど、あれやこれやを実践して、実際に成果が上がるかどうかは、必ずしもその人がどれだけ深く学問を修めたか、どれだけ才能があるかということだけによるのではありません。要は、至誠（きわめて誠実なこと）純潔（けがれなく清らかなこと）の心であらゆることに注意を怠ることなく、ずっと勤勉の精神を持ち続けられるかであって、それができれば、ついには女性の道をまっとうして、「良妻」という名誉を得ることができるでしょう。

心の修め方

心の修め方は、前に「少女(むすめ)としてのつとめ」の章で述べたように、まずは安神立命(あんじんりゅうめい)の手立てを決めることが、きわめて大事なことになります。人間は常にみずからが心安らかに、信じることができるものがあれば、たとえどのような出来事が起こって、場合によっては生命、名誉、あるいは財産にまで関わることがあったとしても、けっしてあわて騒ぐことはないものです。重大事にも少しも動揺しない強固な志の持ち主【10】が、どうして日常の些細な出来事に心が乱れ騒ぐことがありましょうか。そうであれば、人が世間の評価や名誉といったものにとらわれることなく、ゆったりとした心持ちで自分の道を楽しむためには、まずは幼い頃にその種をまいて、青年になった時にその芽が出、大人になった時に果を結ぶのを待つべきでしょう。

けれども、少女時代に家庭の教育も厳粛で、学校の教育もまた十分に行き届いて、ひどくわがま

【10】「三軍も帥(すい)を奪うべきなり、匹夫も志を奪うべからざるなり【大軍に守られている大将を討つことはできても、身分の低い男でも、意志が堅ければ、その志を変えさせることはできない】」(『論語』)より

まや気ままになることもなく、また忍耐力も相当に養ったと信じている者であっても、いざ暖かな父母の手を離れ、親身に導いてくれる師のもとを去って、冷ややかで荒い、世間という海へと漕ぎ出て、習慣も異なる他人の家に入ると、あらゆる面で以前とは勝手が違うことばかりで、はじめて社会の辛酸をなめることになり、自分ではずいぶんと精神教育も受け、ものの理（ことわり）もわかっていて、さまざまなことに耐える覚悟もできていたつもりなのに、そんなみずからを疑ってしまうほどに思ってもいなかったような目にあうものです。

たとえば、「お嫁に来る時、お父さん、お母さんは、『舅（しゅうと）、姑（しゅうとめ）は父母と同じである。これからは夫の父母を私たちのように思って孝行しなさい』と私にお教えになったのに、舅や姑は実の父母とはまったく違っていて、何につけても夫の兄弟姉妹に対してはうちとけて接しているのに、私に対してはよそよそしく、冷たく当たる。いったいどうしたら、彼らの心が生みの親の心のようになるかしら」と、人知れず胸に手を当ててもの思いに沈むのはまだいい方です。「夫は、『あなたはこれ以上ないほど頼もしい人だ。私の妻になる人は、あなた以外考えられない』と言って両親に熱心に結婚を申し込んで、私を嫁に迎えた当初は、父母の愛にも勝るのではないかと思うほどに、どんな時も私を慰め、いたわってくださったのに、近頃では大したことではないことにも機嫌をそこねて、かっと腹を立てて、私をしかりこらしめるようになったのは、もしかして私に飽きて、うとましく思うようになったのかしら」などとあれこれ考えて、身の置き所がないほどに心がくじけて沈み、少女の頃の快闊で爽やかな性格もどこかへ消え失せて、何かと気おくれするような憂鬱な様子が次第に周りにも見えるようにもなってくると、夫の印象も悪くなり、たがいに不愉快に感じるようになって、悪くすると、ついには離婚に至ることもなくはないのです。

ですので、このように心が乱れた時には、今こそ妻として心を修める覚悟を確固としたものにするべき時なのだと観念して、耐え忍んでいるうちにいやなこともつらいことも過ぎ去り、心穏やかに過ごすことのできる楽しい時がまためぐってくるはずだと考えて、まずは自分の心をますます正しい方向へと導いて、静かに事のなりゆきを待つようにしましょう。このようなことが何度かあるうちに、「この前のことは自分の思い過ごしだった」と自分で気づくこともあるものです。あるいは、夫の方から思い直して、自分のあやまちを悔い改めて、妻の影響力に感化されることもあるでしょう。

世の中のことはけっして理想どおりにいくものではなく、かえって予想外のことばかりが起こるものです。自然を見てみても、晴れの日だけではなくて、ひどい嵐や、津波、地震といった災害も起こることがあります。ましてや人間世界のさまざまなことが、いつも楽しく面白いことばかりというわけにはいかないでしょう。他の人からは幸せそうに見える人も、その人の心が安らかでなければ、むしろ不幸な人と言うべきですし、他の人から不幸な人だと評される人も、その心だけでも安らかであれば、逆に幸せな人と言えるでしょう。

その昔、世間では「女の妬（ねた）み無きは百の拙（つたな）きをおおう（女がねたみさえ持たなければ、どんなに愚かでも許される）」と、女性たちの嫉妬心を徹底的にいましめていましたが、最近の利口ぶった人たちはたわいもないことを言い出し、「女子(むすめ)たちにだけ嫉妬心を抑えさせて、男子にはそのようなことをまったく言わないせいで、東洋の男子は獣(けだもの)のような行いも恥ずかしいとは思わないようになってしまった。だから、今後は女性もそれなりにねたみの心を遠慮なく夫に示して、夫の不正な行いを攻撃することが、かえって夫のためにもなるのだ」というような極端なことまで言うようになったのは、実に嘆かわしいことではありませんか。この国の古くからの教えでも、むやみに、夫の不品行に気づかないふりをして、するがままにさせておくのが賢女であると言ったわけではわけではありません。夫がよくない行いをすれば、妻たる者がこれをいさめて、同じあやまちをけっしてふたたびさせないようにすることを、内助の徳とも言ったのです。

けれど、ついにどうやっても夫を矯正することができない時には、大いに泣いて、しばらくは何も言わずにおき、ひたすらみずからを修めて、いつかまた遠回しに批判する機会を待って、さらに夫が自分を追い払うようなことがあっても、けっして恨み怒って不平を他の人に言ったりしてはならないとする女性に対する教訓は、女子にしてみれば、男子に比べてまことに不公平なものですが、もしこれを守る女性がいれば、今の社会でも、必ず「節婦（節操を堅く守る女性）」「貞女」と言われ、「馬鹿者」などと言われることはけっしてないでしょう。しかし、このような女子に対する厳格な教えを楯にとって、男子はわがままにふるまう特権を生まれながら持っているように思いこんで、正しく誠実な妻をも虐げ、侮辱する男子こそは、憎み嫌うべき者です。そのような男子の不心得を指摘する人が、最近になってようやく男性の中にも出てきましたが、私たちはまずは男性のことは後回しにし、同性の方から考えていきましょう。

そもそも、この世には心を苦しめるようなものがさまざまありますが、ねたみほど、心を痛め、体を疲れさせるものはありません。ねたみは必ずしも、夫と妻との間にだけ生じるものではありません。友人をねたみ、兄弟姉妹をもねたみ、ひどい時には親が子を、子が親をねたむまでになって、さらにそれが大規模になり、ついには位や国を争って天下が大混乱する原因となった例も少なくありません。けれど、一番例が多く、また、苦痛を感じるのが当然なのは、夫の浮気心をねたむ場合です。他の事柄に対するねたみとは違って、このようなねたみの心は生じて当然のものです。どんな理屈があろうと、これは妻が悪いのではなく、夫が悪いからです。女性はいったん結婚したならば、その夫がたとえどうしようもない貧困に陥ったり、重い病気になったり、あるいはさまざまな困難に遭遇することがあっても、「夫の不幸は自分の不幸」と承知して、けっして離婚して実家に帰ろうと思ったりせず、たとえ窮地に追い込まれようと、ますます志を確固としたものにして夫を助けようとするのは当然のことですが、夫が他の女性に入れ込むようになったなら、公正な大道（人が踏み行うべき正しい道）から考えれば、妻が耐え忍ぶことができず離婚を求めたとしても、不条理だとは言えないでしょう。

けれども、このような局面こそが、東洋の女子の、他の人々とは異なる特色が発揮されるところでもあります。「習慣は第二の天性なり」という言葉のように、習慣には天性の人情をねじ曲げ変えてしまうほどの力があることを証明するような昔のならわし――「女の妬(ねた)み無きは百の拙(つたな)きをおおう」――を、今もそのまま守るべきだとまでは言いませんが、願わくは、妻の至誠、至情(まごころ)、高潔な心、謙譲な徳によって、夫が放してしまった心の馬の手綱を引きもどして、誠の道にふたたび帰るまでの忍耐力を養うと同時に、例の安神(あんじん)の手立てを考えて、耐えがたいことを耐えなければならない時に、それでも自然と余裕を持ち、病気になったりしないようにしたいものです。そうでないと、霜や雪のためにに疲れ衰えた梅の枝が、花咲く春を待たずに枯れて折れてしまうような悲劇が起こってしまうかもしれません。このことをよく考えておきましょう。

ふるまい方

妻としてのふるまい方は、とりわけおごそかで、正しくなければなりません。夫にちょっとでも「大丈夫だろうか」「不安だ」などと思わせるようでは、妻としての徳に欠けるのだと心得て、みずからいましめ、つつしみ、女性としての貞節の徳に曇りがないことを願わなくてはなりません。

まず姿かたちを整えることは、妻たる者が、よく気をつけなければならないことです。この国の女性に対するいにしえの教訓に、「夫に素顔を見せるな」というものがあります。しかしそれは、ただ紅白粉を厚く塗ってなまめかしくしなさい、というのではありません。外出する時も家にいる時も、人前でも人が見ていない所でも、つややかに洗ってとかした髪は乱れず、体は垢がついて汚れているような所もなく、いつも清潔で折り目正しい着物の着つけもきちんとしており、その色や形の組み合わせもその人の人柄に似つかわしく、上品で高等なものを選びつつ、時代遅れではないけれど流行も追わず、ちょっと目を引くようなおもむきがあって、気高く奥ゆかしくあるべきなのです。なのに、口臭がする、爪の間に黒いものが挟まっている、うなじが汚らしいなど、ふと見た人をさえもいやな気分にさせるようなことは、絶対にあってはならないことです。

「花嫁さん」と呼ばれるような新婚の時期はともかく、徐々に所帯じみて、子どももたくさんになると、身も心も余裕がなくなっていくのにしたがって、櫛入れの箱の鏡にはちりが積もり、髪もとかさず、姿かたちも整えず、ともすれば身のまわりが不潔になるまで取り散らかして、まるで台所ではたらく使用人のような妻の様子を見れば、夫は、かわいそうだとは思っても、ついには嫌気がさすものです。もちろん、子どもの教育や家事に追われ、自分の姿に気も配れないほどになるというのは気の毒なことではありますが、そんなことではまだ未熟だと言わざるをえません。なので、幼い頃から物事を秩序立てて行って無駄がないようにし、時間も一瞬たりとも無駄にしないことを習慣にして、化粧などもとにかく手早くするように訓練しておけば、どれほど生活に余裕がなくなっても、身なりを清潔に整えるくらいのゆとりはあるはずです。使用人もおらず、子だくさんの人が、いつも身支度が整っていると、「いつのまにこんなにきれいに」と驚き、奥ゆかしく感じ、心引かれるものです。けれど、間違っても、妖艶に媚(こび)を売るようないやしく汚れた心で、浮(うわ)ついた化粧や思い上がった装いをしようなどと思ってはいけません。そうするくらいなら、むしろ先ほど言ったようなむさ苦しい身なりの方がましです。けっして間違った方向に進んではなりません。

昔、「女子は閾(しきい)を越えず」などとさえ言って、女子ができるだけ家にいるのをよしとしていたのは、今のように、女子も公共の事業にたずさわったり、さまざまな職業に就いたり、あるいは夫を助けて社交の場で立ちまわることがなかったためでしょう。もしそういった必要がなければ、女子が外出するのは、物見遊山やお寺や神社にお参りするぐらいにとどめるべきで、また、知識も少ない女子がみだりにそのような場所に行ったり、人々と世間話をしたりすると、よいことは少なく、悪い結果ばかり多くなると考えたからなのでしょう、あえて女子の外出をいましめたものと思われます。まして、運動が体にとってたいへんによいことであるということを夢にも思わなかった時代には、その服装もまた歩くのに不便だったことは言うまでもありません。とにかく家の内にいなければならないというならわしの厳しい鎖が、女子の身体も手足も堅く束縛した時代だったのです。

しかし今は、夫のため、自分のため、そして家のためにも、できるだけ見聞を広くし、身体をすこやかにし、可能なかぎり、円滑に交際し、公共のことにも尽くすべき時代ですので、家事も順々に進むよう規則立てて、だんだんと時間も節約するように工夫し、自分の本分である仕事に差しつかえがないように家の内を整えたその後に外に出て活動するのは、とても好ましいことです。このような女性が多くなった時にこそ、日本の女性社会の改善は実を結ぶでしょう。

しかし、女性は家にいるのがよいと教えられ、みずからもそれに馴れてきた姑や老人たちは、十中八九、嫁が外出するのを喜ばないものですから、もし、自分の本来のつとめである家政の整理が不十分なのに、ちょっと利口ぶって外出ばかりするようであれば、それこそ「女性としての徳に欠けた行いだ」と笑われるのも当然のことです。彼らを納得させる説明ができるはずもありませんから、古い習慣を捨てて新しいことへと移っていく過渡期だからこそ、いっそうこれらの点にもよく注意して、人から後ろ指をさされないようにきちんと家政の整理をするべきでしょう。

人の妻である人は、どのような場合でも、また、どれほど親しい間柄であっても、男性の肩をたたいてじゃれあったりといっただらしないふるまいは、けっしてしてはいけません。身をきちんと正したいと思う人は、たとえ女同士であっても、このようなふるまいはしてはなりません。「自ら侮りて後、人の我を侮る（自分で自分を尊重せず、軽々しい言動をしたり、修養を怠ったりしていると、必ず人からも侮られるようになる）【11】」ということを忘れてはいけません。

また、どれほど腹立たしいことがあっても、目を怒らせ、顔を赤くさせ、大声を上げて騒いではいけません。よく心を静め、威儀正しくし、ほがらかで和やかに見えるようにしましょう。悲しみに耐

【11】『孟子』より

えがたいような時も、前後不覚になって取り乱すようなことなく、忍びがたい感情があふれても、心が破れるようなことはないようにしたいものです。

妻たる者は、衣服の好みや着つけも分相応にし、並んだ夫にも好ましく思われるようにしましょう。その際、妻が色や形の組み合わせなどをよく工夫することで、実際の値段よりも数倍よいものに見えるとよろしいでしょう。夫に気に入られるためと言っても、妻の着るものがその家の経済状況にふさわしくなく、ぜいたくへと傾くのはもってのほかです。塩原太助（しおばらたすけ）（江戸時代の大商人）が、妻の着物の振り袖を切ってしまい、自分が炭を運ぶのを手伝わせたという話は、誰もが見習い、尊ぶべきことです。思い違いをしてはいけません。

言葉の使い方

大体の言葉の使い方については、すでに「少女（むすめ）としてのつとめ」で触れたものもありますので、それはここでは省略します。

さて、妻としての心得はまず、何があっても、正しくおごそかであるように心がけることです。みだらな言葉をほんの少しでも口に出したならば、それが世間の道楽男たちに隙（すき）を与えるきっかけにもなり、ついには身を汚（けが）し、夫の名をも汚すことにならないともかぎりません。よくつつしむべきでしょう。だからと言って、とげとげしい言葉や無礼な言葉は、いずれも避けるべきです。うやうやしくて誠実な言葉づかいもうるわしく、口数は少なくとも十分に行き届くようにしましょう。うら若い少女でも、言うべきことを言わないようではがっかりなのに、まして人の妻ともなった人が、客人が手持ちぶさたに感じるほど何も言わないで押し黙っていたり、あるいは、夫が不在の時に用事があって来た人が、「かくかくしかじかで……」と話し続けても、ただ「はい、はい」とだけ答えて、用件がきちんと通じたのか不安に思わせるようでは、本当に困ってしまいます。だからといって、自分が口をはさむべきではないことにさえ口をはさみ、利口ぶってあれこれ言うのは絶対にいけません。謙虚に、言葉は少なくても言いたいことは十分に伝え、話の筋を明瞭に理解して、答えるべきことであればなおさらよどみなく受け答えするというようにあってほしいものです。

また、耐えがたいほど腹立たしい、あるいは悲しい時であっても、我を忘れるほどに正気を失って、自分の考えばかりを言い続けて、その上泣いたり怒ったりするのは、ひどく見苦しいものです。総じて、尋常でないと思われるようなことが起こった時こそ、心の奥も見えてしまうものですから、よくよく心底までかえりみて、軽はずみな言葉を口にしてはなりません。昔、何とかという賢い女性は、非常に驚いた時や怒った時、悲しいと感じた時には、どんなことであっても、まず眼を閉じ口をふさぎ、しばし石像のように身動きもせず、思いをめぐらせた後に言うようにしていたということです。本当に素晴らしい心がけです。

西洋のある所で、四人の男が、それぞれ妻と一緒に散歩をしていました。ちょうどその時、よい木陰（こかげ）があったので、しばし休もうとベンチに座って、めいめいさまざまなことを話し合っていると、一人の男が自分の妻に向かって、「妻よ、もし私が浮気心を起こして、お前から離れていったらどうするか」とたずねました。すると妻は顔色を変え、「浮気心ですって。冗談でも不愉快だわ。あなたがもしそういうことをなさるなら、ピストルであなたを撃ち殺して、私も死ぬまでよ」と言いました。その男は頭をかかえ、「恐い恐い」と言って引き下がりました。もう一人の男が自分の妻に「お前はどうだ」と言うと、その妻は、「私はそうなったら、まずあなたをよくいさめるようにして、それでも聞いてもらえなかったら、離婚を願い出るわ」と答えました。さらにもう一人の男が妻にたずねると、「私はどうしてもあなたがいとおしいので、うるさがられても数回いさめて、それでも改められなかったとしても耐え忍んで、あなたが思い直してくださる時まで待ちます」と流し目を向けるので、前の二人の男はその男の肩をたたいて、「君の妻は貞女だよな。君はなんて幸せ者なんだ」と言い合いました。そして残りの一人もうながされてその妻にたずねると、妻はしばらく考えて思い悩んでいる様子でしたが、ようやく口を開いて、「私は夫が生まれ変わって生涯をお過ごしになるとしても、浮気心をお持ちになるなどとは夢にも思ったことがないので、今ここで急に、どう答えればいいのでしょう。そのようなことを聞かれるだけでも悲しく思われますのに」と言った話しぶりや言葉づかいがしみじみと心引かれるようなものだったので、前にはしたなくあれこれ言っていた妻たちも、顔を見合わせて思わずため息をついたということです。まことに趣(おもむ)き深いお話です。

夫に対する心得

古いことわざに、「親と子の関係はさながら四肢五体（両手両足と身体の五つの部分。からだ全体）のようなものである。頭と体に対する手と足の関係は、常にぴったりと接しているわけではないけれど、切断しようとしても、けっして切れないものである。夫婦の関係は、衣の裏表のようなものである。はじめはたがいに知らないもの同士が相寄って一つのものとなるが、いったん衣服になったたならば、常にたがいに密接して親しいことこの上ない。けれどひとたび裏と表とをほぐし離して別々にすれば、もう一つのものとは見えなくなる」と言うのは、まことにそのとおりでしょう。夫が自分に対して丁寧に、親切に接してくださるのは、自分を頼もしく思っていらっしゃるからであります。もし、うとましい、わずらわしいという気持ちが一度でも生じれば、ふたたび元のような円満な愛をまっとうすることはなくなるでしょう。ですから、妻の夫に対する心得としては、どれほど親しい思いを持っているとしても、それに馴れてわがままなふるまいをしたり、無礼な行いをしたりということは、けっしてあってはなりません。まして、夫が不幸にも重い病気になったり財産を失ったり、あるいは自分より知的に劣った人と夫婦になるといったことがあったとしても、何事も天命であるとあきらめて、自分の力の及ぶかぎり、夫を内から補助し、自分の苦労を考えたりせずに、真心を尽くして女性の本分をまっとうできるよう願うべきです。女子の美徳は謙虚さ・従順さにありますから、すべて夫の意向に従い、けっして逆らうことなく、影の形に添うように寄り添い、響きの物に応ずるがごとくすみやかに反応することが必要です。

けれども、夫がもし間違って道理にそむいたことをし、人の道にはずれた言葉を発するようなことがあれば、妻は道理を語って道を説き、何度も懇切丁寧に遠回しにいさめ申し上げ、鉄のような夫の心をも至誠によって溶かして、夫が不正の人とならないようにしなさい。それでもなお夫が頑固で正しい判断ができないために忠告を聞かず、ついには道にはずれた人間になってしまったならば、自分の身をなげうち、身代わりになって罪を引き受け、夫をかばって自分こそが困難な局面を乗り切るのだ、という覚悟を忘れてはなりません。人生は短く、誰もがいずれ死ななければならないのですから、人の道を守って死んでいくというのは、実に気持ちのいいことではありませんか。もし妻にこれほど堅い心がけがあれば、どれほどよこしまな夫でもついにはその徳に感化され、善良な人となるでしょう。このような例はいしにえより今に至るまで、数多くあります。畏れ多くも雄略天皇（五世紀後半の天皇）の皇后（雄略天皇が狩りに行った際、猪から逃げた臣下を斬ろうとしたが、皇后がいさめて止めた）や、難波の貞女（夫が女性を連れてきたのを責めず、その女性にも親切に接した）、鎌倉の節婦（夫が連れてきた女性に家の仕事を教えてその女性にも慕われたため、夫は妻と復縁し、女性も一緒に暮らすことになった）などは、みなその真心によって夫の悪い行いが改まり、ついには英主（すぐれた君主）、善者（素晴らしい人間）と称えられるまでに至りました。よく鑑みて学ぶべき先例でしょう。

そして、夫がいつまでも愛と敬の情を失わないことが大切です。愛とは、夫が自分を慈しみ愛でてくださるということ、敬とは、夫が自分をあなどれないと感じるほどに頼もしくお思いになるということです。この二つの情のいずれが欠けても、夫婦仲が円満な、楽しい家庭を作ることはできません。ですので、夫の愛を失わないためには、常に謙虚につつしみ深く、柔順温和（おとなしく温和なこと）に愛らしく、たとえるならば、春の日に咲きこぼれる桜の花が風や露にもじっと耐えるような風情を見せるべきです。また夫の敬を失うことなくまっとうするためには、常にふるまいをおごそかにし、みずからさまざまなことを堅く守り、高潔で方正（きちんとしていること）な態度をとって頼もしく、たとえるならば、冬の朝、高い山にある松の、霜にも雪にもしおれず変わらない色が、他の木々の中でくっきりと目立っているようにあるべきです。かの在原業平（平安初期の歌人）の妻が、「風吹けば沖つ白波龍田山、夜半にや君がひとり越ゆらん」【12】（『伊勢物語』の中で、夫が新しい女性のもとに通うのを見送った妻が歌った歌。「風が吹くと沖の白波が立つという名の龍田山を、夜半にあの人は一人で越えているのでしょう」の意で、これを聞いた夫は妻を愛しく思い、新しい女性の元に通うことはなくなった）と嘆きながらも、嫉妬する様子を少しも見せなかったいじらしい心や、一条天皇（平安中期の天皇）のお后である上東門院（藤原道長の娘である藤原彰子）が、天皇が音楽に夢中になっていらっしゃるのを、「笛は見るものではなく、聞くものですよ」と遠回しに批判し、音楽から遠ざけさせた賢いふるまいなどは本当に素晴らしいものです。畏れ多いことではございますが、このような方々を参照にして、その時その人に

【12】『伊勢物語』第二十三段「筒井筒」より。『古今和歌集』巻第十八にも「読み人しらず」として収録されている

合わせて、愛と敬の均衡をよく保つようにしましょう。

妻は夫のために常に注意深く、すべてについて夫よりも考えが行き届き、いわゆる「内助の功」がうまくはたされるように心がけるべきです。とはいえ、自分は賢いと得意顔なのもみっともありません。「誰がいつの間にこうしてくれたのだろう」と思わせるのがよいのです。どんなことも、やり過ぎて夫のメンツをつぶさないようにし、夫を陰で助け、内々に補うことが妻のつとめの要（かなめ）であることを理解しましょう。

舅（しゅうと）や姑（しゅうとめ）に対する心得

折り合いの悪いことをことわざで「嫁と姑（しゅうとめ）のようだ」と言ったりしますが、これはたいへん嘆かわしいことです。なるほど、夫は昨日までは知らなかった人であっても、夫婦の情愛につながれて、ついにはかけがえのないもののようにこの上なく親しくなるものですが、夫の親は、義理の関係によって突然父や母ということになったのですから、自然の情からすれば、「血のつながりのある父や母のように思いなさい」というのはずいぶん難しいことのように思われるでしょう。けれど、血のつながった父母でも、幼い頃に別れて遠く離れていれば、その親子の情は親元にいる場合と同じというわけにはいきません。そう考えれば、舅や姑はもともとは他人で義理の上での父母ではありますが、

「一樹の陰一河の流れも多生の縁（知らない者同士が同じ木陰で雨宿りをし、同じ川の水を飲むのも前世からの因縁によるものである）」と言うように、縁がなければたがいに近づくこともなかったわけです。生みの親を離れて他人を父や母と呼び、死ぬまで親しく交わらなければならないのも天命あるいは前世からの因縁であると思って、たがいのへだてとなっている垣根を自分から取り除いて、包み隠すことのない美しい心で、力のかぎり誠を尽くしてお仕えすれば、相手も人なのですから、はじめのうちはともかくとしても、たとえ偏屈な人でも、どうしてこのようなよい嫁に対していつまでも鬼のように無慈悲でいられましょうか。怒りの角も折れて、ついには仏の心におなりになるでしょう。

　昔は、職業や俸禄（主君から与えられる給与）を先祖代々受けついでいた時代の常として、父母は後継ぎとなる子にその職と俸禄とを譲って、そのかわりにその子に養われ、助けてもらって安らかに過ごしていましたが、時代は突如として変わって、今は個々人が自分の力で生活していく時代になり、舅や姑とは別居すべきということもさかんに言われるようになりました。そうするとよからぬ嫁の中には、舅や姑を邪魔者のように扱う者も出てきましたが、これは年老いた舅や姑に対して実に気の毒なことではありませんか。将来はどうなるかわかりませんが、今までのところでは、まずは昔からの習慣に従って、舅や姑に対しては嫁の手で孝行を尽くそうという覚悟をしっかり持ちましょう。年を取ると、以前は賢かった人もひがみっぽくなり、健康だった人も衰えていきます。まして、もともと虚弱だった人、頑固だった人は、その世話にほとほと手を焼くこともあるでしょうが、明日どうなるかもわからない年老いた身のはなかさをあわれに思い、自分もいつか同じようになっていくのですから、他人事だとは思わず、何事もうまく受け流しながら、丁寧に親切にお世話するようにしましょう。雨だれも長い時間をかければ岩にも穴をあけるのだから、自分の真心も最後には通じないはずがないと自分で自分を励まして、ぜひとも孝行な女性の鑑（かがみ）となってほしいと思います。

小姑（こじゅうと）（夫の兄弟姉妹）の中でも特に夫の兄や姉は、まずたいていは家を別にしているものです。なので舅や姑に対するように休みなく心配りすることはありませんが、小姑は舅や姑とは近しい親子の関係ですので、嫁に関する告げ口や陰で文句を言ったりということは、とかくこういう人たちから起こるものです。ですから、やはり同じように、包み隠すことのない真心を持って、いつも親切に接し、難癖をつけられるような隙（すき）がないように心がけましょう。それでも面倒なことが起こった場合には、ひたすら何事についても争わず、逆らわないようにして、自分が信じることを守って、自分のやるべきことを尽くして、その後は事のなりゆきを時間にまかせるようにするのがよいでしょう。波がずっと立ち騒ぎ続けるということはありません。いずれは元通りの静かな水にもどるのに、愚かな人は何かあった時に、自分をかえりみてつつしみ、自分のすべきことをきちんとつとめようとはしないで、むやみにあわてふためいたり、腹を立てて怒ったり、泣き騒いだりするので、小さなこともかえって大きなことになってしまったりするのです。このように面倒なことが起こった時にこそ、その人の人柄の重さ、軽さもわかるものですから、常によく注意し、忍耐力を養っておくようにしましょう。

曹大家（そうたいこ）も「和叔妹（かしゅくまい）（小姑と仲よくすること）」ということをその著書『女誡七篇』の一章に入れて、よく気をつけるようにくりかえし説いています。妻となる人は目を通しておくとよいでしょう。

この他の目上の人に対する心得は、「少女（むすめ）としてのつとめ」の項目を参照してください。

小姑に対する心得

小姑に対する心得を述べますと、夫の弟や妹で、目下と考えるべき小姑の中には、自分より実際には年上でありながら、義理の上では弟、妹と呼ばれる者があります。そういう相手はずいぶん扱いにくいものですし、その人柄があまりよくなければ、ややもすれば揚げ足を取られることもないわけではありません。それでも例の忍耐力で乗り越え、ついには小姑が「どんなことも、血のつながった兄に言うよりは、むしろ兄嫁に言った方がいいだろう」と考えるようになり、本当の弟や妹のように自分に親しみなついて、しまいには自分の味方となってくれることを目指しましょう。

およそ目上の者が目下の者に対する時は、常に慈愛の心と厳粛な態度を十分に備え、あらゆることに頼もしく、ひと通りの心得があるようでなければ、人に与える恩恵と人を従わせる威信との両方を発揮するのは難しいものです。だからこそ、幼い頃から怠ることなく必要な学芸を学び、大人になった時の助けとするようにしましょう。それにつけても、すべてにつけて高慢で、わがままにふるまう人は、とりわけ他人に憎み嫌われるものです。よくよくつつしむようにしましょう。

子どもに対する心得については、言うべきことも特にたくさんありますが、それは後の「母としてのつとめ」の項で述べようと思いますので、ここでは省略します。

使用人や家に出入りする人たちに対する心得も、また主婦に関する項で述べますので、ここには載せません。

日課については、次の「主婦としてのつとめ」の項で述べます。

四、主婦としてのつとめ

この「主婦としてのつとめ」の項目では、主に家政を整え理める整理の仕方について述べていきます。夫や姑、小姑に対する際の心得については前の項目で大体を述べましたので、ここでは省略します。

主婦は一家の基礎です。家の基礎が強固でなければ、どれほど屋根の棟（屋根のもっとも高い所に渡した木）や梁（屋根を支える横木）が完全でも、その家を支えることはけっしてできません。西洋のことわざに「家庭の楽園は徳のある主婦によって作られる」と言うのは真理なのです。ですので、一家が栄えるのも衰えるのも、多くはその家の主婦の賢さにかかっていると言ってもよいでしょう。よく心しておきましょう。

心の修め方

主婦の心の修め方は、少女（むすめ）および妻の項で述べたことと大体のところは同じです。ただし主婦は一家の柱石（いしずえ）ですから、何はさておいてもとりわけ重厚で落ちつき、頼もしくあるために、物事をよく理解し、慈しみ深いことが求められます。軽率な様子で頼もしさや思慮分別に欠け、人に対する慈しみの心がとぼしければ、家族や使用人たちも離れていって言うことを聞かなくなり、親戚や友人も嫌気（いやけ）がさして遠ざかって、裕福だった家もついには衰亡していき、高貴な人もまた尊（とうと）くおごそかな徳を失うようになるでしょう。主婦の心がけがけっして簡単なものではないことを理解しておきましょう。

若い女子が突然主婦として仰（あお）がれるようになると、これまでは他人事のように思っていたことがすべて自分の身にふりかかってくるので、相当に心して家政学を学んだ人でも、経験していないことは実際とは違うこともままあって、ひどく当惑することもないわけではありません。このような時にもよく心を落ちつけて軽はずみなことをせず、また、一度経験したことは心に深く刻んで、その結果のよしあしを今後の参考にしましょう。

非常事態が生じた時にも、主婦はまずよく心を鎮め、あわてふためいたりせず、それぞれに対する指揮を間違えないようにしましょう。あらゆることについて誰よりも頼もしくなければならないはずの人に、どうにも不安な様子が見え、いろいろたずねてもきちんと答えもせず、どうするべきかを聞いてもそれも決めかねているようでは、本当に恥ずかしいではありませんか。反対に、まだうら若い女性が、何か起きた時にも落ちついて、たどたどしいところがまったくなく、しゃんとして威厳があって、その頼もしい心のありさまが垣間見えると、たいそう素晴らしく見事に感じられるものです。ここでも先に述べた安神立命の手立てが重要になってきます。

また主婦たる人は、いやしくけちな心を捨て、慈しみや恵みの心を養うことが必要です。加えて、常に公平な心を持って、けっしてえこひいきすることなく、わがまま気まま、驕り高ぶりなどの邪念を抑えて、いつも気高く清く、まっすぐに美しい心ばえでいましょう。それでこそ家庭内はとこしえに明るく清らかになっていきますし、ひとたびその家庭に足を踏み入れた人に、ここを離れたくないという思いを抱かせるようになるでしょう。

ふるまい方

主婦が一家を整理するにあたっては、まず自分が率先して行動するようにしなければなりません。まずは自分がつとめてこそ、他の人につとめさせることもできるのです。つまり、身体を健康にたもつようにし、道具類を整理整頓し、衣服や食事をととのえ、またこれらをどの程度するのか、時間をどれくらいかけるかといったことすべてを、まず自分自身が規則に従って行うことで、命令しなくても一家全員がそれにならう、という習慣を作るべきです。

主婦は、はじめにみずからが行って後に人を率いるためにも、まずは自分の身体が丈夫でなければなりません。たとえば、心の中では朝早く起きてあれこれと仕事をして、少しも労を惜しむことなく万事残らず整え、座る暇もないほど動きまわろうという気でいても、身体が弱っている時は、心とはうらはらにすぐに体は疲れ、ついには精根も尽きて、もうその仕事を続けることができなくなるでしょう。これはまさに、「健全なる精神は健全なる身体に宿る【13】」というあの古くからの言葉のとおりです。ですから、幼い時から健康な体を守るようにつとめ、また、すこやかな時には体を鍛えるようにしましょう。心が快活でいられるのも、たいていは体が丈夫であることに由来しています。体が健康であれば、何をするのもおっくうでなく、はかどるものです。

ですので、一家のみなに勤倹（勤勉で倹約なこと）になってほしいと思うのであれば、まずは自分の身のまわりから倹約して出費を少なくし、みずから先頭に立ってつとめましょう。どれほど口やかましく世話を焼いたとしても、自分が実際にやっていることが道からはずれていれば、けっして言うことを聞い

【13】古代ローマの詩人ユフェナリスの言葉

てもらえません。主婦のふるまいは、まさに一家の先導車です。この他の主婦のふるまい方については、前の「妻としてのつとめ」の項を参照してください（以下同じ）。

言葉の使い方

主婦の言葉づかいに関しての注意は、前の「少女（むすめ）としてのつとめ」「妻としてのつとめ」の箇所で言ったことと特に違うことはありません。すべてに行き届いて、しかも言葉は多くなく、凜々（りり）しく丁寧に、明瞭で正しい声音と言葉づかいがなんといっても優雅で上品に聞こえて、人の心もやわらぎ、心引かれるようにしましょう。

夫や舅・姑、小姑などに対する心得は、前章「妻としてのつとめ」で述べたことを見てください。

親戚に対する心得

さて、この日本の国の家庭では、その家の主婦たる人は、ただその家族に対するだけでなく、一族・親族に対するつとめがまたなかなか面倒であるのが常です。特に地方の家などでは、本家や末家（一族のうち本家から血縁がもっとも遠い家）といった関係も、またとても難しいものです。なので、若い主婦などは、昔のように、何事も知らずわからず、夫や舅・姑は言うまでもなく、親族の長にあたる人の命令にただひたすら従い、よきにつけ悪しきにつけ自分の判断や意見を持ち出すことなく、影の形に従うがごとく従順に、打てば響くがごとくすみやかに応えるようにしていては、一日たりとも、一家に波風が立たないということは難しかったことでしょう。しかし現在のような新しい時代になると、すべてを理屈で処理するようになり、人間の知識も日々増えていっていますから、いかに現時点では目上の者にひたすら従うのがよいとしても、それはしょせんずっと続くものではありません。

それでは、今後の主婦の親戚に対する心得はどうすべきかといえば、これもまたつまるところはただ一つ、至誠ということに尽きます。けれど至誠ということも、すぐれた知恵によって啓発され、導かれなければなしえません。すなわち、親族のうちでも近づくべき人、近づくべきでない人、親しむべき人、親しむべきではない人など、それぞれの人の賢さや正しさをひそかに見分けておいて、しかし表面上は誰にでもわけへだてなく接しているようにすべきです。そしてこの場合も、表裏のある汚い心でそうするのではなく、あたかも天地が善悪を問うことなくあらゆるものを育むのと同様の徳を自分の中に養ってから、このようにすることが大切です。

たいていのことはなるべく一族の長が言うとおりにして、あえて自分の意見を差しはさまないのをよしとし、重要な事柄については道理にかなっていることを選んで、確固不抜（意志がしっかりして動じないこと）の精神で一家の柱石（いしずえ）となって、他の人が騒いでも、それを至誠によっておさめるよう努力しなさい。

昔、真田信幸（江戸初期の武将）の夫人が、夫の留守を守り、夫に対する道義のために、舅（信幸の父・昌幸）が城に入りたいと言うのも拒んで城外で野営させ、その後あらためて使用人たちに丁重にごちそうを運ばせて舅の戦場での労を慰めたという、信も礼も誠も備えた見事なふるまいは、今も多くの後進女性たちの鑑となっています。敬い、学ぶべき行いでしょう。まして舅や姑ではない親戚に対しては、常に恭謙（つつしみ深く謙虚な態度）温良（穏やかで素直なこと）の徳をもって、丁寧に親切に真心をこめてつきあうべきではありますが、その家にとってよくないと思うことがある時には、道理をはっきりとわきまえて、夫の家がわずかでも引けを取ることがないようにすべきです。道理をわかっていない主婦が、夫や舅の不在時によからぬ親族などによって家の財産を奪われ、家のおきてを乱され、ついには夫や舅に迷惑をかけるようなこともないわけではありません。それではなんとも情けないではありませんか。また、裕福で位も高い家に嫁いだ女性が、自分の実家の権力を後ろ楯に、夫や舅・姑に対して、ひいては一族・親族にまでも思い上がった態度をとって、貧しい親戚などとは同席することさえ避けるようにふるまうのは、まったく論外です。心をしっかり引きしめてみずからの言動をかえりみ、いましめるべきです。

一家・親族がいつも春の海のように穏やかで、さざなみさえ立たない家庭に暮らすのは、この上なく楽しいことではありませんか。天から与えられた温和な性質によって、一家・親族を調和させむつまじくさせる教導者になりたいと願い、常に誠心誠意をもって取り組めば、その淑徳によって一家の人たちを自然と感化させていくことができるでしょう。そしてまず一家が調和してむつまじく、たがいを疑うこともなければ、親族の和睦もまことにたやすくなるでしょう。

しかしすでに述べたように、数多い親類の中には、道理にそむいた人、欲深い人もいるでしょうが、こういう人たちにも父母や夫、子どもたちに対するのと同じように熱心にいさめる義務があるというわけでは、必ずしもありません。自分の徳によってその人を感化・矯正できればそれはむろんいいことなのですが、もし自分の力では難しいのであれば、その人を適度に遠ざけることもやむをえません。けれどその人が貧困に陥ったり災難にあったりした時には、できるだけ親や夫にもお願いして、助ける方法を考えましょう。けれど女子は、父母や夫の許可なくひたすら個人的に恩を施したりするようなことは、けっしてしてはいけません。自分が施した徳の報いは親や夫へと返り、親や夫のあやまちの報いはみずからがかぶって助けてこそ、坤位(おんな)[14]の淑徳と言えるでしょう。

そしてまた、物事の本末を間違えないようにすべきです。一家がよく斉(ととの)い、父母は慈(いつく)しみ、子は孝行し、夫婦はたがいに和し、兄弟はたがいを信じ、そしてその孝慈和信の徳が一族縁者にまで及び、それから友人や地域の人たちにまで達して、さらにその地方や国全体にまで及ぶようにしましょう。縁者と言っても、近親の者もあれば、遠い関係の者もいます。その順序や本末を間違えないように、きちんと区別して判断しなければなりません。いたずらに「慈善」や「恩恵」といった言葉にあ

【14】「坤道」は女性の守るべき道の意

おられて貧しい人々を救い、社会に尽くし、お金をなげうち、財産を投じるといったことは必ずしも悪いとは言えませんが、本当に慈善や恩恵を施したいと思うならば、ぜひとも近親の者を救い、遠い縁者を矯正させ、その後に他の人々にまで手をさしのべてこそ、真に徳の正しい人と言えましょう。

幸いにも裕福ならば、家計・財力の許すかぎりは精一杯一族縁者、不幸な貧しい人々に施すのがよいでしょう。自分の出費を抑えて他の人の貧しさを助けるのは、実に人間の美徳であり、裕福な者のつとめです。まして女子は、人をあわれみ慈しむという天から与えられた仕事を持っているのですから、常にその天職にそむかないように願って、裕福で身分も高いことが時として正義を腐敗させ、友情を壊していくことをよく理解して、自身のことをかえりみ、心を引きしめて、けっして一族の中から非難されることがないように注意しなければなりません。

さて、もし不幸にも貧困の逆境に陥ることがあれば、どうすればよいでしょう。変わることのない意気、少しも取り乱すことのない志（こころざし）を凛として強く持って落ちついて状況を把握し、心の底では綽々（しゃくしゃく）とした余裕を持って策を考え正しい道を求めるようにして、裕福な親戚をたずねてその袖にすがり、あわれみや恵みを求めるようないやしい行いは、けっしてしてはいけません。このような時にこそ普段の修養の効が顕（あらわ）れ出て、気品高く頼もしく感じられるものです。遠い縁者に助けを求めてはいけないというだけでなく、たとえ近親の縁者であっても、向こうから進んで助けてくれるというのでなければ、一銭のお金、一片の布であっても、自分から請い求めるようなことは断じてしてはなりません。ことわざに「借着(かりぎ)より洗い着（人に頼ってぜいたくするよりも、貧しくても自立している方がよい）」と言うように、かりにも道理を知るものは、人に助けを求めるくらいなら、死んで清廉潔白を守ることを望むべきです。少しお金が工面できず、足りないからとすぐに実家に言って助けを求めるようなことはまだいいとしても、人に媚(こび)を売って言葉を巧みに飾り、へつらい顔をして物をもらおうとするのは、実に見苦しいかぎりではありませんか。なぜみずから一生懸命に励んで奮い立ち、仕事をしたり、職に就いたりしないのでしょうか。鳥や獣、虫や魚も、自分で獲物を捕らえ、それを食べているではありませんか。人としての自立自活の道を知らず、他の人に依存しないではいられないようでは、そもそもが間違っていると言うべきです。自分の至らなさのために不幸な境遇へと落ちぶれ、父母や先祖の名声を上げることができないのであれば、せめて姿を隠して行方をくらまし、見苦しいありさまを、くれぐれも親族や友人に見られないようにするべきです。やろうと思ってできないことはありません。願わくは、努力してさまざまなことに耐え、自分に対してはささやかに、その分人に対しては手厚くするようにしましょう。

一般的に女子のまじりけのない純白な心は、ややもすれば度量が狭く、頑固になってしまいます。そしてそのように心が狭く、かたくなな人は、自分のことばかりを考え他の人のことを忘れ、世に言う「身びいき」「身勝手」となっていくこともあります。こういう人の中には、「己(おのれ)」というものを捨てて献身的至誠を親や夫に尽くす、かの賢い女性たちと正反対の結果に至る者もおそらく少なくありません。だからこそ昔から、嫉妬深く悪知恵のはたらく悪い心を持った女子が、主君をまどわし夫をだましてその肉親との仲を引き裂き、親しい者を遠ざけ、その女子の親族ばかりが権力を手にして、ついにはその国家を傾けてしまうというようなことには、深く深く注意しなければならなかったのです。

このこともあって、女子がひとたび嫁いだならば、夫の家を我が家とし、夫の親戚を自分の親戚とするものですから、心の中で自分の生家を引きずったり、また、生家に重きを置いたりしてはいけません。けれど自然な人情から言えば、昨日までは生みの親の愛情も暖かい懐（ふところ）の内で育まれていたのに、今日突然に他人の家に来て、気心も知れない人を親と敬い、兄弟・姉妹と呼び呼ばれもすることになるのですから、日々の気づかいもたいへんであるのに、そもそもそれを誰に話すことができましょうか。これからの長い年月苦楽を共にし、生涯の幸も不幸も分け合う夫とはいっても、やはりまだ馴染んでいない頃であれば、「夫は自分に不満を持っていないかしら」などとひどくあれこれ思い悩んでいるちょうどその時に、生家の親族などがたずねてきてくれれば、どうして、嬉しい、懐かしいなどと思わずにいられましょうか。その人たちをちょっとでも長く引きとどめておきたいと思うのは当然ですし、心を尽くしてもてなしたいと思うのももっともですが、我が身はすでに夫に捧げた身であるということを忘れずに、夫や舅・姑の意向どおりにするようにしましょう。だからといって、あまりにわざとらしくよそよそしくするのは、絶対にいけません。昔のままの親交の情はますます厚く暖かいものですから、ひたすら新婦としての礼と義を守って、すべてに控えめに、つつしんだ態度をとるのがよいでしょう。

このようにして次第に年月を重ねて、その家のことすべてを思うとおりに処理できるようになった後も、やはり昔のしきたりにそむくことがないようにして、自分の親戚への待遇やつきあいが夫の家の近親者に対する以上になることがけっしてないようにしなければなりません。けれどそれもあまり度を越しては駄目で、夫の家の隆盛を後ろ楯に大きな態度をとり、兄弟姉妹などに対してこれ見よがしに驕り高ぶるといったことははしたない者がすることであって、いまさら言うべきことでもないでしょう。

肉親との関係は情で結ばれ、夫の家の親戚とは義理によって一緒になっているものです。けれど、自分の至誠を捧げて丁寧に心をこめて交われば、それに続いて情も生じてくるものです。なので新婦ははじめこそとにかくすべてにおいて義理を立てるばかりの人づきあいが多く、心を緩める暇もないくらいでしょうが、自分の至誠を夫の家の人たちにわかってもらえるようになれば、生家の親戚と特に違うところがない、とてもたしかな親しみの情さえ生じてくるでしょう。

そうは言っても、女性が嫁いでまだその家風に馴れないうちは、すべてに関して頼りなく、うまくいかないこともあるでしょうから、まずはその家の目上の人に相談して、家のしきたりや習慣、親戚や友人との関係や交際の深さなどを、折々にたずねておくのがよいでしょう。こうして夫がもっとも親しくすべき間柄の親族とは、とりわけへだてなくつきあい、またこのような人たちがたずねてきた時には精一杯もてなして、夫や舅・姑、その他の家族にもそれほど不満を感じさせないように、自分もまた時々はその人たちをたずね、ふさわしいものを贈って、親交が密になるように心がけるべきです。とはいえ、利口ぶって出しゃばり、夫や舅・姑の言いつけも待たずに自分のはたらきぶりを見せつけるようなことは、けっしてあってはいけません。

要するに夫の親戚は、自分の生家の親戚と同じように、同じ血筋、同じ家風を持ち、家の習慣もたいてい似ているために親交もまた深いのが普通なのです。しかし、夫の家はもしかすると、自分の生家とは大いに事情が違う点もあるかもしれません。そうすると、ちょっとしたことにもあまり役にも立たない用心をしなければならないこともあります。また、自分が何気なくやったことが、夫の家の人たちには意外にも「何てことをするのか」と思われて、とやかく非難されることもあるでしょうから、けっしてそのような些細なことを気に病むことなく、ただ自分の至誠、至情がきちんと他の人に通じるよう心がけるべきです。そして万一自分の真心が少しも気づいてもらえず不本意に感じ、あるいは人にけなされさげすまれるようなことがあっても、けっしてかっとなって腹を立てたり、嘆き崩れたりと、つまらないもの思いのために心身を苦しめてはなりません。万事はたいてい自分の影が映る鏡のようなもので、自分が正しければ自分が対しているものも正しいものなのです。このことをよく考えてみましょう。

また、祖父母は言うまでもなく、伯叔父母（伯父・叔父、伯母・叔母）の愛情も、さながら父母の愛情のようでもあるものです。なので若者は、尊い親に次いで伯叔父母を敬愛すべきです。しかし、ともすれば、彼らの愛におぼれてしまうという弊害もないとは言えません。また、伯叔父母といった人たちはたいていは他の家に住み、時々たずねてくるというのが一般的ですから、生みの親のように子どもを教え導いたりいましめたりということにはなりません。そのため、ややもすれば彼らの厳正な意向に十分に届かないということもあるでしょう。ですから、彼らの愛や恵みを喜びつつしんで受け、親しみ仲むつまじくするべきとはいえ、その恩に馴れてしまい、彼らをあなどり軽んじたり、あるいはわがままになってつけあがり、恭謙の徳に傷をつけるといったことは、けっしてあってはなりません。まして彼らが自分によそよそしいことを不満に感じて、それを父母や兄弟姉妹に訴えるようなことは言語道断と言うべきでしょう。

また、従兄弟（従姉妹）の中でも親しい者には、さながら自分の兄弟姉妹と同じ情愛を感じたりするものです。従兄弟に対する心得はたいてい、兄弟姉妹に対する心得と特に変わらないのですが、やはり父母を同じくする兄弟姉妹と従兄弟とでは、自然と関係の深さに違いが出てくるものです。そもそも、遠い関係の者と、近い関係の者よりも親しくつきあうようなことは倫理の乱れですので、兄弟姉妹とのつきあいは薄く、従兄弟とのつきあいは厚いといったことはあってはいけません。けれどそうはいっても、伯父が甥や姪のことを「猶子」と呼ぶように、「従兄弟」というのはいわば兄弟に準ずるという意味の言葉ですから、兄弟姉妹に次いで、大いに情愛・親睦の情を尽くし、楽しい時にも悲しい時にも集まり、できるかぎり幸福や利益を分かち、悲しみを慰め、心を一つに協力して、一族の繁栄を目指しましょう。

友人に対する心得

主婦になると、自分の古くからの友人だけでなく、夫の友人や、また普通は近所の友達もいるでしょうし、それぞれに注意すべきこともたくさんあります。それはそうと、交道（正しい交際の道理）が廃れてすでに長い年月が過ぎ、翻雲覆雨（手のひらを上に向けると雲がわき、下に向けると雨になるということから、人情が変わりやすいことのたとえ）【15】と言うように、朝に握手した人と夜には顔をそむけ、得があれば集まるが、なければばらばらになり、名声や利益に群がるさまは螻や蟻が甘いものに集まるのと同じで、外面では信頼しているように装いながら内心にはねたみを持ち、むやみに飾った言葉をあやつるものの、本当の信頼を求めるすべもないというこの悪習は、今や女性社会にまで滔々と流れ込んできています。ああ、嘆いても嘆ききれないことこの上ないではありませんか。すでに、身分が高い者も低い者も、みなこのようになってしまっています。一国の活力がさかんになるか衰えるかは女性の力に大きく影響されることを思えば、自分こそが徳を修め、人としての道を説き、この悪習を一掃しようという覚悟を持ってもらいたいものです。くれぐれもみずからの責任の重さを忘れず、せめて女性社会だけでも、こうしたそしりを受けることのないようにしたいものです。

友人というのは、その方面によって種類もさまざまです。心の友というのもあれば、ある道の友というのもあります。学びの友、仕事の友など、友と言われるべき人は、同じように友と呼び、呼ばれる関係の人ではあっても、その心配りやつきあい方もまたそれぞれです。

それはそうとしても、徳を進め、知を磨く目的や方法として、あるいは公のことや家の運営などあらゆる場合においても、この世の中に友人ほど有益なものはありません。自分を教え、いさめ、慰め、励まし、切磋琢磨してくれるのは、友人以外に誰がいるでしょうか。親友、益友（ためになる友人）として心を許し合う友人は言うまでもありません。普通のなんということもない友人でも、自分の心配り一つでずいぶんと他山の石（自分の石を磨くのに役に立つ他の山の石）ともなるのです。たとえ自分ほどすぐれていない人であっても、そのすぐれない点を見て、みずからを反省し、いましめるために役立てるべきです。まして我が身は、この世の荒波へとこぎ出した小舟のように心細いものですから、その舵（かじ）となり、櫓（ろ）（船をこぐ道具）となり、また棹（さお）（水底を突いて船を進ませる棒）として頼ることができる友達がどれだけいるかによって、どれほどの助けを感じられるかも大いに変わってくるでしょう。抑えきれない悲しみも、耐えられないほどの苦

【15】「手を翻（ひるがへ）せば雲と作（な）りて手を覆（くつがへ）せば雨となる、紛紛たる軽薄何ぞ数ふるを須（もち）ゐん」（『杜甫』）より

しみも、相談したり慰められたりして同情・共感しあえる友がいなければ、どうやってもの思いの雲を晴らすことができるでしょうか。とにかく友人は、世を渡っていく上でももっとも助けとなり、必要なものですので、できるだけ益友となる人を求めてつきあい、たくさんの友人ができるよう心がけましょう。

しかし女子はひとたび主婦になれば、何事も夫や舅・姑の後ろで事を執り行うものですから、むやみに個人的な交際を深めてはいけません。夫にも舅・姑にも気に入られ、こころよく許されてからでなければ、誰であれ、個人的に招待したり訪問したりしてはいけません。まして男性の友人は、たとえ親類ではあっても、あるいはためになることがあっても、みだりに近づき親しんではなりません。まずは夫がその人のことを気に入って友人となり、仲間となってはじめて、その人との旧交を暖めるべきです。

かりそめにも、友人とのつきあいに夢中になったりしてはいけません。ですから、たとえ、堅い友情で結ばれた友人であっても、その人のために死ぬようなことは、けっしてしてはなりません。それだけでなく、自分とは気の合う友達であっても、夫が気に入らないというような場合もまた、むやみにつきあいを深めてはなりません。どう考えてもこの人は自分の本当の益友で、自分に誠実を尽くしてくれる人だと思う友人ならば、夫の機嫌をみはからって、折々にその友人の心や行いがいかに素晴らしいか、また、その人との友情がいかに厚いかを語って、夫も納得してそのつきあいを応援してくれるようにしむけるべきです。それができないのならば、自分が未熟なのです。女子の影響力はきわめて強いはずではありませんか。

さて、友人とはどのようにつきあっていくのがよいでしょう。友人とは信じ合うべきであるというのは教育勅語（明治二十三年に発布された、国民道徳と教育の基本理念を示した勅語）でも教えていることでありますし、西洋の女子に対する教えでも、「女子は神聖でありなさい、執着しないようにしなさい、そして誠実でありなさい」と言われています。なるほど、神聖でものに執着せず、誠実である人が認められない社会などありましょうか。そもそも信というものは、誰でも、どんな場所でも必ず堅く守るべきものであることは言うまでもなく、「古（いにしえ）よりみな死あり、民（たみ）信なくば立たず（政治においては食も民の信も重要であり、食がなければ人は死ぬものの、昔から誰でもいずれ死ぬのであって、信がなければ何事も立ちゆかないのであるから、信こそがもっとも重要なものである）」【16】と孔子がおっしゃったとおりです。友人とは義によって集まり、交わるものですから、信がなければ、たとえ一日でも友人でいることは絶対にできません。もし友人のことが信じられないのであれば、いっそのこと、友という関係を結ばない方がよいのです。友人との仲たがいは、蟻の穴から堤も崩れる（虫けらのちっぽけな巣穴から水がしみこむことで大堤防さえも崩壊する）ような悪影響をもたらします。よく気をつけてほしいものです。

さて、友人に対して信を尽くそうとするには、まずは自分の心を誠実にすることがぜひとも必要

【16】『論語』より。政治において何が大事かを問われた孔子が答えた言葉

です。まず心を誠に、言葉を信頼されるようにし、行いを親切にしましょう。自分がまず誠をもって物事を行えば、たとえそれほど親しくない友人であっても、自然と自分の徳によって変えていくことができるでしょう。そもそも人が自分に報いてくれるかどうかは、ひとえに自分がその人に対する時の心持ちがどのようなものであるかにかかっています。ちょうど鏡に映った姿が、自分が正しければ正しく、自分が正しくなければ正しくないようなものです。なので、人に親しまれたいと思うのならば、まずは自分の心情を厚くするべきです。友人に自分のことを信じてほしいならば、まずは自分がその友人を信頼するようにすべきです。

　このようにあれこれとその友情を深めて、たがいのためになるようにしたいと思っても、その友人の方がかたくなで、少しもその言動を改めないのであれば、やむをえず友達の縁を切ってもかまいません。忠告せずにはいられないことは、他の人のいない所で、自分の嘘偽りのない心を吐露して、親身にいましめるようにしましょう。けっして思い上がったような話し方やふるまいをしてはなりません。それでもなお、その人があやまちをまったく改めようとせず、かえって自分をののしり非難するようなことがあれば、それは自分の徳が足りないからなのだとわきまえ、引き下がって、ますます自分の知と徳を磨きたいと願うべきでしょう。けっして、「私の親切を無にして、私を非難した」などとうらみ怒ったりしてはいけません。そのようなことを言うくらいなら、むしろはじめから何も言わない方がいいのです。古人の言葉に「君子は交わり絶ゆとも悪声を出さず（立派な人物は、交わりを断った相手にも悪口を言わない）【17】」

とありますが、本当にそうありたいものではありませんか。しかしこれはあれこれ真心を尽くしても力が及ばなかった場合のことで、軽々しく友情を結び、軽々しく断つといったようなことは、けっしてあってはならないことです。

また、普段のつきあいの中でも、他の人について軽々しく悪口を言うのは、たいへんはしたない行為です。先頃ヨーロッパをまわって、イギリスの上流社会や女性の社交の現状を見てきましたが、いやしくも高等教育以上の教育を受けた女性はたいてい、人前でみだりに他の人の悪口を言ったりはしません。たまたまある人が、「誰それはどんな人ですか」などとたずねた時、もし自分がその人を信用していない時は、ただ、「私は知りません」と答えるのが常となっています。その人の品行を当然知っているはずなのに、「知らない」と答えるのは、必ず何かよくないことがあるからで、少なくともその人とは相容れない仲であることがわかります。このように、その内情を探っていけば、けっしてうるわしいことばかりではありませんが、ともあれ、イギリス社交界が広く立派に形作られているのも、けっして偶然ではない文明の風習と言わざるをえません。願わくは、そのすぐれた点のみを取り入れて、日本に足りない点を補いたいものです。

【17】『史記』より

ところで、誠実な人は、ややもすれば悪賢い友人にだまされて、少なからぬ災難をこうむることがあります。これはまことに自分の愚かさによるもので、またどうしようもないようにも思えます。しかし、世の中のことをよく知らないために、また愚かなためにたびたび他の詐欺や悪だくみにかかってしまった人の中には、ともすれば人を疑う心が深く、それほどではないことでも、「こうではないだろうか、ああではないだろうか」と無駄に心配し、気を回し、「火を見れば火事と思え」「人に会えば盗賊と思え」などという言葉を人を判断する唯一の基準として、二度と失敗しないようにと考えている人もいます。たしかに、すべてに注意深く用心を怠らないのは大切なことですが、「火を見れば云々（うんぬん）」といったことは、道理が明らかで徳がきちんと行われている社会においては、けっして考えるべきことではありません。なんとかしてこのような言葉を社会で使うことがないよう、つとめなければなりません。

そうであれば、女子は純白で誠実でなければなりません。けっして猜疑心や嫉妬心を持ってはいけません。みずからは清純で誠実な心を持ち、なおかつ他の人の濁り汚れた心を見抜くようなことは、天から与えられた知恵と習熟した学識との両方が真に完璧に備わっている人でなければできないことです。かの「詐（いつわ）りを逆（むか）えず、信ぜられざるを億（おもんぱか）らず、抑々亦（そもそもまた）先（ま）ず覚（さと）る者は、是（こ）れ賢（けん）か（だまされるのではないかと身構えることもなく、人から信じてもらえないのではないかと不安を覚えることもなく、それでもさまざまなことを真っ先に察することができる人物は賢者と言えるだろう）【18】」という金言は、まことに心にしっかりとどめておくべき言葉ではありませんか。「欺（あざむ）かるるとも、欺くことなかれ（だまされても、だましてはいけない）」、「君子は欺くべし、陥るべからず（すぐれた人物をだますことはできるかもしれないが、陥れることはできない）【19】」といった格言のすがすがしさ、そして尊さをよくわきまえるべきです。せんじつめてみれば、常に偽りやごまかしなく、信と義を持って友人に対するなら、たとえ多少の不信の心を持っている人であっても、自分の至誠の徳によって、必ずやついにはうちとけてくれるはずです。他の人が自分を信じているかなどは気にかけず、自分の信が薄弱でないかを心配し、常に自分の心をかえりみて、友情を完全なものとすることを願いましょう。

そうは言っても、友人を求める時には、そのはじめにいいかげんな選択をしてはいけません。その人を判断する眼力で、「この人は心を許すほどには深く立ち入って交際すべきではない人」などと、それぞれの人を判定し、それなりの心配りをして、いったん築いた友情の垣根が崩れたり、結んだ友情の綱が切れるといったことがないように気をつけなければなりません。「こんなに信の心を持たず、徳がない人ならつきあわなかったのに」と後から後悔するのは、その人をよく知らずに軽々に友情を結んだ自分の愚かさのせいであると言うべきでしょう。

世の中には益友もあれば、損友（つきあうと自分を損なうことになる友人）もあります。その区別をよくわきまえておいて、

【18】『論語』より

【19】「仁者は、井戸の中に人が落ちたと聞けば、それが嘘であっても井戸に飛び込むでしょうか」と問われた孔子が、「君子は逝かしむべきなり、陥らしむべからざるなり。欺くべきなり、罔しことあるべからざるなり【君子を井戸の所まで行かせることはできるが、落とすことはできない。君子をだますことはできるが、状況も確認せずに飛び込むような愚かな者にすることはできない】」と答えた言葉（『論語』）より

それぞれの心配りをしてつきあうようにしましょう。損友をしりぞけ、益友を求めてつきあうのは当然のことですが、他の人の足りない点を見聞きして、自分自身をかえりみるようにすれば、何もかもが自分の鑑（かがみ）となるでしょう。しかしながら、これはそれなりに年を取って、ひと通り世の中のことにも通じ、思慮分別もつき、十分な見識を備えた上でのことであって、まだ曲がりやすい若い枝は、ややもすればよくない方へと曲がるものですから、よくよくつつしみいましめなくてはなりません。

　さて、益友とは自分よりすぐれた友という意味で、およそ徳や知、学問技芸など何であれ、自分がつま先立っても及ばない者のことを言います。ですから、その人の地位や身分が高くても、徳や知、信がなければ、これはほとんど益がないということになります。益友の中でも最良なのは、前にも述べたように、性質や行動、徳や道義の面で自分よりすぐれた人です。たとえば、親に対し孝行な子、夫に対して貞なる妻、兄弟姉妹に対して情愛あふれた人、友人に対して信なる人は言うまでもなく、規律ある家族、学問熱心な若者などもまた、自分の益友として尊敬し、親しむべきです。特に、自分に足りていないこと、自分の間違いを見つけて忠告し、いさめてくれるような人は、本当に貴重な友達と言えるでしょう。機嫌を損なうことも恐れずに自分に忠告を与えてくれる人は、必ずや誠実で信念が堅い人です。いわゆる「朋友には切々偲々（せつせつしし）たれ（友人には丁寧に善を勧め、励ましなさい）【20】」という言葉は、このことを言っているのです。ですので、たとえ時にはそれが当たっていないことがあったとしても、ぜひとも友情がますます深くなるようにつとめましょう。

また、学術技芸などに秀でた友人に出会ったならば、なるべくその得意な点について質問しましょう。自分のためになるのはもちろんのこと、その人もまた自分が得意なことを聞かれるのは、とても嬉しく感じるものだからです。

それにしても、自分のことをよく理解してくれる友人を得るのは簡単なことではありません。そうでなくても人のつながりが希薄な世の中です。いたずらにうわべだけの友を求めても何になりましょう。朝に結んだ友情を、夜に断つといったことがないように、はじめからよくよく心してつきあうようにしましょう。

けれども主婦として世間に出れば、親しい友人の他にも、普通のつきあいであっても、長年友人関係が続く人もいます。あるいは同僚、同業、同じ町村に住んでいるために友達としてつきあう友人もいるでしょう。こういった友情がそれほど深くはない友人に対しても、やはり信の一文字を守って、できるだけ丁寧親切な情を尽くすべきです。けれど、昔の言葉にも、「つきあいが浅いのに言葉が深いのは害となる[21]」、「友人に何度も意見をするといやがられる[22]」とも言っています。まだ信じ

【20】『論語』より
【21】「交はり浅くして語深きは妄なり」(『政治要略』)より
【22】「朋友に数すれば、斯に疎んぜらる」(『論語』)より

られていないのにいろいろ言うと、「この人は自分のことを悪く言う、こんな友達ならいない方がいい」と思う人もいるでしょう。ですので、普通の友人とつきあう際には相手の心理と行動とをよく考え、うっかり失言をして世間の笑いものになるようなことがけっしてないようにしなさい。なお、普通一般のつきあいについては、また後の章で詳しく述べます。

かりにもたがいに心をわかり合い、親友として認め合ったならば、道の友、心の友です。そのような友は、たがいに尊び、敬い、信頼してはいるものの、自然と気おくれするように感じることもあるでしょう。それに対し、幼い頃からたがいにその長所短所を知っているような友達は、何年経っても、たがいの顔を見れば心は幼子（おさなご）の頃に帰り、泣き、笑った昔のことを語り合うのも当然で、そのような関係なら、いつになってもたがいに遠慮なく、思うままに語ることもできるでしょう。まして、自分が幸いにも昔よりもよい境遇になるようなことがあれば、ますます昔のよしみを忘れることのないように心にとどめて、できるだけ思いやり深く接しましょう。

けれどすでに述べたように、女子はとりわけ奥ゆかしく、思慮深い様子であるのがよいものです。昔はどれほど親しくつきあった人でも、夫を迎え子をもうけ、あるいは他人の家に嫁いでいれば、昔のままの心でいるかどうかはわかりませんし、たとえまったく変わった様子がなかったとしても、自分も年を取り、見た目も変わったのに、「裏表がないのがいいのだ」と、あまりに幼な心（おさなごころ）をそのままに、何もかも包み隠さず、自分から出しゃばって次から次へと休みなく話し続けたりするのは、その人の思慮の浅さが思い知られて、ひどく困ったものだとも思われるでしょう。何事も行き過ぎはよくありませんし、「親しき中にも礼儀あり」です。昔の人も「礼篤ければ争なし（礼が篤ければ争いは起こらない）【23】」と言われたではありませんか。

総じて女子は生まれつき思慮深く、周到綿密に心が行き届くものであるために、また一方ではあまりに人のことによく気づくために、ともすればつまらないことにまで目をつけたり、口出ししたりするようです。よからぬ人が、陰口をしたり仲のよい友人同士の間に入って双方の悪口を言ったりして、その間に亀裂を入れ、話に尾ひれをつけて、やがてその友達づきあいが壊れてしまう例も少なくないのは、やるせないことです。しかし純粋な性である女性は、ややもすれば心が狭くなり、そのことによってついには人を疑う心が助長されるようにもなるものです。昔、晏子が人と長くつきあってもその人を敬う心を失わなかったことを、聖人（孔子のこと）もおほめになりました【24】。要するに、女子はどれほど親しい友人にでも、ものの言い方、ふるまいに注意して、常に気高く奥ゆかしく、そしてやはり愛らしく親しみやすく、頼もしげな心配りをしてほしいものです。絶対に、性急で思慮浅く、思

【23】「勇にして礼無ければ則ち乱る。……君子、親に篤ければ則ち民仁に興る【勇気があっても礼がなければ乱暴になる。……もし君主が親しい人に手厚く対すれば、民の心にも仁が芽生えるだろう】」（『論語』）からか

【24】「晏平仲、善く人と交わる。久しくしてこれを敬す」（『論語』）より

いやりに欠けたふるまいをしてはいけません。ひたすら心の底から思いやり深く、みずからのことは謙遜しながら人のことを敬い、信の道からはずれることなく、美しい心で交際しましょう。

また、それほどではない人でも、「竹馬(ちくば)の友」などといって幼い頃から親しんでいる人は、年を取ってからも実に放っておけないという気がするものです。また同窓の友、つまり小学校の頃から同じ学校で学んだ人は、特に親しく感じられるものです。このように、親しい友と言う中にも、さまざまな違いがあります。竹馬の友、同窓の友ほど気さくに心を許せる友はないでしょう。こういう友達に対しても、前に述べたようなことをよく理解してつきあえば、大きな間違いはないでしょう。

意気投合して結んだ心の友情は言うまでもなく、学びの道に集まって親しく交わった友達は、実に嬉しく頼もしいものです。そういう友人を刎頸(ふんけい)の友（たとえ首を斬られても悔いないほどの深い友情で結ばれた友人）、断金の友（金をも断ち切るほど堅い友情で結ばれた友人）などと名づけて、この上ないものとしたのであります。なるほど、同じ志を持つ友のためなら命さえも惜しくないからこそ、「士は己を知る者のために死す（男子は自分の真価を認めてくれる人のためなら命も投げ出す）【25】」とまで言うのでしょう。このような友人には、自分の心の愚かさも、なすことの拙さも、一切包み隠したりつくろい飾ったりせず、きちんと語って、教えを請うのがよいでしょう。

けれど、女子の格式や品格を損なうようなこと、つまり私利、私欲、嫉妬、猜疑や人の悪口といったことは、かねて自分と自分の心をみずからいましめて、けっして口に出したり外に表したりしてはなりません。それだけではなく、心を持たない草木にさえそのようなことを見られたり聞かれたりするのはこの上なく恥ずかしいことと思い、そういうことが心に浮かんだらすぐに、忌まわしく、あってはならないこととわきまえなくてはなりません。

それでもなお、自分では悪いことと気づかないでしたり言ったりしたことを、友達がいさめたりいましめたりしてくれたならば、本当に心の底から嬉しく、ありがたいことと思って、つつしんでそのあやまちを改めましょう。万一、聞き違いや思い違いのためその忠告が的を射たものではなかったとしても、そのように意見をしてくれる友人が自分にとって大きな助けになってくれることをよく知り、その好意を心から喜んで受けるべきです。そして後に適当な時に、「このことはこういう次第で自分はこういう風にしたのであって」と、それも感じよく、あくまでも控えめに、落ちついて説明すればよいのです。まして自分は友達に忠告しておきながら、自分が「よく注意するように」などと言われた時に、心の狭い人はみずから反省しようなどとは思わず、かえって自分のことを悪く言ったのは誰なのかと問いただしたりしますが、それこそ愚かなことです。言われたことが事実ならば、言っていた人のことを問いただすまでもありません。自分が悪かったのだとみずからいましめて、同じあやまちをふたたびしないようにしましょう。またそのことがぬれぎぬであれば、それを伝えてくれた友人に、その旨を落ちついて弁解してもいいでしょう。それでもなお、人が自分を陥れようといわれの

【25】『史記』より

ない悪名を負わせることがあれば、ただひたすら神の判決にまかせて、無理に争って善悪をはっきりさせようとしてはいけません。ただし、どうやっても悪評を立てられ、親や夫の体面にもかかわるほどのことであれば、やむをえずその偽(いつわ)りをただすのもよいでしょう。しかしだからといって、憎らしげにとげとげしく、憤懣(ふんまん)やるかたないといった様子は、けっして人に見せてはいけません。ましてや、その間に立った友人が迷惑を感じるようなことがないよう注意すべきです。それというのも、たがいにうちとけた関係にも、守らなければならないことがあるからです。例の「久しくしてこれを敬す[26]」という言葉を忘れてはいけません。

親友が自分にとってためになるものであることは、前に順々に述べたことでわかると思います。なので親友をたくさん持ちたい、親しくしたいと思うのは当然のことですが、自分のことばかり考えて親や夫が気に入らないようなことがないように注意すべきことは、前に何度も言ったとおりです。ですから、自分の竹馬の友、同窓の友などがたずねてきたのを喜ぶあまり、夫や舅・姑がどう思うかも考えず、たいへんなもてなしをし、長い時間強引に引きとどめ、夫の家のことをあれこれとしゃべり合うというようなことは、絶対に絶対にしてはいけません。懐かしく嬉しい気持ちは外に表しながらも、家族の気持ちもよくよく考えて、ほどよくもてなすようにしましょう。とにもかくにも、女子は情を厚くし、細やかな心を持つべきことは言うまでもありませんが、あまりにはきはきと、あれこれ話しすぎるのはよくありません。穏やかにさりげなく、しかし友の思いの深さをよく汲んで、何があろうと一度結んだ友情にひびが入ることなく、末長くまっとうできるよう願いましょう。

女子はいったん夫を持ったならば、夫の家が我が家となるので、夫の友人がまた自分の友人であることは言うまでもありません。しかしまだ若い新妻が万事に初々しい頃は、あれこれ心を遣わなければならないことがとても多く、こうしようかああしようかと思い惑うものですから、そういう人のために、ここに少し、夫の友人に対する時の心得を書き記しておきます。

夫の友人といえば、我が国では大体は男性ですので、まずそういう人に対する心づかいから述べましょう。一般に、若い女性は夫が不在の時、たとえどれほど親しい夫の友人がたずねてきたとしても、直接対面して二人だけで話してはいけません。もし横で同席してもらう人がいなければ、感じよくとりつくろって、面と向かわないか、またはにぎやかな応接間などで短い時間応対し、用事を聞き終わったらどうにか感じよくふるまって、挨拶して退出しましょう。また、その際の受け答えは、きわめて厳粛でなければなりません。かりにも冗談を言うようなことはもちろん、笑い転げたりするようなことは、絶対にしてはいけません。「李下（りか）に冠を正さず（スモモの木の下で曲がった冠をかぶり直すと、実を盗んでいるのではないかと疑われることから、疑われるようなことはすべきではないということ）」というのは、女子がよく心すべきことでしょう。だからといって、ことさらに貞操堅く見せるのは感じが悪いものです。ただそれとなく、表には感じよくもてなし、裏では強く正しい意志を曲

【26】前註24参照

げないようにするのがよいでしょう。

自分の友人が妻を迎えたと聞けば、誰でもまずはその友人の家をたずねるもので、妻の容貌や人柄、言葉づかい、応対、立ち居ふるまいにいたるまで、「どうだろう」と気になるものです。当然、自分が未熟であれば、自分一人が見下げられるだけではなく、夫までそう思われてしまうものですから、兼好法師（鎌倉後期から南北朝時代の歌人。『徒然草』の筆者）がおっしゃったように、「顔かたちは生まれついたものであろうが、心は賢いものをいっそう賢くさせようとしてどうしてできないことがあろうか」[27]と心で思って、ちょっとした立ちふるまいやものの言い方にもよく注意して、下品で不格好な様子はほんの少しも見せてはなりません。そして言葉づかいや応対は、まず相手のおっしゃることを落ちついてよく聞いて、自分からは言葉少なく、また言葉を選んでいかにも上品にうるわしく、それでも話の要点はもらさずに、言っただけの効果があるように受け答えすべきです。だからといって、やたらにもの知り顔をするのはひどく興ざめなものです。よく知っていることも、「そうなのですね」などとあいまいに言うのがよいでしょう。それも、ひどくわざとらしい顔をしたりするのはよくありません。取り飾ったりしない中にも、なんとなく気高く思慮深く、奥ゆかしく見えるのがたいへん望ましいのです。

また、夫の親友がいらっしゃった時には、精一杯応接し、ことこまかにもてなし、行き届いた心配りをして、夫の「こうあってほしい」という願いにもまして、この上なく立派にふるまうべきです。それでこそ、夫は自分の妻がよく行き届いていることを、嬉しくも、素晴らしくも思うものです。だからといって、それもあまりに行き過ぎて、夫が「そこまでやらなくても」と思うようではいけません。出過ぎず控えめにあれこれしつつも、気づくときちんと整っていてちょうどいい具合になるようにつとめましょう。

夫が友達と語り合ったりする時などには、たとえ、話に道理に合わないように思えるところがあっても、人前ではけっして口をはさんだりしてはいけないのは言うまでもありませんし、「それはどうだろう」と思っている様子も見せてはなりません。後で、人がいなくなった時をみはからって、間違いを静かに正すようにしましょう。また、夫が友達と話している時に、「あのことはこうだったと思うんだけど、どうかな」、あるいは、「ふと忘れてしまったよ。そのことはどうだったろうか」などとたずねられたならば、自分が知っていることについては、「こうではありませんでしたか」と、はっきりとはわからないといった様子で答えるのはよいでしょう。けれどその場合も、得意げにではなく、やはりつつましく、奥ゆかしい様子で言うようにしましょう。けっしてしたたかだったり誇らしげに話し続けたりしてはいけません。このことは年を取ってからも引き続き守るべきです。

夫が特に親しくつきあっている友人でも、その人の心が正しくなく、行いもよくなくて、夫のためにならない人だと思う時には、適当な折をみはからって、静かに丁寧に夫をいさめ、できるだけ損

【27】「品、かたちこそ生れつきたらめ、心はなどか、賢きより賢きにも移さば移らざらむ」(『徒然草』)より

友から遠ざかるようにすべきです。反対にこの人は益友だと思う時には、折々に夫に説いて、できるだけその友情が深まるように助けましょう。けれど男性のことに関しては、下手をすると思わぬ疑いをかけられないとも限らないので、同じく人を褒めるにしても、よく注意すべきです。けっして軽率な行動をしてはなりません。

また、夫の女友達には、特によく心配りをして、まるで自分の新しい友人のように思って、心から親しみ仲よくしましょう。それなのに、心が狭い女子はかえって、大したことではないことにも目をそばめ（憎悪などのために目をわきに向ける。うとんじて見る）、「あまり感心できません」と非難することもあります。けれどそういう場合の大方は、自分の見解が狭いために、自分とは違う種類の人を見て気にくわないと思うがゆえですので、しばらくすればその疑いも非難の思いも薄らいでいくものです。くれぐれも、このようなことを気にかけたりはせず、そういう人たちの言動によく注意しておいて、これは見習うべきこと、これは見習うべきでないこと、とただ心の中で区別して、軽々しく口に出してはいけません。まして夫の女友達のことを安易に批評したり悪く言ったりするようなことは、けっしてしてはいけません。たとえ夫が面白さにまかせて批評や悪口を言い出したとしても、自分は感じよく答えておいて、あさはかに調子を合わせて、むやみに同意したりするようなことをしてはなりません。とにかく常に信頼と誠意を基本に、思いやりの心と情けの心が深ければ、どんな場合、どんな人に対しても、間違うことはないでしょう。

なお、この他普通一般の交際について、心得ておくべき訪問の仕方、客への応対の仕方、手紙の書き方などさまざまありますが、それは後の「女子としてのつとめ」のところで述べますので、ここでは省略します【28】。

使用人に対する心得

使用人の使い方は、主婦がもっともよく注意しておくべき責務の一つです。使用人に思いどおり動いてもらう正しいやり方がわかれば、家政はよくなり、使用人たちも主人の家のためなら身を粉にしても尽くそうという気持ちも起こるでしょうし、さらに使用人を教化、感化することで、彼ら自身も大きな幸福を得ることになるでしょう。もし彼らをうまく統率できなければ、使用人が主婦を信頼せず、恩を恩と思わなくなるだけでなく、ひどい場合には、彼らは恨みを抱いて主人の家を悪く言って歩いたりして、思わぬ仇（あだ）を受けることもないとは限りません。なので、使用人の選考から使い方の心得まで、よく気をつけて、家のためにも、彼らのためにもなるようにすべきです。

ことわざにも、「人を使うは苦を使う（人を使う苦労は並大抵ではない）」と言うように、使用人たちに敬愛の情を持たせ、

【28】ただしこれに対応する記述は本書には見当たらない

また主人に対する忠を尽くさせようとするのは実に難しいことですが、要するに、主婦は常に寛容・温和の徳を持って彼らに接し、また厳粛な威厳を持って彼らに向かうようにするのです。使用人の中には、怠惰気ままなために、貧しく苦しい境遇にみずから落ちた者もしばしばあるでしょうが、はじめから貧しい家に生まれたり、父母兄弟の一度の失敗によって落ちぶれて使用人となった者も少なくないでしょう。そのような人たちは本当に気の毒ですので、自分が幸いにも使用人を使えるような家に生まれたことを喜び、ほんの一時（いっとき）でも無慈悲な働かせ方をしないようにしなくてはなりません。しかし彼らの多くは無学で無教養な者ですから、彼らを正しい道に導き、また、自分が望むような人間になってもらうのはきわめて難しいことです。けれど、至誠は最後にはどんな壁をも打ち破るものですから、はじめはかたくなでものがわからず、共に話すこともできないように思われた人も、ついには自分の徳で導いて忠実なしもべになるようこともないわけではありません。何はともあれ、至誠をもって教え、至信（きわめて厚く信じること）をもって率いれば、統率できない人などいましょうか。

さて、主婦はまず使用人たちの教師となって、教え導かなければなりません。しかし彼らの多くは下品でかたくなで正しい判断ができないものですので、彼らに対しては恩恵と威信とをもって接し、寛大さと厳格さとのバランスをとって、あらかたのことには気配りをし、なるべく彼らの実状をよく把握するように努力すべきです。そして自分が指揮し、言いつけることについては、どんなことであれ、みずからがよく心得ておくことが必要です。自分がわかっていないことは、言いつけたりやめさせたりするにしても適切に行うことができず、使用人たちを自分の手足のように働かせることがまったくできないだけでなく、往々にして彼らにあなどられて、自分の指揮では動かなくなるまでになるものです。

　使用人に教える時は、とりわけ心穏やかに、気長に教えることを忘れてはいけません。たとえて言えば、成長した野生の馬を急に捕まえて、くつわをはめ、鞍を置くような場合は、調教の仕方や取り扱い方によくよく注意して飼い馴らさなければ、姿勢から足並みからすべてが素晴らしく、主人の気に入るようになるのはとても難しいことは言うまでもありませんし、かえって主人が傷つき倒れるようなあやまちさえしないとも限りません。同じように、教養のない人を導くには、よくよく慎重に丁寧に注意しなければなりません。まして、それまでにあちらの家こちらの家と主人を変えながら長年やってきた使用人というのは、まず大体がよい習慣に染まっていることは少なく、悪い習慣で汚れていることが多いものです。これらの者たちを導いて、自分の教えの内に引き入れようとするのは、まことに至難の業と言わざるをえません。しかし、彼らを制御するだけの力があり、彼らが喜んで従うだけの徳があれば、簡単にできないことではありません。そしてその徳や力を極めていくならば、至誠と至信の他にはないでしょう。よく心しておきましょう。

　使用人は慈しむべきですが、馴れさせてはいけません。「雪の日や　あれも人の子　樽拾ひ（江戸中期の大名・安藤信友が詠んだ句。酒屋に奉公している子どもが、雪の寒い日に薄着で御用聞きにまわっているのをあわれに思うという意）」、また陶淵明（中国・東晋の詩人）は我が子に使用人をつける時に、「この者もまた人の子である、丁寧な待遇をしなさい」と言いました。まことに、厚い布団を重ねても寒いような冬の夜にも、彼らは用事があれば霜を踏み、雪をかきわけて、真っ暗な闇路をたどって行きます。薄い着物を着て、うちわを手放せない夏の真昼にも、彼らは仕事だからこそ、焼けた土を踏み、焼け石を渡り歩きながら、庭園に水をまきます。彼らがまいた水が水滴となって、軒下の青々とした葉の間を吹き渡っていく風に運ばれ、自分の肌が涼しさを感じれば感じるほど、彼らの体はむしろ汗をかくのです。まして寒さが骨にしみるような霜が降りた夜ふけに、遠くまで使いに行って帰ってきても、寝室には火の気もなく、布団も薄い。悪くするとすきま風が入ってきて、ゆっくり夢も見られないけれど、昼間の疲れのために、夜が明けるのにも気づかずに眠るのです。

こういうことを思えば、彼らを使う人は、よくよく気をつけるべきでしょう。急ぎの用でなければ、厳冬の真夜中や酷暑の日中などにはなるべく戸外の用事を長くさせたり、遠くに使いに行かせたりしないようにしましょう。もしやむをえずこのような時に用事をさせるのであれば、その苦労をよく思いやって、情けの言葉をかけ、時にはそれなりの手当ても出すようにすべきです。また、病人が出たり来客があったりして一日中忙しく働かせた時には、夜はなるべく早く横にならせて、主人の帰宅が深夜になる日が続くようなことがあれば、交替で早く就寝させるなど、その時々に合ったかたちで、使用人を酷使しないようにしましょう。用事を命じるにしても、言いつけたことがまだ半分も終わっていないのに、またその上、その上と重ねて言いつけたり、仕事のできばえがよくないからといって、それを教えて直そうとはせずに、急に顔色を変えて有無を言わせずしかりこらしめるようなことはしてはいけません。

また、食べ物にしても、家計の許すかぎりはよく注意して、なるべく健康によいものを取らせるようにしましょう。また、彼らが病気になった時は、自分の家族のように思って親切に接し、早く治療を受けさせるようにしましょう。ましてその家の仕事のために病気や怪我を負ったならば、十二分に手厚く療養させましょう。

使用人の親や夫が重病になったという知らせがあって、帰宅を願い出ることがあれば、どんなに支障があったとしても、すぐに休みを与えるべきです。また、舅・姑や夫、目上の人が、使用人に対して情けが浅く、慈しみの情が足りないようであれば、自分がなるべくその間に立って、目上の者が無慈悲、無情などといった悪評を立てられないように注意しましょう。だからといって、自分が取りなしているのだといった様子を言動に表して、個人的な恩を売ろうとするようなふるまいは、絶対にしてはいけません。その他あらゆることによく注意して、「己れの欲せざる所は人に施すなかれ[29]」で、常に慈悲・仁愛を基本にして、どこまでも思いやり深く、配慮が行き届くよう願いましょう。そうしてこそ、使用人をたまたましかったり、注意したりした時にも、彼らはそれをかしこまって承り、心

【29】『論語』より

から喜んで主人の意志に従うようになってゆくものです。

このように仁慈（思いやりがあって情け深いこと）をもって彼らに対すべきとは言っても、またやたらと馴れ近づいてはいけません。彼らは悪くすると、たちまちに上下、主従の区別をも忘れて、主人を友達のように思い、しばしば無礼なふるまいをするようになり、ついには主人の命令に従わず、指図も軽んじるようになるものです。ですから主婦は使用人に対して、特に口数少なく対するようにすべきです。他人の批評や、他の家の評価などを、けっして一緒に話したりしてはいけません。また、使用人たちといろいろ話したり、食べ物を与えたりするにしても、自分が彼らと同じようにふるまって、笑い転げたり、遊びふざけたり、あるいは人のことを噂したり、他人を悪く言ったりすれば、彼らは必ずや主人を軽んじるようになって、彼らをふたたび統率することは難しくなるでしょう。ですから、彼らがもし客のことを批評したり、よからぬ世間の噂などをしていたら、それがよくないことを静かに説いて、二度とそのようなことを言わないようにさせるべきです。

女子は特に一人でいる時でさえ、つつしみ深くあるべきものですので、幼い使用人はもちろん、自分に仕える女たちの前でも、傍若無人にふるまったり、下品な言葉を使ったりしてはいけません。どれほど長く召し使っている人であるとはいっても、心の底まで透けて見えそうなほど気を許した様子では、実に浮ついて軽々しく見えるものですから、ちょっとした言葉づかいやふるまいにもよくよく注意して、彼らが、「心引かれる慕わしい主人であるよ」と思いながらも、やはり軽く見ることはできず、畏れ多く感じて常に敬う心を失わないようにさせましょう。

また、使用人のことをあなどってはいけません。「自ら侮りて後、人の我を侮る」ということです。無知で教養もない彼らが自分より劣っているのは当然のことです。それゆえに、ややもすれば彼らを軽蔑する心が生じることもないとは言えません。しかしこのことがかえって彼らから軽蔑される理由となることを理解し、よく注意して、彼らをあなどり軽んじ、彼らから恨みを買うようなことがないようにしなければなりません。自分が彼らを軽蔑し馬鹿にすれば、彼らは悔しく、腹立たしく感じるでしょうが、これに反論、弁解する知恵と言葉を知らないので、恨みを飲み込み、憤りを抑えて、やむをえずそれを我慢することもあるでしょう。そのような時は、自分がますます傲慢になっていくだけでなく、思わぬ恨みを買って、思いがけない災いが身にふりかかってくることもないとは言えません。昔から、謀反を起こした臣下によって無残な最期を迎えた君主は、その臣下を軽蔑した結果そうなったということも少なくありません。よく考えておくべきことでしょう。たとえそれほどではなくても、他人をあなどれば、その人がいかに無気力で無神経な人ではあっても、けっしてこころよくは思わないものですから、かえってそのあなどった人にあなどられることもないとは限りません。よく気を引きしめ、つつしむべきです。

使用人たちを慈しみ恵む心は、たとえば泉が田んぼの苗を潤すことで苗が成長してよい米ができるように、その尊くおごそかな威厳が他人に少しもあなどり損なわれることなく、ちょうど鋭利な剣にみだりに手を触れてもてあそぶことができないように、彼らに与える恩恵と彼らを従わせる威厳との両方が発揮されるのが望ましいのです。知恵も学問もない使用人たちを度を超して慈しむと、たいてい彼らは恩に馴れ、愛につけあがって、主人から恩や愛を受けても満足しなくなります。思いやりをもって許しても、恐縮する心を忘れ、ついにはわがまま気ままになります。また、彼らを過度に恐れさせると、見える所では従いながら、陰では背を向けて陰口を言い、隠しごとをし、いよいよちぢこまって、ますます用に立たなくなるものです。ですので、常に恩恵と威信との両方を発揮するためには、まずは自分自身を正しくし、おごそかにしながらも、他の人をとがめる時には寛大に、その人の悪い点を懇切丁寧に教えいましめて、けっして喜怒哀楽の感情にまかせて荒々しくしかりたしなめたり、やたらと褒めそやしたりするようなことなく、自分の出費を抑えて、他の人に多く恵み与えるようにすべきです。このようにすれば、どんなに心ない人でも、ついには主人の徳を慕い、威厳を畏(おそ)れて、主人を敬愛する忠実な使用人となるでしょう。

また、舅・姑や夫、その他の目上の者が命じられたことは、必ず使用人たちに厳密に従わせるようにしましょう。たとえそれが多少不当に思われても、使用人たちの足りない点を助けて、彼らがきちんと命令に従えるようにさせるべきです。使用人たちがもしあやまって、命令を間違って理解していることに気づかなかったり、あるいは命令を忘れてしまったりした時には、目上の者にはなるべく自分の不行き届きであるように言いつくろって、使用人たちへのおとがめを緩めてもらい、その後、自分で使用人たちを厳粛にいましめ正すようにしましょう。このようなことが重なれば、使用人たちは自分の徳に喜んで従うようになり、彼らに対する恩恵と威信とが共に発揮されるようになるはずです。にもかかわらず、これと反対に、自分の間違いさえ使用人のせいにして、自分がいい子になろうとするようなみっともないふるまいを少しでもするならば、彼らは恨みとあなどりの心で自分のことを見るようになり、そして自分の命令は彼らに聞いてもらえなくなるでしょう。

また主婦は、常に使用人たちの日々の行いを調べて、どれくらい仕事に励んでいるかを考えて、賞すべき人は賞し、罰すべき人は罰するのは当然のことですが、この賞罰も、うまくやらないと、かえって害となることがあります。総じて賞罰が難しいことは、すでに昔の賢者たちが嘆いているところですが、立派な働きをして賞すべき人には、その働きに応じた報賞を、適切に与えるようにすべきです。そうでないと、報賞をもらった人ももらわなかった人も、共に不満を持つようになります。それは、報賞が思ったよりも少なかったために不満を感じるというだけでなく、多すぎるのもまた、他の者も報賞を欲しがる原因とならないとは限らないからです。まして自分の心のままに、気まぐれにもえこひいきをするようなことがあれば、むしろ報賞を与えない方がよかったというくらいの、思わしくない結果となるでしょう。むやみに報賞を与えることの弊害には、よくよく注意しましょう。

そしてまた、怠け者、間違いをおかした者に対する罰などには、最深の注意を払うことが必要です。人を賞して、それが間違っていた時はそれでもまだいいのですが、人を罰して、その判断が間違っていた時にその弊害がどれほど広く及ぶかは、言うまでもなく明らかです。ですから、罰を与えるならば、罰せられた者が、罰を恐れて、これからは間違いをおかさないようにつとめ、罰せられなかった者も、それを見て、自分自身をよく反省するようなものでなければいけません。したがって、使用人に対して罰則や訓戒を与える際には、姿かたちをきちんと正し、わかりやすい言葉で親切に丁寧に真心を伝え、慎重に処分するようにしましょう。諸葛亮（中国・三国時代の蜀漢の宰相）が涙を流して馬謖（諸葛亮に愛された武将。軍の命令にそむいて敗戦を招いたため処刑された）を斬った時、馬謖も涙を流して厳格な法に喜んで服したようになるようつとめるべきです。使用人に間違いがあった時にひどくしかれば、無知な者は自分のあやまちを悔いずに、ひたすら主人を恨み、他の人を悪く言い、自分のあやまちを隠蔽して、表面だけを飾るようになるものです。だからといって罪をおかした者を罰しなければ、一家の秩序は維持できません。ですので悪いことは何度もさとしていましめ、それでもなお改めようとしないのならば、すみやかに解雇すべきです。改めないのを知りながらそのままにしておけば、思いもよらない災難が身内から起こることがないとも限りません。けれど、自分の気分のままに、理由もなく褒めたり、理由もなくしかったりするようなことはしてはいけません。また、賞金や物品を与える時に、けっして恩着せがましい様子やふるまいを見せてはいけません。

　使用人に対する心配りのひと通りは述べましたが、使用人の選考についての心得や、雇い入れる時の心得など、まだいろいろあります。ここからは、これらをかいつまんで述べていきます。使用人その人たち自身については、いつか別の文章であらためて説明することにします。

使用人を雇い入れる時は、なるべく素朴で誠実な性質で、丈夫で強い身体を持った人を選ぶべきです。たとえ片田舎で成長して、言葉やふるまいが礼儀作法にかなっていない点があっても、少し教えて馴れれば、かえってよい使用人となるでしょう。ちょっとした知恵があって、いろいろ役に立ちそうに見えても、軽薄でおしゃべりな人は、けっして誠実に仕事をまっとうできないものです。

また、その家系がよくない人、遺伝病の血統の人、重い刑罰を受けたことのある家系の子ども、あるいは前の主人の家の悪い習慣が染みついた人などは雇わないようにすべきです。

また、もっとも注意すべきことは、近親の者や親友が落ちぶれて、頼る所がないために使用人になりたいと希望しても、できるだけ雇わないようにするということです。やむにやまれぬ人情にほだされてそういう人を雇うということもあるようですが、これは間違いと言うべきです。そのような場合は、お金や物を渡したり、適当な仕事を探して自活の道を探らせるなど、できるかぎりでの慈恵を施すのはよいのですが、こういう人を自分の家で同居させ、使用人として使うと、その結果は必ずよくないことになるものです。生まれつききわめて善良な性質で、非凡な才能を持っているのでないかぎり、こういう人は時機や道理を見極める知力を持たず、かといって天に与えられた運命に満足するほどの徳もなく、ただひたすら我が身の不幸を恨み嘆くあまり、その家が富み栄えていることを羨み、人をねたんで世を恨み、主人がこの人をあわれんでもまだ足りないと感じ、恵んでもなお慈しみの心がないと言って、果てには昔のたわいもないことを、誰にも聞かれていないのに同僚やその家に出入りしている人たちにまで言いふらして、昔からのよしみをめちゃくちゃに壊してしまうということもないわけではありません。ですからかえって、やむにやまれぬ私情などがからまない者を選ぶに越したことはないのです。

使用人を雇い入れる期限は、なるべく短い方がよいでしょう。はじめに長い契約をしておいて、気に入らないからといって途中で解雇しようとすれば、たとえ表面上は不都合がない契約書の取り決めなどがあっても、たがいに気分はよくなく、ひどく不愉快なことも生じるものです。ならばはじめには短期の契約をしておいて、人柄も性質もわかってこの人はいいだろうと思った時にさらに契約を延期すれば、たがいに気持ちがいいものです。そして試用期間はまずは一、二週間ほどにして、よいと思ったら半年、または一年と雇用契約をし、その後間違いなくよい使用人であると認めたならば、本人の将来の希望もよく聞いて、そうしてさらに長期の契約をし、やがてはその人に合った身の振り方を考えてやるのもいいでしょう。

また、多数の使用人を使っている家では、特に規律を正しくして、秩序が乱れないようにしなければなりません。まず雇い入れた時に厳粛な家のきまりを教え、正確な家訓を申し聞かせておくべきです。たとえば就寝・起床の時間、食事の時間、普段の仕事や休日、臨時の仕事の分担や注意すべきことなどもあらかじめ示しておき、それにしたがって正しい方向に進むように教えましょう。どんな人でも、最初は慎重で控えめなものです。おたがいにまだ馴れていない頃に、おごそかに訓戒しておけば、はじめに覚えたことが基本となって、後々（のちのち）いくらか役に立つこともあるでしょう。

使用人を使う時に規律がなければ、怠ける者は怠け、励む者は励み、しかしついには仕事に励んでも無駄であると思うようになって、勝手気ままにふるまうようになることもあります。よく気をつけましょう。また、休日も一ヶ月に一回、あるいは二回といったようにほどよくとらせるべきです。いたずらに一日遊んでよくない友人と交わったり、好ましくない場所に出入りしたりして、わずかばかりの労も嫌って怠惰な状態に馴れてしまうような間違いに陥らないよう、普段は自分が受け持つ業務に精を出し、規則正しい仕事を厭わないようにさせるのは、もっぱら主婦の力にかかっているのです。「小人閑居して不善をなす（徳のない人は、暇であるととかくよくないことをする）【30】」ということをよく心しておきましょう。

ところで、使用人に示すべき項目はそれぞれの家の教えによって異なりますが、おおよそ次のようなものと思えばいいでしょう。

一、人に仕える時は、正直を基本として忠実に勤めるべし。
一、主人の家のきまりを堅く守るべし。
一、火の元、戸締まりにはよく注意すべし。

【30】『大学』より

一、主人の家のことはみだりに他の人に言いふらすべからず。また、不満なことがあっても、外で陰口を言うべからず。

一、主人の家の客人についてけっして品評するべからず。たとえ貧しい人であっても丁寧に応対すべし。しかし、利口ぶって出しゃばった、馴れ馴れしいふるまいをするべからず。

一、前に仕えた家のよしあしなど、けっして語るべからず。

一、幼かったり老いぼれたりした主人であっても、よく礼を尽くして尊敬し、けっしてあなどったようなふるまいをするべからず。

一、休暇をもらって外出しても、約束の時間には必ず帰宅すべし。

一、主人の命令はよく心にとめ、いいかげんに承知するべからず。もし多忙で忘れてしまうかもしれないと思う時には、手帳などに書きつけておくべし。

一、主人の家の家具や道具などは、すべて大切に取り扱うべし。もしあやまって壊したりなくしたりするようなことがあれば、けっして包み隠さず、すみやかにその過失を申し出て謝るべし。

一、来客の取次やその返事などは、内容を間違えぬよう、失礼をしないよう、よく注意して応対すべし。

一、よそから来た手紙には特に注意して、粗末な取り扱いをするべからず。

心身の自由が制限されている使用人たちは、大きな希望も高尚な志もなく、目の前の快楽は大方止められており、そのような彼らを慰めるのは、まずは食べ物・飲み物ということになるでしょう。なので主婦は家計が許すかぎり、できるだけよい食べ物を与えるようにしましょう。家族と同等のものを食べさせるのはどうかと思いますが、彼らが欲を満たすために主人の食料を盗み食べたり、買い食いに給料の大半を使ってしまうようなことがないようにすべきです。

また使用人の中には、往々にして身分の低い家庭に成長して、下品な習慣に染まった者も少なくありません。ですから、彼らがつきあう友人に注意し、出入りする家にも気をつけて、ほんの少しでもよからぬことがあれば、すみやかにいましめさとして、災難を未然に防ぐようにしましょう。世間ではしばしば使用人の悪い噂が外にもれて、主人の家に思わぬ災難がもたらされるようなことも見られます。これはひとえに主婦の管理が行き届かないためと言うべきでしょう。

また、使用人に貯蓄の意欲を持たせることは、とても大切なことです。毎月給料の内いくらかを銀行や逓信省（ていしんしょう）（現在のゆうちょ銀行（郵便貯金）を管轄していた官庁）に預けさせ、主婦がこれをきちんと監督して、彼らが首尾よく雇用期間を終えてふるさとに帰り、家を持ったり嫁いだりする時に、いくらかは助けになるようにさせるべきです。はじめのうちはそんなものはない方がいいといやがって、こちらの親切もかえってうるさいと思うことがあっても、貯金が次第に多くなり、利息もつくことなどを知れば、自然と無駄な出費をやめ、蓄財を考えるようになるでしょう。「小人（しょうじん）罪無し玉を抱いて罪あり（品性のいやしい者でもはじめから罪を犯すものではなく、身分不相応の財宝に接すると罪を犯すようになる）」[31]ですから、彼らにはなるべく余った金銭を持たせないようにし、報賞などもこれらのことによく注意すべきです。

家事についての注意

家政を斉（ととの）えるのは、一家の主宰者である主婦のつとめです。家政の要（かなめ）は秩序にあります。秩序が整然として少しも乱れなければ、家庭はおごそかに治まるでしょう。ここまで述べてきたことは、つまりはこの秩序を整えるということについてです。そして、経済のことは、主婦がもっとも注意すべきことです。お金をどう使うかは、あらゆることの基となるもので、昔から「衣食足りて礼節を知る」「恒産なければ恒心なし（一定の財産や職業がない人は、しっかりとした正しい心を持つことができない）」[32]とも言うではありませんか。あらゆる秩序や礼節も、一定の財産がなければそれを実践しようにもどうしようもありません。ですから、主婦たる人は、こうした経済の要を心得ておくべきです。つまり、金銭の収支を綿密に管理し、収入を考えて支出を抑え、常に金銭に余裕があるようにするだけでなく、無駄に時間を費やさず、自分の欲望に振り回されることなく、分相応にお金を使い、使用人の使い方もきちんとしており、事が起きてもすぐに治まり、人が喜んで働き、一家団欒に楽しく暮らすということも、みな経済の一つなのです。

そして昔の人も「経済の要は倹約にあり」とおっしゃっていましたが、金銭は大きな出し入れを倹約するよりは、むしろ細かい点に注意するようにすべきです。大きな金額はかねてから用意し、誰もがそれを支払う理由をわかっているものですが、日常に支出する小さな金額は、たいてい主婦の独断で支払うものですから、綿密に注意して、いいかげんにしてはいけません。

虚飾やぜいたくは、今の世に広く見られる悪習です。世が進むにつれ、生活の水準が上がっていくのは当然のことですが、自分の身分にふさわしくないぜいたくを極めて、ついには家政が乱れ、負債に苦しむようなことは、愚かなことこの上ないではありませんか。虚栄・虚飾は、けっして文明の華ではありません。国家の財源が乏しく、世間に不安を憂う声を聞くのは、そもそも誰の罪でしょう。一家の財源が十分で、国家の財源もまた余裕があるならば、恐れおののく必要もないのではないでしょうか。ぜひとも勤倹を体現し、貯蓄のための方法を考え、衣服、飲食、住まいから日常のさまざまな品に至るまで、節約を第一に、購入や保管などもいいかげんにせず、礼儀や文物は質素に、適切になるようによくよく注意しましょう。

けれど、世間で言うところの守銭奴（しゅせんど）（金を貯めるばかりで使おうとしない人）や吝嗇家（りんしょくか）（けちな人）では、やがてはかえって身を滅ぼします。そういう人は、人の労に報いるということを知らず、他の人が困窮していても助けず、

【31】『春秋左氏伝』より
【32】『孟子』より

その他公共のことや仕事をはじめ、総じて必要なことにも金銭を惜しむのです。これでは倹約とはまったくあべこべで、常日頃倹約するのは、このような場面でお金を使うためではありませんか。

さて、財政をきちんと処理して乱れないようにするためには、まず歳入歳出（一年の収入と支出）の予算を決め、これに準ずるようつとめ、もしやむをえない臨時の出来事で他の用途に流用しなければならない場合は、必ず覚えておいて、後日補填（ほてん）するようにします。収入はなるべく控えめに見積もり、一年の収入を月々に割り当てて、支出額を考えましょう。歳出の予算もまたよく吟味して、取りこぼしのないようにすべきです。はじめに少なく見積もって、年末に足りなくなるようでは稚拙と言わざるをえません。また子どもが産まれたら、その時から学資としてそれなりの金額を貯めて銀行に預けるか、または確実な保険をかけるのもいいでしょう。また、臨時費として予備を見積もっておいて、それでも余ったものを半分に分けて貯蓄し、残りの半分を自分の保養のために使うといったこともしてはいけません。ただし、自分の保養でも、体の養生のために郊外に出かけたり、あるいは猛暑や極寒の時期に旅行するなど、やむをえないことに使う場合は、臨時費を充（あ）てても問題ないでしょう。

そうして歳入歳出の予算が立って、毎月の支出額も決まったら、金銭の出入りを厳しく管理して、帳簿をしっかりつけるようにします。歳入歳出の重要な計算書はなるべくみずから点検して、けっして使用人にまかせてはいけません。支出の際は、やむをえない至急の場合以外は、まずその額を帳簿に記してからでなければ、支払いをしてはいけません。お金を払ってから後で記そうと思っているから、少額のことは往々にして忘れて、月末に帳簿を照合する時に食い違いを見つけることになるのです。注意しましょう。

金銭の出し入れを担当する者は、ひと通り家事を理めるために必要な法律をわきまえ、簿記の方法も心得、また、時価をよく知っておくことも必要になります。物品を買う時は、なるべく現金で支払いましょう。使用人を使っている家では、まず判取り帳（金銭や品物の授受の証印を受けておく帳簿）を作っておき、いろいろな物を購入する都度、これに書き入れさせるようにしましょう。ひどく面倒に思われるかもしれませんが、とても役立つものだからです。また、多額の金銭を出し入れする家では、月末と月の中旬の二度に分けて支払うのもいいでしょう。このやり方は、前に述べたことほどではありませんが、間違いや混乱を防ぐにはこれもまたよい方法です。この他にもまだ心得ておくべき事柄がたくさんありますが、常に勤倹を体現し、万事に配慮すれば、さまざまな場面で大いに得るところがあるでしょう。

前にも述べたように、ぜいたくと虚飾の悪習は、衣服や身のまわりにあらわれるものです。近年、服装を改良しようという声が次第に高まっており、この傾向は遅かれ早かれ従来の服装を圧倒していくでしょう。これは実に喜ぶべきことです。しかし、そこで大切なことも、健康を保つのに適し、経済的にも適当で、かつその人の品格や風格を保つのに適するということに尽きます。服装の改良については他にも思うところがありますが、ここでは省略します。要するに、主婦は、老人、子ども、少女、それぞれに分相応な服装を選び、また寒い時期なのか暑い時期なのか、あるいは労働する人か穏やかに暮らしている人かなどによって、各自の健康を保つのに適するものにすべきことはもちろん、その人の品格や風格を傷つけないかぎり、できるだけ質素にするよう心がけましょう。

また、衣服を選ぶ際にはその素材の作り方の大体を心得ておき、保管法については染め直しや洗い張り（着物をほどいて洗濯し、板などに張ってしわを伸ばして乾かすこと）についての注意、清潔に保つ方法については洗濯の仕方や干し方、塵の払い方からしみ抜きなどのことまでひと通りは心得ておいて、さらに衣服に関する一切のことは、必ずわきまえておくべきです。

食べ物を調理する方法は主婦が当然心得ておかなければならないことで、健康維持の面と経済面との両方に適するように心がけましょう。食材の選び方のうまいへたによって、安い値段の野菜でも栄養価が高い場合もありますし、高価でも健康維持のためにはよくない場合もあります。これらのことをよく理解しておき、食材の選び方や調理の仕方に注意しましょう。なお、衣服や食物についての詳しいことは専門の本を読めばわかりますので、ここでは概略だけを述べておきます。

住居のこともまた、主婦が心得ておくべきことです。前にも述べたように、それぞれの分に応じたものにし、必要以上に華美で荘厳にしようとしてはならないとは言っても、同じ費用をかけるにしても、やり方や注意の仕方によって、実際の金額よりもはるかに立派で見事になって、しかも健康維持や経済の面でもプラスになるようにしたいものです。

さて、まず土地を選ぶことが必要です。なるべく南に面した日当たりのよい場所を選んで、湿地や窪地、火災や水害の不安がある場所は避けるのがよいでしょう。こういうことはもともと主婦が一人で決めるようなことではありませんが、移転や新築などの場合には必ず相談があるはずですから、ひと通りは心得ておく必要があります。また、子どもの教育に都合がいい地域か、病院から遠いかなどといったことには特に注意して、便利な地域を選びましょう。

そして、家を新築する時は間取りによく注意し、できあがった後に不都合を感じないようにすべきです。近頃は建築技術もたいへん進歩しましたので、専門の技師に依頼すればまかせてしまっても当然差しつかえないのですが、やはり家屋に関する衛生、経済、構造、装飾などをひと通りはわきまえておくのが望ましいでしょう。また、持ち家には、確実な火災保険をかけておくことを忘れてはいけません。

家を買うか新築して、前の家を他人に譲ったりあるいは貸したりして引越しする際には、主婦たる人は新旧の家の掃除、器具や道具の片づけや引越しの順序、使用人や手伝いの人の配置や指示などによく注意しなければなりません。

昔、藩の家来だった人が、主君から貸与されていた家を、何かの理由で他の家と交換して引越す時には、我が家の道具類やあれやこれやの品を新居に移し終わると、前の家を実に清潔に掃除し、玄関や、奥と表の庭園にまで打ち水（ほこりをおさえたり涼しくしたりするために水をまくこと）をして、便所、ごみためなどに汚物を残さず、畳の傷みや障子の破れをつくろって、座敷の床の間には一幅の軸をかけ、花を生け、香を焚き、新しい手桶に水を入れて、柄杓を添えて玄関前に置き、煙草盆（喫煙具を載せるもの）に火を埋め、冬であれば火鉢に炭を添えて、新しい箒とはたきを一本ずつ置いておきました。そして、両家の主人か執事に当たる人が衣服を着替えて面会し、受け渡しの挨拶が終わると、そこでようやくそれぞれの新居に住むことになるのです。まことに礼儀正しい風習を、欽慕（敬い慕うこと）せずにはいられません。主婦はこれらのことを斟酌（あれこれ照らし合わせて取捨すること）して、よく鑑みてほしいものです。

ですから、前の家の掃除が終わり、破損した箇所なども大体つくろい終わったら、桶などに水を汲ませ、箒は一本残しておきましょう。言うまでもなく、棚をはずして釘を抜いた跡の傷を大きく残し、道具類を取り出した時にあちこちにぶつけたままにしておき、泥のついた足で床に上がったままにしたり、あるいは庭園の樹木を掘り荒らして、物を運ぶ人が足の踏み場もないほどにするなどといったことは、ひどく思慮分別のない行動です。開け払った場所に自分で行けない場合には、気が利く人を行かせて、点検させましょう。

新居に移った時には、のこぎり屑をよく掃除しましょう。特に、前に他人が住んだ家ならば、床下、畳の下からあちこちすみずみまでよく掃除して、汚れが残っていないようにし、もし悪臭などがするならば、すぐに消毒、防臭するようにしましょう。道具類の片づけ、荷造りなどが万全にできたら、一つ一つに番号をつけて、その番号を帳簿に写したものを、新居での荷物の受け取り担当者に渡しておき、荷物を受け取るたびに帳簿の番号に鉛筆で線を引かせるようにします。運搬の順序は、一番目に掃除用具一式と料理をするのに必要な鍋、釜、土瓶などで、冬ならば火鉢なども送ります。二番目には大切なもの、三番目にはその時期に必要なもの、四番目にその時期に必要でないものを送ります。運送の際には、気の利く監督役をつけて、紛失、破損などがないように注意させましょう。荷物を下ろす時には特に破損しないように注意して、重いものは人手の多いうちに、それぞれの場所に据（す）えつけるようにしましょう。食べ物は、前の家で夜が明けないうちにご飯を炊き、おかずを作って、前の家に居残る人の分を残しておいて、すみやかに新居に持っていかせましょう。新居では、掃除が終わったらお湯を沸かしてお茶を入れ、動きまわって働いている人が喉が渇いたり空腹を感じたりしないように、食べ物とお茶を分けましょう。

　使用人や手伝いの人が多い家では、引越しの時にただ混雑するばかりで、思ったよりはかどらないものです。なので主婦やそれに代わる人は、持ち場を分けて、それぞれに区分、分担させるようにしましょう。また、引越しの際にはよく泥棒などが隙（すき）をうかがっているものですので、各所の戸締まり、火の元によく注意しましょう。

看病についての心得

主婦がまた特に心得ておかなければならないのは、看護の方法です。普通、家族の者がかかりやすいのは風邪や胃腸病の類(たぐい)です。これらは普段よく衛生に注意していれば心配はないのですが、それでもなお思いがけない病気にかかった時は、けっしてあわてず騒がず、無用の心配をして看護する人の方が心身を損なうようなことがあってはいけません。

どんなことであれ、思わぬ災難にあった時に、よく心を落ちつけて、騒がずあわてず着実に救護の方法を考えられるかは、まさに普段の修養によるとはいえ、病気に関する知識や看病の方法、また思わぬ負傷などに対しての応急処置などを、ひと通り、常に心得ておくようにしなければなりません。病気になった時の手当ての方法から患者の病室、衣食などに至るまで一切のことに、主婦みずからが対処して、そして他の人に指示命令しなければ、どれほどの名医を招き、何人も看護婦を雇って大金を使ったとしても、けっして十分な手当てはできないものです。なお、詳しいことは、他の本で学んでください。

女子のつとめ　下の巻

一、母としてのつとめ

母の責務

ゆりかごを揺らす手は、天下を動かすこともできる――[1]。まことに、未来の国民を抱く母のたおやかな手には、富国の基(もと)を築き、強兵の礎(いしずえ)を作るという天職があるではありませんか。その母親の膝の上は幼児の教室であり、母親の言動は幼児の言動の手本となるものです。そうであれば、この教

【1】アメリカの詩人 William Ross Wallace の詩「The Hand That Rocks The Cradle Is The Hand That Rules The World」より

室で学び、この手本によって作られるこの未来の国民は、その教室と手本のよしあしによって、役に立つ国民ともなり、無頼（ぶらい）の徒（きちんとした仕事に就かず、無法なことをする人）ともなるでしょう。

そもそも、人の母となってその子を愛し慈しむ思いは、天に与えられた至情（ごく自然の人情）から生じるのであり、子を養い、教えるのは、自然の命じる義務なのです。その天から与えられたつとめの責任は、ちょうど大臣が国民を治めるつとめの責任と同じように重いはずです。小さな蚕のようにもぞもぞと動く、真っ白で汚（けが）れのない生糸のような子どもを、造化（万物自然の造物主）の神から預かり受け、それを白くも黒くも染めるか、あるいは強くももろくも作るかは、まったく母親の手にかかっていることを思えば、その責任がどれほど重大であるかがわかるでしょう。

そしてこの高潔で偉大な責任を担う、慈母（慈しみ深い母）になろうという人には、子どもの教育に全力を注いで、天から与えられたつとめをまっとうすることを目指してもらいたいものです。

どうすればこのつとめをまっとうすることができるでしょうか。その子どもを、強く健康な身体と、我慢強く困難に屈しない精神の持ち主にさせればよいのです。そしてその知恵・知識が、世のためになり、一人前になるのに十分なものとなるようにしさえすればよいのです。

心の修め方

そもそも言動は心を反映するものです。心が正しくなければ、行いも正しくありません。前にも言ったように、母親は子どもの手本となるべきもので、子どもは母の言うことを唯一の金言と思い、母の行うことをこの上ない善行であると信じ、好き嫌いから身振り素振りまで、母のすることとなすことが伝染していくものですから、母たる者は、心の内に淑徳を備えて、ちょっとした言動にも常に注意して、真っ白で汚れのない子どもたちをよからぬ色に染めたり、不義へと傾かせるようなことがないよう、強く願うべきでしょう。

母が修めるべき心、保つべき言動は、些細なものでも簡単なものでもありませんが、まずは子どもがお腹にできた時から彼らが大人になるまで、必ずしっかりと守るべき徳や道義、衛生、看病、教育その他すべてのことについて、少なくともその概略を知らなくてはなりません。そして母の言動や堅い志は、常に母みずからが修め、励んでこそはじめて、その子どもを大義（人が踏み行うべき重要な徳義）へと導くことができるのです。

慈母が子どもを慈しみ育てるのは、ちょうど天が万物を生み育てるのと同じように、実に広大無辺な自然の情によるものです。けれど、その慈（いつくしみ）も仁（思いやり）も、ただひたすらその場しのぎの愛におぼれて、正すべきことを正さず、いましめるべきことをいましめずにいては、ちょうど曲がった枝を直さず、悪い葉をつまないでいて、ついには草木を枯らしてしまうようなものです。それではかえって不慈不仁の母になってしまいますので、ぜひとも愛を源としながらも理へと立ち返り、情から発しながらも礼（規範や作法）にとどまるようにすべきです。

また、どんなことも、誠実でなければうまくいきません。まだ自我もなければ知識もない幼児でも、真心を注いで導けば、うまくいかないということはありません。どんなことでもまずは自分自身が誠実になれば、子どもたちを誠実にさせることもできるでしょう。また、心を寛く、深く保つことを心がけましょう。胸の内を広く豊かにして、さまざまなことを寛大に受け容れなければ、子どもたちの度量が狭くなるだけでなく、時に片意地な性格になってしまうこともあるものです。また、情誼（人とつきあう上での情愛）が常に細やかで、人情に厚くなければ、子どもは薄情で軽薄な人となってしまうでしょう。

けれども、母が生みの子に対する際には、親しくむつまじく、少しのへだてもなく、慈仁寛厚にあるべきことは言うまでもありませんが、そのような中にも、厳粛で荘重（おごそかで重々しいこと）な威儀と風貌を備えていなくてはなりません。聖人（孔子のこと）も「君子重からざれば則ち威あらず（高位の人間はどっしりと落ちついていないと威厳がなくなる）」[2]とおっしゃったように、落ちついて、軽はずみなところがないようにすべきでしょう。馴れ親しみやすい慈母であっても、その徳や見識になんとなく尊び崇めたくなるところがあって、その言動にいかにも厳粛で荘重な威儀が備わっているのを見れば、親愛の情に加えて畏敬の念も生じてきて、母がいましめ教えることはどれもこれもうまくいき、子どもは母が願ったとおりに歩んでいくものです。そうとは言え、おごそかであるのがいいだろうと言って、愛らしい子どもたちをただ親に畏れ従わせるような、冷たい家庭を作ってはいけません。ひとえに、和気藹々とした家の内で、善を育て悪を除き、恩恵と威信との両方が発揮されて、よい結果を生むことを願いましょう。

ふるまい方

母親の行いは、常に方正に、すべて秩序を立て、自分の身を修めるにしても、とりわけ整然とした規律を乱さないようにすべきです。物事を取りさばいていく時は、公正であると同時に、決断力を持ちましょう。一度あることを言いつけておきながら、躊躇、逡巡してしばしば変更し、こうしようか、ああしようかと思い惑ったり、いったんやり終わったことについてあれこれと愚痴を言って後悔の色を見せたりすれば、幼児はたちまち母親に失望し、頼りなく不安に感じるようになるでしょう。しかしこれは、軽率にせよ、ということではありません。よく慎重に決めて、いったんこれでよいと信じたならば、思い切って行うべきであるということです。

また、子どもを教え導く際には、勤勉に、また倹約して、忍耐を重んじましょう。裕福な家に生まれた子どもは、往々にして、勤めなくとも衣服も食べ物も十分に足り、倹約しなくともあまりあるお金を持っているために、知らず知らず、天から授かったものを大切にせずに使い尽くしてしまう恐

【2】『論語』より

れがありますし、また、控えめにしなければならないということをよくわかっていないために、気づかないうちにぜいたくにふけり、怠惰に陥りやすいものですから、よくよくつつしんで用心し、注意するようにしましょう。

それはそれとして、若い母親がもっとも困難を感じるのは、前に「舅や姑に対する心得」の所でも述べたように、今の世は新旧が相交じって、古い考え方と新しい考え方がたがいに衝突する時代であるため、母親が我が子にはどうにかして体育・知育（知識を習得し、知能を高めるための教育）・徳育（道徳心や情感豊かな心を育て、人格を高めるための教育）のすべてを欠ける所なく教えたいと願い、自分が長年学んだり読んだりしたことを実地で試してみようとしている時に、舅や姑たちが反対のことをたまたま助言してきて、何事も昔の方法でやろうとなさることです。まだ世間のことに馴れないうちは、学理（学問上の理論や原理）を実地に応用することはなかなか難しく、頭で考えていることと実際にすることとが往々にして違ってしまうものですので、いかに学理を知らない姑とはいえ、世間で多くの経験を積んできた人の言うことに従いながら、さらに詳しく考えて、念入りに確認し、いいかげんにはしないようにしましょう。欠点がないように思われることでも、家族の思いや習慣に反して強行しようとすると、思いがけなく面白くない結果になったりするものですので、子どもに対してもそうしたことであれこれ迷わせないようにすることが大切です。

とにかく、子どもを教育してこの道に進ませよう、と思うのであれば、まずは必ず我が身を正しくしてから子どもを善へと導くべきことは前にも述べましたが、自分の気分がいいからといって理由もなく子どもを褒めたり、腹立たしさにまかせてわけもなく子どもをしかるといったことは、絶対にしてはなりません。まだ幼いからとあなどって我が意のままにして、道理が通っていないというようなことがあってはいけません。

妊娠についての注意

ここから、母としての衛生、育児、教育などについての心得を、順々に述べていこうと思います。女性が妊娠したならば、出産までの期間は特に慎重な注意が必要です。まず妊娠中は衛生面に気をつけることはもちろん、いったん子を宿したらもう母としての義務がありますので、一挙一動をもけっしておろそかにせず、とりわけ心を正しくし、行いをつつしみ、就寝、起床の時間や食事の時間もきちんと決めて、これをけっしていいかげんにしてはいけません。いわゆる「目邪色を観ず、耳淫声を聞かず（正しくないものを目にせず、下品な音楽を耳にしない）[3]」を守り、昔の人の嘉言や善行に親しみ、爽やかな精神を保ち、落ちついてふるまい、寛（ひろ）やかな心で、体をくつろげて、胎児が善良で賢明な人になるように願いましょう。

【3】『小学』より

妊婦は摂生（飲食などをつつしみ、健康に注意すること）を怠らないようにしましょう。あまりに精神を使うような学問や考えごとをするのはよくありませんが、気の向くままに、子の知育の手引きとなりそうな本や、その他いろいろなもので心を慰め、楽しむことも必要です。総じて、精神を養う一方で摂生にもなり、知育の助けにもなる植物や花の栽培などはたいへんよいことです。その他にも運動をほどよくして、食べ物に気をつけて摂生を怠らず、そそっかしく荒々しいふるまいをつつしむべきことは言うまでもないでしょう。

そうして、出産時期になりましたら、その前後の期間は特に周到な注意が必要です。そもそも出産は女性にとって避けて通ることのできない大仕事で、ともすればそれが原因で一生の病気になることもないとは言えませんが、注意の仕方によってはいわゆる「案ずるより産むが易し（事前にあれこれ心配するより、実際やってみると案外たやすいものである）」で、それほど心配するようなことではありません。ですので、ぜひとも妊娠初期から慎重に注意して、飲食、衣服、日常生活に関する一切のことすべてを衛生にかなうようにし、そうして安定して晴れ晴れした精神状態になるようにすれば、必ず安産になるでしょう。けっして無用な心配をしたり、気を揉みすぎたりしてはいけません。

なお、妊娠から出産前後までの準備などについては、詳しく書いてある他の本を読んで、よくよく心得ておきましょう。

育児についての心得

そもそも、母が子を育てるのは天賦の職責で、けっして避けて通ることができないものですが、天が母に子どもを授けて育てさせるのは、子どもを立派に育てさせるためです。まして、子どもは生まれると同時に、天皇陛下がお治めになる大日本帝国（明治憲法時代の日本の国号）の一臣民として、戸籍に加えられます。ですから、自分の子どもだからといって、けっして自分だけのもののようにしていいということはありません。子どもは将来、楯となり城となって国家を守る軍人となり、天皇陛下のため、国のために身を差し出し、命を捧げるというつとめを持つ者ですから、かりにも、自分の思いのままに、不慈・非道な扱いをしてはいけません。心のかぎり誠を尽くし、子どもが有為（役に立つ）・有徳の人に育つことを願いましょう。

子どもはひとたび母の胎内を出て、産声を上げると同時に、早くも外界のことを学びはじめるものですから、生まれた直後から、早く正しい規則に馴れさせるようにし、清潔に世話することを習慣づけましょう。おしめをしているような幼児は大体自我も意識もないだろうとあなどって、規律を正しくせず、注意をおろそかにすれば、知らず知らずのうちにそれが習慣となり、成長するにしたがってその悪習が深く染みついてしまうと、ついにはそれを正すこともできなくなります。ですから、生まれた瞬間から、子どもの教育方針をあやまらないよう願いましょう。

そして、授乳、睡眠、便通をはじめとし、寝床や衣服その他一切のことに注意し、だんだんと発育、成長していくにつれ、食べ物や飲み物は言うまでもなく、衛生にも注意して、幼児の体力や脳のはたらきの発達具合を熟知し、知・情・意（知性と感情と意志）を、身体のいろいろな器官と相伴（あいともな）って、遅れることもなく進みすぎることもないよう、適度に発達させていくことが必要です。脳をあまりに使いすぎるのはよくないとは言え、まったく使わないのもやはりよくありません。総じて脳が活発にはたらく時は身体の諸器官もまた活発にはたらき、身体が活発にはたらく時は脳もまた活発にはたらくようになると心得ておきましょう。そして、幼児の脳を休ませるには睡眠が一番です。よく注意して、安眠できるようにすることが大切です。また、とても楽しい遊びなどにも、よく休養するのと同じ効果があります。しかし、これも度が過ぎてはいけないことは前に述べたことと同様です。

また、新鮮な空気が必要なことはもちろん、太陽光も欠かせないものですから、赤ん坊を部屋に閉じ込めて放っておくというようなことは、不慈のきわみと言うべきでしょう。幼児が泣くのは悲しいからだけではなくて、あらゆる感覚を訴えているものなので、その泣き声によく注意して、空腹のためか、便通を促すためか、その他病気や痛みなどのさまざまの原因で泣いているわけではないかを察して、世話をする際に間違えないようにしましょう。幼児が泣きじゃくるのを止めようと乳をふくませ、そのために胃腸を壊して、ついには夭折（ようせつ）（若くして死ぬこと）させてしまったり、虚弱体質にさせてしまう場合も少なくありませんので、よく注意しましょう。まして泣きじゃくるのは、かえって血液の循環をよくし、身体にとってプラスになることもあるのです。

幼児を母親や乳母と一緒の布団に寝かせ、その懐で眠らせるのはよくありません。一緒に寝れば、授乳の頻度も自然と多くなって一定しなくなり、また、母が熟睡してしまったがために思わぬ間違いをして幼児に危害を与えるようなこともひょっとしたらあるかもしれませんので、別の布団に寝かせるようにして、授乳の時や幼児の体を温める必要を感じた時だけ、添い寝して乳を与えましょう。また、幼児の寝床にはなるべく軽く暖かなものを使うのがよいとは言え、細かい綿毛で織った布や絹布のようなもので作るのはよくありません。そして、幼児の上掛け布団は頻繁に洗濯して、特に清潔にしておきましょう。これは衛生面で好ましいだけでなく、徳育上でもまた、好ましい習慣を形成する手引きとなることを心得ておきましょう。

また、幼児が清潔に過ごせるように気をつけましょう。幼児の身体、衣服などが清潔であることはもちろん、見聞きするものや体に触れるものは残らず清潔にし、規則正しく整えるようにしましょう。入浴も大体毎日させるのがよいでしょう。それから、湯加減や入浴時間、世話の仕方などには、特に慎重にならなくてはなりません。

授乳についての注意

女性が子を産むとすぐに、子を育てるための母乳がその成長に合わせて出るのは、実に造化の神の賜物と言うべきでしょう。ところが、上流社会ではたいてい乳母を雇って子どもを育てていて、最近では中流以下の階級の人でも、往々にして牛乳などで人工授乳をすることがますます多くなっているようです。しかしそもそも、新生児の身体の栄養のためには、この自然に与えられた母乳に及ぶものがあるはずはありません。にもかかわらず、自分の苦労を避けるために、これを他の人の手にまかせてしまうようなことは、慈母たる者が甘んじて行っていいことでありましょうか。自分の懐に抱き、自分の乳房をふくませることなく、他の人に育てさせた子は、母子の愛情も自然と薄くなり、徳育上でも悲しむべき結果にならないとは限りません。たいへん恐ろしいことではありませんか。

しかし、母親が虚弱体質で、母乳の量が少なかったりよくなかったりする人や、遺伝や異常な神経質などで、時々母乳が止まったり悪くなったりする人、あるいは公の仕事などで不在がちだったりつきあいが多かったりして決まった時間に授乳することが難しい人などは、やむをえず乳母に頼るか、人工授乳をしなくてはなりません。子を何人か産み、みずからお乳を与えると、母親は体が弱って、容姿もまた早く衰えると言う人もいますが、医者によれば、けっしてそういうことはなく、母親が子どもに乳を飲ませる時には、ちょっとした病気や不快感はたいてい忘れてしまって、気持ちもいきいきとしてくるといいます。にもかかわらず、無理に母乳を与えるのをやめれば、かえって体に害となることもなきにしもあらずだそうです。ですので、母親たる人は、できるだけ自分で新生児に授乳して慈しみ育て、健康も愛情も共に完全になるよう強く願いましょう。

けれど母の体に異常がある時には、母乳はたちまち毒汁に変わりますから、母親は常に体を動かすことや食べ物などに関して摂生をいいかげんにしないのは言うまでもなく、授乳の際は爽やかな気分で、けっして考え事や心配事に頭を使ったり、うたた寝してしまって子どもがどうなっているか気づかないといったことがないようにしましょう。

また、乳房の保護、清潔などに気をつけ、授乳の時間を決め、また、母乳を与えすぎて胃腸を壊したりしないようにしましょう。赤ん坊が何度も泣くたびにお乳を与えて泣きやませるような習慣をつけてはなりません。また、幼児は満腹になれば必ずよく眠るものですので、授乳の頻度と時間を決めて、なるべく長く安眠させるようにしましょう。こうすれば、便通の時間もきちんと決まって、衛生面でも世話の面でもプラスになることが多いものです。

また、もしやむをえず人工授乳をしなければならない場合には、牛乳をしっかり選んで、混じりけがなく品質がよいものを使いましょう。ただし、いい生乳が手に入らない時は、できるだけよいコンデンスミルクを使うようにしましょう。これはあまり望ましくはありませんが、粗悪な生乳を使うよりはいいでしょう。

また、牛乳が腐らないよう、哺乳びんやその付属品を清潔にすることなどは言うまでもありません。なお、人工授乳はとりわけ時間をしっかり決めて、生まれた直後ややむをえない場合以外は、夜中の授乳は絶対にやめましょう。

乳母についての注意

また、やむをえず乳母を雇わざるをえなくなったなら、その選考にはよくよく注意しましょう。乳母はまず普通は満二十歳から三十五、六歳までの年齢で、なるべく年齢も出産時期も母親と近い人がいいでしょう。そして、その血筋に遺伝病や忌避するべき点がなく、身体は健康で、温順・正直な性格の人を選びましょう。なお、身体に関することは医師に鑑定してもらうのが一番いいのですが、完全な人というのはそうそういないものですので、大方健康で、性質にあまり嫌うべきところがなければよしとすべきでしょう。

そして子の世話をさせるにあたっては、母親は乳母をよくいたわって、できるだけ栄養豊富で消化しやすい食べ物を与えて適度な運動もさせ、知徳（知恵と道徳）も徐々に教え込むようにしましょう。けれど、どれほどよいことでも、習慣が違うことを急に命じたり、窮屈に感じさせるようではよくありませんので、ただ順々に、母親が願う方向へと向かわせ、自然とその家風にも馴れ、衛生に関する道理も覚えて、幼児の教育の仕方を間違わないようにさせるべきです。幼児を他の人に託してしまったからと安心して、乳母への対し方に十分注意を払わなかったり、あまりに干渉しすぎたりして、乳母がどうしていいかわからなくなるようなことがないようにしましょう。

使用人や伽(とぎ)の者についての注意

総じて、子どもの養育はその母親自身の天職であって、みだりに人の手にまかせるべきでないことは言うまでもありませんが、前にも述べたように、仕事が忙しい人、体が丈夫でない人、あるいはこのところ毎年子を産んで、すべてを自分で世話することができないといった場合は、いたしかたなく、乳母や使用人を雇って、子を託さなくてはならないこともあります。そのような場合には、その選考や働かせ方について、特に慎重に注意しなくてはなりません。

従来、貴族社会では、このようなやむえない場合ではなくても、大方は使用人を雇って子どもを養育させるのが慣例でしたが、私自身は、この習慣を打破して、できれば子どもの養育は母親がみずからすることを切望してやみません。それは使用人として雇うのにふさわしい人がいないことを心配しているというだけでなく、子どもが生まれた後、みずから母乳を飲ませ、みずから育てればこそ、温かい愛情も自然に生じ、断たれることのない情愛の絆も結ばれるからです。ですから、赤ん坊をすぐに使用人にゆだねてしまうようなことは、同じ家庭で朝晩に抱いたり撫でたりするのであればまだしも、しばしば里子と称してひなびた田舎などにやってしまって、その養育をすべてまかせ、三年も四年もそのままにしておけば、養育の仕方のよしあしはともかく、すべての徳の基礎とも言うべき愛情が薄くなり、ついにはよくない結果に帰して、家庭の和やかで楽しい空気が失われてしまうような障害が生じてくることは、しばしば現実に目にすることです。これは実に嘆かわしいことではありませんか。さまざまな事情で仕方なくそうせざるをえない場合はやむをえませんが、そうでないかぎりは、なるべく頑張って、この重責をみずから担うようつとめるべきです。

この日本や中国などでも昔から、上流家庭では、幼い子どもを養育する人をずいぶんと注意して選り抜いたようです。昔「乳母」「後見」などと呼んでいた人たちは、中国で「保母」と言われていた人たちと同じようなものでしょう。礼の世界では、生みの母以外にも八種類の母がいるとされていますが[4]、その大体は母の代わりに子を養育した人を指します。このように、この日本でも、幼児の世話をする人についてはたいへん念入りに注意していて、けっしていいかげんに考えてはいませんでした。しかし、中流以下の家庭では、多額の給料を払って立派な使用人を雇うことはきわめて難しいことですので、今のヨーロッパで行われているように保育士養成学校ができて、普通の家でもそれなりの使用人を雇えるようになってほしいものです。しかし、今急にそれなりの人を求めることは至難のわざですので、不十分ではありますが、ここから使用人の選考や使い方、および教育について一言言っておきたいと思います。

子どもが、自分の周囲にある、見るもの聞くものによってどのようにも変わっていくものであることは、いまさら言うまでもないでしょう。ならば、子どもの養育を一任する養育担当の使用人はとりわけ子どもに大きな影響を与えますから、精選に精選を重ねて、その使用人の教育にも十分注意しましょう。しかし、世間では往々にして下働きを担当する使用人を重視して、養育担当の使用人を軽んじ、給料も下働き担当に多く、養育担当に少なく与え、そのため使用人の人間としての厚みや経験も、それに応じて前者は厚く、後者は薄かったりします。これがそもそも間違いではありませんか。これでは、母として、親切で注意深い人と言えるでしょうか。ですので、もし家計に余裕がなく、安い給料の少女を雇わざるえない場合は、次善の策ではありますが、他の用事をその少女にまかせて、幼児の世話は自分でするようにしましょう。それもどうしても難しいという場合はせめて、体が丈夫で、遺伝病の心配がなく、正直で従順な性格で、主婦の言うことをよく聞く者を選んで、できるだけ見守り、注意を与えながら、子守をさせましょう。

【4】養母、嫡母（正妻以外の女性の子にとっての、父の正妻）、継母（前妻の子にとっての、後妻）、慈母（正妻以外の女性の子が生みの母を亡くした時に、父が他の女性に命じてその子を養わせた場合）、庶母（正妻ではない母の、他の子からの呼び方）、乳母、嫁母（再婚した生みの母）、出母（離縁された生みの母）

また、可能であれば、育児経験のある、温和・従順で誠実な女性を選びましょう。その場合も、あまり年を取っていると、かたくなで、主婦の思うようには動いてくれなかったりしますし、また、幼い子どもの世話をさせるのには適当でないでしょう。ですので、これらのこともよく考えて、過不足がないよう心がけましょう。

養育担当の使用人に対する扱いは特によく注意して、主婦の親切で手厚い至誠の情で、彼らの心の奥深くまで感化させるようにしましょう。それができれば、使用人たちは主婦の恩恵に畏れ入り、幼い主人に対する情も、ますます厚くなっていくものです。ところが、もし主婦が使用人たちを非情に、不注意に扱ったりするようなことがあれば、彼らもまた、不注意・不親切に、幼児の世話をするようになるでしょう。ですから、使用人たちの食べ物などもできるだけ充実させて、幼児に与える食後の果物やお菓子なども、わずかでもいいので、使用人たちにも分け与えましょう。特に若い使用人などは、あてがうものが不十分だったりすると、ややもすれば幼児の食べ物を奪って食べたりして、幼い子どもの心をゆがませるといったこともないとは言えません。まことに恐ろしいことです。

また、使用人に過失があって、彼らをしからなければならない場合にも、なるべく顔をやわらげ、言葉を正しくして丁寧にいましめ、さとしましょう。けっして荒々しくしかりこらしめて、ひどい扱いなどしてはいけません。何事にも誠実で親切に公平な対処をし、相手が使用人だからと言って、けっして幼児の非道を通し、不道徳なことを行わせるようなことがないようにしなければなりません。

養育担当の使用人に対する教育もまた、いいかげんにしてはいけません。使用人を使う際には、主婦は教師となって懇切丁寧に、しかも誠実に彼らに対するべきことは前にも述べたとおりですが、養育担当の者は特に注意して教え導かなければなりません。まず雇い入れた時から、しっかりと守るべきその家のきまりを示し、次に幼児を世話する上での注意を教えましょう。それから少しずつ日常の立ち居ふるまいや言葉づかい、受け答えの仕方なども教えましょう。けれど、彼らが困難を感じるほど、急激に教えるのはよくありません。たいてい、下流の家庭出身の者は、自分が馴染んだ習慣が往々にしていやしむべきこと、恥ずべきことであることもわからずに、そういうことを平然と語ったりしたりするものですから、そのような時は落ちついてこれを説明し、理解させて、幼児が彼らの悪さに染まったり、間違いに影響されたりしないようにしましょう。そして、彼らのあやまりを正すにしても、幼児が言葉がわかるようになってきたならば、その目の前でしかりこらしめるようなことはしてはいけません。

上流社会では、従来、伽（とぎ）の者、つまり幼児の相手として、あるいは学びの友として、幼い子どもを雇い入れることがありました。今はだんだんと、上流社会の子どもも学校に通って、普通の友達ができるようになりましたが、それでも伽の者を必要とする場合は、その選考には特に注意し、けっしていいかげんにしてはなりません。とりわけ、身分の高い家に生まれ、大切に育てられた幼い子どもは、四六時中一緒にいる友人として信頼する伽の者たちの性質や行動に知らず知らずに感化され、白くも黒くもなっていくものです。なので、幼児の相手をする人には、温良・誠実な性質で、さまざまなことに耐えられる勤勉さを備えている者を充てるべきです。また、体も丈夫で、遺伝病やその他避けるべきさまざまな病気を持っていない者を選びましょう。加えて、なるべく清く正しい家風を持った家庭の子弟を選ぶことが必要です。家庭が清く正しくなければ、たとえその子が純粋で正しい性質の持ち主でも、自然と家庭の習慣が移って、ともすればその天性の性質さえも悪くなることがありますから、よく注意しましょう。

　また、伽の者の扱い方は、特によく注意しなければなりません。彼らは純然たる使用人とは異なり、自分の子どもの学びの友、あるいは師友（師であり、友人でもある者）として置かれる者ですから、まず大方は友人のような気持ちで扱うのがよいでしょう。ひたすら自分の最愛の子どものいとおしさを思い比べて、なんとしても親切丁寧に接しましょう。ですから、食べ物・飲み物その他、大体のことを子どもと同じにし、子どもも伽の者もたがいによく切磋琢磨して、助けるべき時は助け、励ますべき時は励まし、いさめるべき時はいさめるようにさせて、とりわけ学問や侍座（貴人のおそばでお仕えすること）などにおいては、けっして遠慮や手加減することなく励みつとめて、それらの業が進歩するよう、できるだけのことをしましょう。間違っても子どもたちに媚びへつらうようなふるまいをして、いたずらに子どもたちに驕り高ぶる心を持たせたり、わがまま勝手なふるまいをさせることがけっしてないようにすべきです。

　伽の者、とりわけ学びの友として仕える者には、自分の子どもと共に、同様の学問や技能などを教授するのはもちろんのことながら、さらにその徳育や体育については、学校や家庭教師にばかりゆだねていては、けっして十分とは言えません。必ず母親の責任として、始終油断なく心を配らなければなりません。伽の者に対する教育が十分な効果を上げれば、我が子の教育にもこの上ない発達、進歩が見られるようになるのは当然のことです。さらに詳しくは、この後の家庭教育の項に述べることをあわせて見てください。

幼児の衣食住についての注意

幼児は精神の発育がまだ不十分なため、自分で暑さ寒さを判断したり、飢えや寒さを感じて食べ物や飲み物を摂取したり、衣服を増減したり、また、危険を避けて安全な場所を求めるといったことができないものですので、その保護者である母親は、ちょうど庭師が花や樹木、果実の栽培に余すところなく心を尽くすように、日夜休むことなく熱心に、子どもの世話や注意につとめなければなりません。ここではその注意すべきことの概略を述べましょう。

幼児の衣服は、軽くて暖かく、粗末なものが適しています。とりわけ肌に密着するものは、たびたび洗濯をするのに適したものを選ぶことが重要です。けれどその品質などについては、けっして高価なものを求める必要はありません。むしろ粗末で、汚れたり破れたりしたら惜しげなく捨てられるようなものが一番です。赤ん坊の衣服には、とりわけ白い布を使うのがよいでしょう。

この国の最近の習慣として、幼児に美麗な衣服を着せるという悪風があります。これは子どもに華奢（かしゃ）（華やかで驕り高ぶること）・虚飾の悪習に馴れさせるだけでなく、その価格も高いために、仕方なく幼児に似つかわしくない幅広の長い丈（たけ）を内側に縫い込み、加えて長く大きな袂（たもと）、厚くて重そうな裾のふき（袖口や裾の裏地を表に折り返し、表から少しのぞくように仕立てた部分）を二枚どころか三枚も重ねて出し、母親が嬉しく誇らしげな様子でいるのは、まったく困ったものです。愛らしい幼児の運動の自由を妨げ、ついには「習慣は第二の天性なり」と言うように、自然にそむいた不活発な性質にしてしまうでしょう。慈母の情として、可憐な娘を美しく着飾らせて、満足させ、喜ばせたいと思うのは当然のことですが、ひたすらその子の将来を思って忍びがたきを忍び、体育・徳育のことも鑑み、そしてやがては日々驕奢（きょうしゃ）（驕ってぜいたくであるさま）へと傾いていく社会の悪習を正すことを目指すべきです。子どもが物心ついて、他の友達の豪華な服を羨ましく思って、「自分も着たい」と言い出しても、その子がわかりやすいようにさとして、粗末な服でもそれを着るのがたいへんよいことであるのをわからせるようにしましょう。衣服をこしらえる際にも、子どもの発育を妨げないように改良していくようにしたいものです。幼い子どもの衣服は、願わくはヨーロッパの風習のように、学校に行っている間はきわめて質素で地味な服装をして、年を取ってはじめて美しく装うことを習慣としてほしいものです。

その他、幼児の衣服の取り扱い方についてはいまさら言うまでもありませんが、清潔にしてたたんでしまうのにしても、丁寧に折り目正しくして、無邪気な年頃のうちに、清潔を好み、きちんとしていることを喜ぶ心を養いましょう。幼児の皮膚はまだ薄くて弱いものですので、頻繁に外気に触れて風邪などにかからないように用心するのはもちろんのこと、着替えさせる時にはよく身体を点検して、傷ついたりしている箇所がないか調べるべきです。そして、付けひも（子どもの着物の胴に縫いつけてあるひも）はけっしてきつくしめず、いつもゆったりさせておきましょう。また、裕福な家などでは、子どもを大切にするあまり、常に厚着をしすぎる癖をつけていることもあります。これはたいへんよくありません。外のものによって皮膚が損なわれないように用心しながら、薄着に馴れさせるようつとめましょう。けっして、厚着の習慣をつけて、かえって虚弱にさせたりしてはいけません。

　幼児が一歳の誕生日を迎える頃には、消化器も徐々に発達し、歯の本数も増え、生後まもなくは管のようだった胃も、次第に袋のような形になります。その頃から、おかゆ、ご飯、軟らかい鳥や魚などの肉類、野菜や果物類のうちよろしいものを選び、その調理方法や量に注意し、きまりに従って、正しく食べさせるようにしましょう。飲み物も、清潔な水、お湯、牛乳その他、酒類を除けばたいていのものは少しずつ飲ませてかまいません。ただし、食べ物飲み物共に、ほのかに温かくするのがよいでしょう。冷たすぎるものや熱すぎるものは避けましょう。また、栄養があって消化しやすいものはたいてい食べても差しつかえありませんが、団子、蒸し菓子の類のものや、脂肪の多い肉類、辛いもの、塩辛いものなどは、なるべく与えない方がよいでしょう。

幼児の食べ物は、選び方や調理方法に十分注意しなければなりません。幼い時から栄養豊富で消化しやすいものを与えれば、成長して必ず丈夫になりますし、不幸にして大病になっても、身体全体が弱いわけではないので、治療をする上でたいへん都合がよいことも多く、回復も早いものです。このことをよく心にとどめておきましょう。

そうして、食べ物はなるべく変化に富んだものを選んで与えるのがよいでしょう。食べ物の変化は、人体各部の組織のさまざまな変化を補うためにも必要です。なので母親は食べ物の選び方も、できるだけこの目的にかなうよう心がけましょう。また、同じ種類の食材でも、その調理方法にさまざまな工夫をこらし、味に変化をつけるのがよいでしょう。調理の仕方によっては、ほとんど同じものとは思えなかったりするものです。とりわけ飽きっぽい幼児は、どんなに栄養豊富な食べ物でも、いつも同じものを与えていると、飽きて食べたがらなくなるものです。好まないものを与えると、口の中でよくかまず、口に入った途端に飲み込もうとするので、十分消化されません。なので、幼児にはなるべく喜んで食べるようなものを選び、調理の仕方に注意して与えるようにしましょう。けれど、その子の言うとおりに食材をえり好み、栄養になるものもその子が好まなければ与えず、栄養面で好ましくないものも欲しがるままに与えるようなことは、衛生上たいへんよろしくないことは言うまでもなく、教育上でもとりわけ避けるべきことです。これはすなわち子どもへの愛情におぼれるがための悪習ですから、母は常に幼児の好き嫌いを心得ておき、それを考えて食事をこしらえて、一度お膳に並べたものは、病気などの理由がないかぎり、けっしてあれこれ変更したりせず、さらに、幼児が好まないものもさまざまに調理し、味つけして食べ馴れさせ、なるべくどんなものでも食べられるようにしつけましょう。

幼児が欲しがるままにみだりに食べ物を与えるのがよくないだけでなく、そのわがままが高じて、あれこれと好き嫌いをしたり、あるいは面白い遊びに気を取られて「今はいらない」と言って食事をとらないといったこともあるものですので、幼児がもし食べたくないと言ったなら、母親はまず脈拍、体温、呼吸などを調べ、そして病気のためではなくわがままでいやがっているのだとわかったら、子によく教えさとして、無理にでも食事をさせるようにしましょう。これは体育のためだけでなく、徳育にもまた少なからぬ影響を与えるためです。

そして、間食をさせるのがよくないことは言うまでもなく、食事の時間もまた常に一定にして、けっして変更しない習慣をつけるのがよいのですが、もし午後三時か四時頃にお菓子などを与えることがあれば、それにあわせて夕飯の時間を少し遅め、その量も加減するのがよいでしょう。果物やお菓子などは、なるべく食後に与えるべきです。決まった時間以外に食べさせるのはよくありません。とりわけ食事の時に母親などがさまざまな話をして、言葉の実践練習の場にすることもあります。とりわけ食後にくつろいで話すのは、一家団欒で楽しいものですので、この機会を利用して、教育にも大いに役立てるようにしましょう。

幼児のいる部屋は、前に住宅の項で述べたように、大人同様、日光・空気を十分に取り入れられることが大切です。幼児がはいはいしはじめの頃は、たいへん危険ですので、切石（石畳。敷石）、断崖、泉水（庭に作った池）などに近づけないようにし、もし心配であれば高欄（橋や廊下などにつけた手すり）を作って、縁側より外へは簡単に出られないようにしましょう。室内は常に清潔にし、道具類や玩具なども規則正しく配置するようにしましょう。周囲の様子が、必ず子どもの心に影響を与えるからです。

寝室はたいてい母親と一緒にするのが普通ですが、けっして同じ布団で寝かせてはいけません。大人と同じく、清潔で静かな所がよいでしょう。寝具やその他のものの取り扱い方や配置なども、普通の部屋に関して述べたように、幼児の体育・徳育の面から、特に大事にし、注意しなければなりません。また、幼児の体はとりわけか弱いものですので、厳寒や酷暑の時期には特に注意して、中でも寝室の温度は適温に保つようにしましょう。

幼児の食べ物、衣服、住居に関することと一般は大体ここまでに述べたとおりですが、その子の体質や時期によって、いろいろと特別に注意が必要な場合もありますので、慈母たらんと願う人は、実際の場面に応じて、綿密に濃やかに注意し、とにもかくにも愛する我が子を丈夫で健康な体に育て、将来知と徳を養うのに支障がないように養育することが肝心であると心得ておきましょう。

歯が生える時期についての注意

幼児に歯が生える時期は、その面倒を見るのがとても大切な時期です。丈夫な幼児ならそれほど難しく感じることもないでしょうが、虚弱な子は、往々にして熱まで出して苦しむものですので、母親は特に慎重に注意しなければなりません。

歯が生える時期になると、その兆候として、幼児はなんとなく落ちつかなくなり、まぶたやほっぺたに赤みを帯び、寝ている間に驚いて目を覚まし、熱を出して下痢をしたり、全身に小さなできものが出たりします。そのような時は、すみやかに医師に診察してもらいましょう。そして、幼児が歯茎にかすかな痛みを感じて泣いてむずかったりしたら、清潔な布きれをお湯にひたして何度も歯茎を拭いてやったり、あるいは軟らかいゴムの板などをかみしめさせるようにします。そしてこの時期は、特に寝床や衣服などにもよく注意して、風邪などにかからず、便通も滞らないように世話をし、また、暖かくて気持ちのいい季節なら、快晴の日には時々家の外に出して新鮮な空気を吸わせて、なるべく幼児の気分が爽快になるようにしましょう。

種痘についての注意

天然痘（伝染病の一種で、高熱が出て全身に発疹が生じ、死亡率も高かった。快復後も発疹の痕が残る）が幼児の天寿を断つこともある病であることは言うまでもなく、死には至らなくても、見た目を醜悪にさせる恐ろしい病気であることは、種痘（天然痘の予防接種）の発明後、世間の人々にほとんど忘れられています。このように貴重な種痘の恩恵を忘れ、ひどい場合には役所の懇切丁寧な注意さえうるさがって、二回目の接種[5]が済むと、天然痘の流行期になっても、まったく意に介さない者さえいます。慈母でありたいと思う人は、種痘の大切さをよくわきまえて、いいかげんにしてはいけません。

幼児に種痘を接種する時期は、誕生後およそ七十日目くらいから六ヶ月の間に医師に診てもらい、差しつかえがないと認められた上で接種するようにしましょう。その後も、必ず六ヶ月ごとに接種させ、その間も天然痘が流行したら、必ず種痘を行うべきです。

種痘はたいてい左右の腕に、三つから五つほど施すものです。そしてその経過は、一日目から二日目は、接種した針の痕がまだ消えないうちはその周囲が赤くなり、それがだんだんと薄くなって消えていき、針の小さな痕が残るだけになります。そして三日目に、針の痕が少し腫れて赤みを帯び、四、五日目には丸いできものになって濃い赤色になってきて、七、八日目にはその真ん中にうみがたまり、ますます炎症がひどくなって周囲の皮膚が赤くなり、悪寒や発熱などの症状が出ます。その後できものはますます大きくなり、多少の苦痛があるので、神経の過敏な幼児の中にはけいれんを起こすものもいます。そして九、十日目になると、できものは大きくなりきって、うみで膨れ上がって丸くなり、一分（いちぶ）から一分五厘ほど（三〜五ミリ程度）の高さになります。その頃から周囲の赤みは次第に薄くなり、十一、十二日目からはうみの色が赤く変化して、中心から乾いて固まり、褐色になっていきますが、そのかさぶたは黒くなっておよそ半月ほどで乾いてはがれ、その痕ははっきりと残り、一生消えません。

このように種痘を接種させた後は、とても清潔で軟らかい服を着せて、摩擦やひっかきを防ぎましょう。接種後の経過中にさまざまな苦痛を訴えることがあっても、薬を使う必要はありません。ただ、授乳や食べ物にはよく注意して、適度に与えるようにしましょう。接種した箇所の痛みやかゆみがひどいようであれば、清潔な布巾（ふきん）を清潔な水で濡らして絞ったものをあてて冷やせば十分です。

幼児の病気についての注意

幼児がかかりやすい病気は、消化器病、呼吸器病、脳神経および目や耳などの病気、その他には

【5】当時は、一歳未満と五〜七歳の間に合計三回の種痘接種が義務づけられていた

伝染病の類の病気、たとえば天然痘（仮痘（種痘を受けていた者がかかる天然痘で、症状は軽い））、ジフテリア、猩紅熱、百日咳、はしか、水ぼうそう、インフルエンザ、おたふくかぜ、赤痢、腸チフスなどです。とにかく、幼児は体の各器官がまだ十分に発達していないため、ややもすれば消化不良などによる病気が多くなります。そして、特に恐いのは各種の流行病です。ですので、気候が変わりやすい時期や、食べ物の選び方、調理の仕方や量その他にもよくよく注意してほしいものです。

　幼児がなんとなく気むずかしくなって、顔にしわを寄せて泣きむずかり、呼吸がせわしくなったり嘔吐をもよおしたり、鼻づまり、便通に異常があるなどのことがあれば、発病の兆候です。このような時、母親は体温、呼吸、脈拍などを調べ、それぞれの症状の手当てをして、すみやかに医師に診療を願いましょう。また、幼児の頭が斜めになり、肩が曲がり、手足の曲げ伸ばしが十分にできないなどのことがあれば、すぐ外科医に診せて治療してもらいましょう。万事病気になった時は特に注意して、手遅れにならないようにしましょう。

　心身ともにか弱い幼児の看病は、とりわけ難しいものです。室内温度や衣服の着せ方はもとより、授乳や服薬もまた簡単ではありません。なので、母親はちょうど籠の中の病気の鳥を飼育するように、そばで子どもの様子を観察して、それぞれの手当てを間違えないようにすべきです。ただし、一時の愛におぼれて、飲ませなければならない薬をきちんと飲ませなかったり、施さなければならない手術を躊躇するといったことは、けっしてあってはなりません。幼児はもの知り顔をするような年頃になると、ややもすれば医師の診察をいやがって、逃げ隠れしたりするものです。これは治療上よくないだけでなく、幼児のわがまま勝手を助長するものにもなりますので、母親はこのような場合にもよく注意して、よい習慣をつけておくのが大切なことを心得ておきましょう。

幼児がもし怪我をした場合は、けっしてあわて騒がず、子どもが怖じ気づかないように励まし、まずは傷口を洗って出血を止め、外科医に治療してもらいましょう。怪我をした際の注意は、とにかく傷の箇所を清潔にして、化膿するのを防ぐことです。この場合もまた、一時の愛におぼれ、治療の際に子が泣きむずかるのがいたわしいなどと思って、十分な治療を受けさせないなどということはしてはなりません。

幼児の遊びおよび玩具についての注意

遊びは幼児の身体の発育に大いに役に立つだけでなく、遊んでいる間に知らず知らずのうちに知恵を開発するものでもありますが、その種類を選ばず、一緒に遊ぶ友達についてもよく考えない時は、かえって望ましくない弊害をもたらし、ついには幼児が悪習に染まるといったこともないとは言えません。幼児が遊ぶ時にしかるべき保護監督を行わないと、無我夢中な幼児が、ややもすれば危険なことをして怪我をしたり、病気の原因を作ることもなきにしもあらずです。まして、幼児の目や耳に触れるものや友達、玩具などのよしあしや可否を考えないと、幼児が遊んでいる間に、いつの間にか非常に恐ろしい悪徳が醸成されてしまうこともあるでしょう。ですから、母親は幼児の遊びにはよくよく注意して、それが子どもの知育・徳育・体育に役立つように導き、幼児が楽しく遊んでいるうちに、知らずに好ましい習慣に馴染んでいくことを目指しましょう。

母親はつとめて、自分の子どもが楽しんで遊ぶのを喜んで見るようにしましょう。けっして子どもが遊んでいるのをやたらと邪魔してはいけません。幼い子どもは少しの間も静止することなく、走ったり大声を上げて笑い騒いだりするものです。それを母親が、やかましい、騒がしいと言ってたびたび制すると、幼児はひどく不愉快を感じて、ついには卑屈で陰鬱な性格になってしまうことも多々あります。ですから、子どもがどんなに跳(は)ね踊り、歌い叫んで遊びたわむれたとしても、なるべく子どものなすがままにさせておき、やめさせてしかったりしてはいけません。これを制止すべき時は、家に病人がいる時、来客と話している最中や他の人がすでに寝た後で、こういう時はけっして大声で騒ぎ立てたり、走りまわったりしてはいけない理由を、前もってよくよく言い聞かせておきましょう。そうすれば、母が一言言うだけで幼児も理解し、黙って静かになる習慣がつくはずです。

活発・快活で、ためになる遊びを好む幼児は、悪いいたずらをしたり、悪口を言ったりしないものですので、母親は、危険でないかぎりは、大体の遊びを奨励するのがいいでしょう。なお、家の外と室内とでは、する遊びも自然と違ってきます。臨機応変に対処して、体育・徳育・知育に気を配るよう心がけましょう。

玩具は、その子の脳のはたらきと体力の発達の度合いに合わせて、適切なものを選び与えるのは当然のこと、有害な絵の具を使ったものや、危険な可能性があるもの、醜悪で残忍な絵画などはけっして与えてはいけません。そして、幼児が箱でも鞠(まり)でも壊して内部の構造を見ようとするのは、目新しいものに興味を持つ性質のためですので、玩具に高価なものは必要なく、粗末なものを与えて、なるべく子どものなすがままにさせておきましょう。かくして幼児が母親の言葉を理解するようになったら、自分のものだからといってけっしてむやみに壊して捨てたりしてはならない道理をさとし、自分はつつましくして人には施すべきこと、つまり勤倹慈恵の心も徐々に養いましょう。こうして幼児が次第に成長し、話しはじめたら、いっそう注意をして、玩具も子どもの知徳を養成し、かつ、体育の助けともなるようなものを選び与え、そしてこれら玩具類を箱にしまい、棚に入れるにしても、秩序正しく、順序よく並べることを教えて、方正（心や行いが正しいこと）・清潔の徳を養わせるようつとめましょう。

家庭教育

母がその子どもを養育することについては、妊娠した時点からはじめなくてはならないことは前にすでに述べたとおりで、つまり子どもがおしめをしている幼いうちに完璧な教育の基礎を打ち立て、かつ、その入門の手引きとなるものを作らなければなりません。けれど、幼児がだんだんと話しはじめ、歩きはじめる頃になったら、母親はいっそう深く心を尽くして、子どもに善を勧めて悪をこらしめるようにし、知を磨いて徳を積ませる登山口に入る頃からは、とりわけ周到な注意をすることが必要です。

ヨーロッパでは、幼い子どもの言動がきちんとしていると聞くと、「その子を育てた母親はきっと賢いのでしょう。その家は必ずや厳粛な家庭なのでしょうね。そうでなければ、その子がどうしてこのように立派な子になるでしょうか」と褒め、また、その子が学問にすぐれていると聞くと、「きっとその子を教えているのがいい教師なのでしょう。その学校は必ずや完璧な学校なのでしょうね。そうでなければ、その子がどうしてこのように賢い子になるでしょう」と褒めるのがならいですが、つまり、ヨーロッパでは家庭や学校での教育をそれほどに重視しているということでしょう。思うに、これらの発言は、家庭と学校における教育の効果を実によく表していると言えます。子どもが学校にいるのは本当に短い時間であるということもありますが、いかに善良な教師でも、慈母ほどに濃やかな注意を払い、慈愛深くあることができるでしょうか。とりわけ子どもの徳育の点では母親の責任は重大ですので、一日たりともいいかげんにしてはいけません。

純潔で、私利私欲がまったく混じらない清らかな頭脳を持つ、神聖で無邪気な幼児は、古くから東西の聖人・賢者に重視され、たいへん価値のある存在と認められてきました。しかし、世間の愚かな母親は、子どもがまだ心も体も自分と同じくらいに発育していないからといって、かえって子どもをないがしろにしたり、いいかげんに扱ったりしてその教育をあやまるために、子どもたちはややもすれば、道理にそむき、規律を守らない人間になって、ついには母親の力で制御できなくなるものです。たいへん悲しく、嘆かわしいことではありませんか。ですから、母たる人は、けっして幼児がまだ幼いからといって、軽々に扱ってはいけません。神の徳に近く、神の御心にかなう、高潔で清らかな子どもの性質を愛で称え、その価値が、悪賢い知恵に汚された大人にはるかに勝ることを知るべきです。

そもそも家庭での教育の目的は、知育も大切でないとは言えませんが、一番重要なのは、子どもの徳育、つまり子どもの心を確固としたものにし、情を厚くさせて、そして、神を敬い、国を愛し、父母によく仕え、兄弟と仲よくするという徳を養い、あわせて、体を丈夫にし、暑さ寒さにも耐え、空腹にもくじけず、常に「健全なる精神は健全なる身体に宿る」ことを目指すことです。とりわけ男子は、普段はもとより、いったん危急のことが起こって、さまざまな苦労があっても、けっしてその心身が傷つき損なわれるようなことがないように育てるべきです。

善なる性質の持ち主であれ悪なる性質の持ち主であれ、誰もが好奇心と欲望の二つを持っています。神聖で無垢な幼児でも、この二つの感情を持たない者はいません。ですから母親は、常にその子の欲望と好奇心を正しい方向へと誘導して、善へと向かわせて悪から遠ざかることを願いましょう。そして、習慣こそが生まれながらの性質をも変える大きな力を持つものですので、子どもがまだまだ幼い頃から、よい習慣がつくようにつとめれば、家庭教育の効果は十分に上がるはずです。

また、幼児の頭のはたらきは実に幼稚なものですので、無理な課題を与えたり、理解できないような道理を説いたり、ひどくなると、たまたまその子が利口でちょっと本を読んだり字を書いたりするのを見ては何でも過剰に褒め、知らず知らずのうちに思い上がらせて、ついには不遜な人にさせてしまうようなことがないようにすべきです。つまり小成（わずかばかりの成功）を急がずに大成を目指すべく、ゆっくりと確実に学ばせるようにしましょう。ですから、家庭での教育の順序は、必ず子どもの能力の発達に合わせて、まずは幼い子どもが知っていることから知らないことへと進め、ものの名前から性質へ、大まかなことから細かいことへ、細かいことから全体へ、有形から無形へ、単一から複雑へ、卑近なものから高遠なものへと進めていきましょう。

幼児の純粋な精神から生じる意志は、けっして悪意のあるものではありません。幼児はまだ自他の区別やものの価値などを知るはずもありませんので、時として高価なものを壊したり、花や盆栽をつんだりむしったりしてしまいますが、それをどれもこれもしかりこらしめ、いちいちやめさせているると、ついにはゆがんだ性格になって、しかられるのを恐れて失敗を隠し通そうと考えるようになるものですから、高価で貴重なもの、必要なもの、危険なものなどは幼児のそばには置かないようにしましょう。かくして幼児がだんだんと母親の言うことを理解できるようになったら、よく道理を言い聞かせ、そして、やめさせる前にそもそも取ったり壊したりしてはいけないことを説いて聞かせ、その上でやめさせたりしかったりするべきです。

昔から、「幼い者と老人は罰せず」【6】と言うように、幼児に対する賞罰をあまりに厳格にすべきではないことはもちろんですが、また、幼いからといっていいかげんにするようなことはけっしてしてはいけません。けれど、賞罰をどれくらい厳しくするかについては特に気をつけて、その度合いをけっしてあやまることがないようにすべきです。ですから、幼児に対する賞罰は、寛大であってもいいかげんではなく、公正であっても厳しすぎることがないようにすることが大切です。けれど、嘘を言い、隠しごとをし、さらに強者に媚を売るような悪い行いは、たとえ幼少の者でもけっして容赦することなく、断固として双葉（幼少期）のうちに、その芽をつみ取るべきです。その他のことは、幼児がだんだんと物心がつくようになったら、次第に除いていくようにしましょう。

とりわけ奨励、助長すべきは慈仁の心と誠実な行いです。詳しく言うと、他の人の不幸をあわれんだり、苦難を助けようとしたり、あるいは自分のあやまちを告白して真実を述べるようなことがあれば、必ずその善行を褒めて、適切なほうびを与えましょう。ある玩具を与える際に、子どもが言いつけをよく守った時や、褒めるべき言動があった時を待って与えるのも、奨励の一つとなるでしょう。そして、褒める時もこらしめる時も、きわめておごそかに重々しい風情で、まだものの是非もわから

【6】「八十九十を耄と曰う。七年を悼と曰う。悼と耄とは罪有りと雖も、刑を加えず」（『礼記』）より

ない幼児も、なんとなくありがたくかたじけなく感じたり、畏れおののいたりするようにするべきです。総じて幼児は、母親ほど尊く、恋しく慕わしい人は世に二人といるはずはないと信じているものですから、母の一顰一笑（顔をしかめたり、笑ったりすること）は、これ以上ない賞罰となるものなのです。

要するに、家庭教育の要は、子どもの食べ物・飲み物や衣服、住まいに注意し、適度に運動させ、十分な睡眠を取らせて丈夫な体を育て、神を敬う心を厚く、忠君愛国の情を深くさせ、秩序正しく規律正しく物事を行って正しい道を歩ませるために、日本の建国時の様子や歴代の天皇の徳、古今東西の賢人や名士の嘉言善行を説明・指摘して、悪を離れて善へと向かわせ、仁恕、博愛、誠実、正義の人とならせることを目指すところにあります。

また、子どもが学校に通う年齢になったら、父母には子どもを学校に行かせる義務がありますので、彼らが喜び勇んで通学するよう促し、先生を信じ、友達を愛するように導いて、また家に帰ってからは、学問と実地の経験とがあいまって子どもの知や徳を磨くのに役立つよう、その子の頭のはたらきや体格の発達度合いに注意しながら、能力や年齢に見合って、少しも過不足がないようにつとめるべきです。そして学校と家庭とで教育方針を一つにして、たがいに連絡しながら、けっして矛盾や食い違いがないようにするべきです。

そもそも、精神教育は子どもがお腹にいる時からいいかげんにしてはいけないことは、すでに述べたとおりです。子どもが五、六歳になる頃までは男女の区別をする必要はなく、ただ子どもの精神を強固で活発にさせ、純潔で高尚な考えを持つようにさせましょう。そしてその言動がなるべく率直になり、かつ、父母の言いつけによく従い、素直に正しくふるまうようになることを目指しましょう。

仁慈・博愛の情を養うには、はいはいしはじめる頃から、犬や猫などの動物とたわむれるにしても、幼児がむやみにたたいたり、耳や尻尾をつかんだり引っぱったり、あるいはむしったりした時には、そのようにしてはいけないことを教え、母親はこれらを撫でさすって見せるのがよいでしょう。かくして、だんだんと話すことができるようになると、腹立たしさにまかせて使用人をぶったり、ひっかいたりなどすることもあります。そんな時には母親は、「使用人であっても、けっして手を出して、そのような乱暴をしてはいけません。お前の体をつねってみなさい。痛くてつらいでしょう。お前が痛いのなら、人もまた痛いに違いないと思いやらなくてはいけませんよ」などと言って教えて、意味なくむごいことをけっしてしてはならない理由を説明しましょう。

また、障害があって路上で困っている人や、汚れた服を着て寒そうな様子をしている人を見かけた時には、「ああかわいそうに、気の毒な人だわ」というようなことを言って、飢えと寒さに泣く人の苦しみ、つらくても助けてもらえない人の悲しみをよくよく語り聞かせ、惻隠の心を持たせるようにすべきです。まして、父母や家族の誰かが病気になった時は、その苦しみを思いやって、騒がしくしたり好ましくないことをするようなことは自分から思いとどまるようにさせましょう。そして、子どもが人に物をあげたいと願う時には、できるかぎりその希望を妨げないようにしましょう。このことは、成長するにしたがって仁恵(あわれみ)の心を深める基礎ともなり、それと同時に、質素倹約の道を教えることもきわめて大切であることをわきまえておきましょう。

情に厚く誠実な心は、何度も言っているようにすべての徳の基礎となるものですので、いつも注意して、情に厚い心、そして誠実な心のこの二つを養うことを心がけましょう。これもまた前に述べたことですが、他の人が困難に陥った時や病気に苦しんでいる時はもちろんそうすべきですし、たとえば使用人が水や重いものを背負ったり運んだりして、顔にしわをよせておかしな様子をしているような時、まだものがわからない幼児は、ともすればひどく笑ったり悪口を言ったりするものです。そういう時には母親はよくいましめて、「あの人たちはたいへんなお仕事をして苦しいから、顔の色やかたちが変わったり、体がゆがんでよじれたりしているのですよ。わずかなお給料のためにこのように人に使われて苦労している、とても気の毒な人なのだと思わなくてはいけません。けっしてやたらに笑って馬鹿にしてはいけません」などと教えるべきです。また、母が幼児に何か言いつけたりやめさせたりする時には、おごそかでつつしみ深い様子を見せるようにしましょう。

幼児が父母の考えを仰ぐ時もまた、親を敬ってつつしむ心をもって問うようにさせなくてはいけません。そして、すべてのことをまず母親がみずから実践して、その後に幼児にも自分と同じようにやらせるようにしましょう。さらに言うならば、母親はみずからは厳粛に行い、幼児には寛大に対するべきです。幼児が知らず知らずのうちに母の徳に感化されて、いつのまにか、ますます誠実で、情に厚くなることをひたすら願いましょう。

嘘が恐ろしいことはいまさら言うまでもありません。その萌芽は実に微細なものですが、それが積もるとやがてはよこしまで醜悪な草むらともなっていくのは、たいへん恐ろしいことです。そうであれば、母たる人はよく注意して、些細なことだからといって約束を破ったり、自分が嘘をついたりすることは、けっしてあってはなりません。たとえば幼児に対して、「ここまでおいで、甘酒をあげましょう」などと言ったり、幼児がつまずき転んだ時に、「おおいい子だ、お金を拾った」などと言う人もいます。これは本当に些細なことのようですが、かりにも子の模範となるべき母親は、このようなことでも、真実ではないことは冗談でも口にすべきではありません。また、「明日はここに連れて行ってあげましょうね」などと約束したならば、必ずこれを実行しなければなりません。もし不都合がありそうであれば、「差しつかえが起きなければ」など、未定のことであるということを言っておくようにしましょう。

そうして、幼児が自分の失敗を言い逃れようとして、あるいは笑い話やしゃれで言った嘘でも、けっしてそのままに放っておいてはいけません。厳しくいましめて、今後ふたたび嘘を言わないようにさせるべきです。けれど前にも述べたように、まだものがわからない幼児は、悪いとわからずに間違いをすることもあるものですので、そういうことも考えずに厳しくしかりこらしめると、子どもはついにはその叱責を恐れて、さまざまに言いつくろって嘘を言うようになるものですので、よくよくつつしんで気をつけなくてはなりません。

独立自治の精神は、男子も女子も理解しておかなければならないものです。成長してから、苦難に耐え、何かを成し遂げることができる人は、間違いなくこの確固不抜な独立自治の精神をよりどころとしています。そして、この精神を養成することについてもまた、母の責任はたいへん重大です。ですから、子どもが幼い時から、心して教え導かなければなりません。世間には、ややもすれば、幼い子どもは心身が十分に発達していないからといって母親が面倒を見て、衣服、食べ物、立ち居ふるまいからその他日常の一切のことを助けてやる習慣が、知らず知らずに子どもを驕(おご)らせて、自分で手足も十分に動かせるようになっても、母を使い、働かせて、それをまったく変だとも畏(おそ)れ多いとも思わなくなる者がいます。実に恐ろしく、悲しむべきことではありませんか。たとえ使用人をたくさん雇っているような裕福な家に生まれた者でも、母親はなるべくその子が幼い頃から、自分で自分を助けられるような独立不撓(ふとう)（何事も自分の力で行い、困難にもくじけないこと）の精神を養わせ、何事も自分でできる、好ましい習慣をつけさせるようにしましょう。たとえば帯ひもを自分で結ばせた時に、うまくできず、堅く正しく結べなかったとしても、母親はそれをもどかしく思わず、横からよく見て「こうしなさい、ああしなさい」と言うだけにして、みずから手を下さないようにするべきです。また、幼児がものを見聞きしたり、学び覚える際にも、できるだけ自分で考え自分で工夫して、自分の考えを言うようにさせましょう。このようにすれば、成長した後も、必ず依頼心が少なく、堅固な独立の精神が強くなるものです。

この精神は男子だけのことではなく、女子にも必要です。なぜなら、女子は女の子の母親になるだけなく、男の子の母親ともならざるをえないからです。しかし、自治自立ということを取り違えて、女子も他の家に嫁がず、独立した生計を営んで、自分一人で生きていくのがよいのだなどと考えてはいけません。前にも何度も述べたように、女子は従順をもっとも大事な徳とするべきですので、必ず三従（女性が従うべき三つの道。家にいる時は父に従い、結婚してからは夫に従い、夫の死後は子に従うこと）の教えを守らなければいけませんが、自身の生計については、願わくは自活の道を覚えておき、親や夫の保護を仰ぐことができなくなった場合に、自助の覚悟を持って、安らかに身を処していくようにすべきです。このような確固とした独立自主の気性を備え、一人超然とした気概を持ち、あるいは自活の道も十分に歩めるようなあっぱれな女子でありながら、自分が秀でていることも捨て、自分が素晴らしい人間であることも忘れ、もっとも身近でもっとも大事な人にへりくだって心をゆだねて、柔順・恭敬（つつしみ敬うこと）の心を尽くすことこそ、実に立派で、素晴らしいことだと言えるでしょう。

男子はとりわけ確固不抜の精神を養い、他人に頼らない自立の気性を強くしなくてはいけません。そうして、苦難や困難に対しても毅然としてその志を変えないためには、人間を超えた存在をたしかに信じ、恐れることがなければ、けっしてその基礎は強固なものにはなりません。畏れ多くも我らが天皇陛下が、何か起こった時には必ずまず天の神にご報告してお祀りをなさり、みずからが執り行う古くからの儀式をとこしえに尊び、重んじていらっしゃるのも、もっともなことなのです。そうであれば、その臣民である私たちも、天にまします神の御霊（みたま）を崇（あが）め信じて、たとえ社会の風潮が濁りきって、正しいものを悪いと言い、正しくないものをよいと言うような好ましくない状況になったとしても、自分は自分の義を守って、身を殺して仁をなす（自分の身を犠牲にしても仁を成し遂げる）[7]ことに専心しなくてはなりません。すぐれた知恵を備えている人はいざ知らず、人並み以下の人は、必ず何らか無形の、信じ頼るものがなければ、どうして終始一貫してこのようなことができるでしょうか。

ですから、母親は幼児を教える際に、人間を超えた神という存在があって、その神は常にお前たちの隠れた善悪もご存じなのだから、人が気づかないからといって、けっして人をだましたり怠けたりしてはいけないという道理を教え示すべきです。ただ、迷信には陥らないよう注意しましょう。また、古今東西の哲人、つまり、勇士、義人（正義を堅く守る人）、烈婦（信義を堅く守る女性）、節女（貞節な女性）たちが、不屈の精神で苦難に耐え、大敵と戦い、国のために命を捧げ、主君に忠実であった事跡などを語り聞かせ、それによって忠君愛国の心を養い育てましょう。けれど、幼児がまだ特に年端（としは）もいかない頃は、あまりに過激で悲愴な逆境に倒れたような話などは差し控えるべきです。ともすると、騒乱を好み、危険を冒さないと不満を感じるような、燕趙悲歌（えんちょうひか）の士（世の中のことを憤り嘆く者）[8]を出さないとも言えません。まして女子の精神教育はこの上なく難しいことを心得て、ちょっとした話をする時も、よくよく注意するべきです。

孝悌（親に孝行を尽くし、兄によく従うこと）の道を教える際にも、母親がみずから模範を示して実践し、子どもたちを導かなくてはなりません。まず、家族の年長者に対してへりくだり、年を取った人を世話し、尊敬することを怠ってはいけません。ちょっとしたものでも、まず最初に目上の人には一番よいものを取って丁重にこれをさしあげ、その人が喜ぶのを見て喜び、楽しむのを見て楽しむべきです。このような様子を我が子たちに見せておけば、彼らもまた、自分が持っているものはまず父母に分けてさしあげることを願うようになるものです。また、もめごとが起きた時や普段の時でも、母はみずから進んで目上の人の機嫌をうかがい、また彼らを助け、真心を尽くしてなんとしても熱心にお仕えし、そうした上で、幼児などに目上の人に対する行動を教えましょう。けれど、幼児などに教える時には、彼らの精神を感化するようにして、けっして形だけを正そうとしてはいけません。美育、つまり正しい形を学ばせるのは、大体、子どもが小学校を卒業する頃まで待つべきです。その場合も、家庭がきちんとしていて、子どもたちも目上の人がしていることを見て、知らず知らずのうちに高尚でしとやかになるのが本来は好ましいでしょう。

孝悌の道はまた、家族の年長者に向かってだけ行うことではありません。子どもの教師や友人に対してもまた必ず実践させるようにしましょう。師道（師として守り行わなければならない道）は日に日にすたれ、ほとんど

【7】『論語』より
【8】中国・唐の詩人銭起（せんき）による詩「逢侠者」より

謝金を払って学問を買うといった状況なので、師弟の間に何の恩義も情愛もなく、弟子もまたいたずらにわがまま勝手なふるまいばかりがひどくなり、かえって自分こそが賢いのだと言わんばかりになっているのは、なんとも嘆かわしいことです。日本の昔の武士的教育がもうこの国では見られなくなって、かえってヨーロッパ諸国で見られるというのは悲しいかぎりではありませんか。願わくば、母は子どもの言動によく注意し、教師を尊び、敬うべきことを丁寧に教えてほしいものです。裕福な家庭の子どもなどは、とかく自分の教師を軽蔑するものですので、母親は特に注意して、厳しくいましめさとして、けっしてそのような考えを持たせないようにして、教師の方に多少どうかと思う点があっても、幼児の前ではいささかも非難、攻撃してはいけません。教師のことを詳しく調べてよく考え、いよいよこれでは駄目だろうと思うところがあれば、やむをえず学校を変え、教師を断ることもあるでしょうが、けっして軽率に行動してはいけません。その後も、教師が去った後のことをあれこれと語り聞かせるべきではありません。

かくして子どもがだんだんに年を重ね、それぞれ独立の生計を営むようになったなら、母親はなるべく日常のことに干渉せず、できるかぎり放任主義を取るべきです。

要するに、何事も母親みずからが実践して、幼児を自然に薫陶し、ひたすら完全な未来の国民を作ることを目指しましょう。そして、子どもに健全な精神を備えさせようとするのであれば、まずは健全な身体を作らなければならないことは、前にもくりかえし衛生に関することなどで述べましたが、この幼児の家庭教育に関する項ではさらに進んで、幼児の運動についての注意や精神の保養のことを記しておきたいと思います。

さて、幼児は自然と活発な運動を好むものです。そうして胃の消化と血液の循環を促すことで、心身の発達をすみやかにさせることができるのです。ご覧なさい、赤ん坊は寝床に横にさせても、大人のように少しも静止することなく、絶えず手足を動かし続けているでしょう。そして手足が自由に動くようになると、いつも動きまわり、駆けまわっているものです。それで子どもが騒がしいからといって、大人のように静かにさせようとするのは、きわめてよくないことです。ぜひとも適度な運動をさせて、体が十分に発育するようにさせましょう。けれども、あまりに過度な運動や危険な遊びをさせてはいけないのはもちろんのこと、遊びに夢中になって家に帰るのを忘れたり、自分の日課も忘れて一日中遊びまわるようなことがないようにすることは、徳育とあいまって注意すべきことです。そして、運動はできるだけ家の外でさせるようにしましょう。特に、広々とした野原で新鮮な空気を吸わせるのは、もっともよい養生法であることを心得ておきましょう。

子どもを連れて外を散歩する時は、とりわけ体育のためだけではなく、その間に、自然と子どもの知能を開発させることに心を注ぎましょう。たとえば春の花、秋の草、梢（こずえ）にさえずる小鳥たち、地上を走る犬の群れ、みなそれぞれが知識を得るための好材料ではありませんか。子どもはその性質として、見るもの聞くもの、次から次へといろいろな説明を求めるものですから、その子が理解できる程度に、懇切丁寧に説いて聞かせるようにしましょう。そして庭の花の手入れ、掃除の手伝い、小鳥や鶏、犬などの世話などを適度に手伝わせて、ゆくゆくは花の栽培方法や動物への餌の与え方なども教えるようにすれば、次第にそれらの性質や効用その他のこともわかるようになって、知らず知らず、博物学（動物学、植物学、鉱物学、地質学などの総称）の入門編を学んでいることになるのです。総じて、なんということもない葉っぱであっても、母の説明が面白ければ、幼児は喜んでそれを大切にして、また、深く心にとめるようになっていくものです。また、広々とした眺めのよい所に連れて行き、見渡すかぎりの海辺、高く険しい山々の美しい景色などを見せると、幼児は心身ともに活発になって、衛生上多大な効果があることはもちろん、美しい自然の風景を愛する心は、おのずから、高尚で優雅な心を育てるでしょう。

母親が、目に映るさまざまなことを一つ一つ指で指しながら質問し、説明するようにすれば、物理学、地理学の入門編は、幼児の頭脳でも容易にわかるものです。さらに進んで、子どもと一緒に歩いて、あそこからここまでは何歩何間（一歩も一間も約一・八メートル）ということも理解させることができます。その他、動物学、植物学、鉱物学など各種の学問を習得する登山口も、みなこの面白い眺めの中に映し出されていますから、幼児はあたかも見事な幻灯（ガラス板やフィルムに写した像に光を当て、レンズで拡大して映写幕に映し出して見せる写し絵）を見るように、手をたたき、身を躍らせて喜び面白がりながら、知らず知らずのうちにさまざまな知識を得ていくものなのです。

幼児の体を丈夫にするためには、精神の保養に注意しなければなりません。特に神経質な幼児の場合は、その子の心に深く感じるものによって左右されることが少なくありません。にもかかわらず、母親が腹立たしさにまかせて理由もなく子どもをしかったり、憂いのままに悲しみを表にあらわして今にも泣きそうな顔をしたり、涙を流すようなことがあれば、幼児はもっとも身近でもっとも大事な母親の悲嘆を見て、自分もわけもわからずなんとなく悲しくなってふっと泣いたり、あるいは母親が腹を立てていれば、非情に不愉快に感じるはずです。幼い子どもの前では、親同士のけんかなどはけっして見せてはいけません。なるべく平和で穏やかな顔を見せ、家庭内がとこしえに春の日差しのように暖かくなるようにしましょう。

ですから、幼児を運動させたり遊ばせたりする時も、まずその精神が元気で楽しく、気がかりなことが何もないようにさせることが肝心です。なので、幼児が「こうやって遊んでもいいですか」と聞いた時、いったん快諾して許したならば、気兼ねなく思う存分遊ばせるのがいいでしょう。けっしてしぶしぶ許すようなことはしてはいけません。もし駄目なのであれば、すみやかにやめさせて、駄目な理由を言ってさとすべきです。また食事の時なども、なるべく楽しい気持ちで食べさせるようにしましょう。何かにつけて小言を言ったりするのは、実によろしくありません。食事の時に不愉快を感じさせると、食べたものの消化は進まないものです。また、栄養の吸収も悪くなってしまうようです。幼児はまたさまざまな物語を聞くことを喜び、また好んでこれを人に語るものです。ですから母親はそれを利用して、常に徳育・知育に役立つことを語り聞かせましょう。またその程度は幼児の年齢や知力の発達度合いに合わせて過不足がないようにし、幼な心に面白く感じられるように語りましょう。そうすれば、子どもの知や徳を開発するのに少なからず役立つのは言うまでもなく、幼児がとても面白がって聞いたり語ったりすれば、知らず知らずのうちに衛生のためにもとてもプラスになるのです。

とはいえ、幼児はまだ自分ではどれくらいが適度なのかわかりませんので、話が面白すぎて興奮し、目も冴えて、眠らなければいけない時間を忘れるようでは、体のためにもよくありません。ですから、就寝前などに聞かせる物語は、あまり幼児の精神を煽ったり、刺激したりしすぎるようなものは避けるべきです。とにかく、生い先長い若竹の双葉のように幼い頃には、なるべく悲惨で厳しいこの世の憂き節（つらく悲しいこと）[9]を思い知らせてむやみに幼児の軟らかでか弱い頭を苦しめたりせず、常に春の日のように、のどかでうららかな気持ちにさせるようにしましょう。

子どもが学校に上がる年齢になって通学するようになったら、母親はいっそう子どもの体育に注意して、なるべく病気による欠席などが少なくなるようにしなくてはいけません。まして、雑事やその他の用事などのためにしばしば授業を欠席させるようなことをしてはいけません。世間には物見遊山などのためにでさえ幼い子どもを休ませて、平然と連れて行く人もいます。そうしておきながら、子どもが「今日は遊びたいから学校を休みたい」と言い出した時に、それを駄目だととがめるのは、言っていることとやっていることが実に矛盾していて、母親の威信を失うものだと言わざるをえません。

けれど、母親が、我が子にしっかり勉強してほしいと願うあまり、自分がどれだけ忙しい時でも子どもに一切手伝わせることなく、自分は朝から晩まで働き通していながら、それでも子どもを机に向かわせて字ばかり書かせているようなことは、またきわめてよくないことです。まして女子にとっては、とりわけためになりません。ですから母親は、子どもたちが日々課せられている勉強の難易度を確かめて、この科目はおおよそ何時間かければ予習、復習ができるだろう、この宿題は何時になれば大体ができるだろう、といったことを観察して、そしてそれに見合った手伝いを子どもに言いつけるようにしましょう。このようにすれば、子どもは適度に体を動かすことができ、気分も変えられて、目上の者にお仕えする道理も理解し、また、知らず知らずのうちに、世間のこともよくわかるようになっていくものです。こういうわけで、人の母たろうとする者は、ぜひとも、一般的な学問をひと通りは修め、とりわけ子どもへの対し方には過不足がないようにつとめるべきです。

【9】竹の節にかけている

二、姑としてのつとめ

心の修め方

花盛りの春ののどかさは、まことに瞬く間に過ぎ去っていくものです。学校の授業以外は何の心配も気づかいも必要なかった青春時代がまるで昨日や今日のことのように感じられる頃には、早くも他の家に嫁いで母と呼ばれ、主婦と言われるようになります。世間の憂き節も、荒い風に煽られる浮き世の波も、この時期から真にわかるようになるのです。そうは言うものの、仕える親がいて、語らう夫がいれば、憂し、辛しと言っても、それほどのことではないはずです。総じて、人に仕えるのは簡単で、人に仕えられるのはかえって難しいものです。ならば、舅・姑が健在で、夫がいる間は、むしろやりやすいものなのです。そしてだんだんと年を取るにしたがって、やがて自分が姑という立場に立つことを考えれば、嫁となるのも姑となるのも他ならぬ自分自身ではありませんか。嫁を持つ身となったなら、よくよく昔の自分の境遇に引き比べて、嫁のことを思いやるべきなのです。

そもそも、息子に嫁をめとって家を継がせ、子孫を繁栄させるのは、もとより親のつとめです。自分の子を愛さない人などいないでしょう。ならばその子が愛する嫁をもまた愛すべきであるのは、実に当然の道理ではありませんか。ましてや、親がまず親の義務を果たし、慈愛を子に施してこそ、はじめて孝行な子になるのです。姑と嫁とは、いわゆる義に親しく情に疎い（道義上は近しく、情の上では遠い）のが世の常ですので、昨日までは他の家庭で教育された人を、今日は我が子として慈しむのですから、道理は道理として、自分の思い通りにならないことも多いでしょう。とりわけそれぞれの家風には多少の違いもあるものですし、たとえ気が利く嫁でも、まだ若く、世間のことにも馴れているはずもなければ、何かにつけて意にそぐわないのもまた当然のことです。昔の自分のことを考えて、思いやらなければなりません。

現在は家庭のあり方も過渡期で、次第次第に変化し、女性の社交の仕方も昔とは変わってきていて、従来のようにいちいち舅や姑の指図を受け、ひたすらそれに従って家のきまりさえきちんと守れば、それで嫁の義務・職責を果たしたことになるというわけにもいきませんので、姑たる人は、息子夫婦がすることにあまりに干渉したりはせず、大体のことはまかせておいて、自分は静かに老いの身に安んじ、余生を楽しむべきです。

けれど、嫁を自分が産んだ娘とは区別して、ことさらによそよそしくしろというわけではありません。親しみ慈しむことについては、まったく同じにすべきです。とにかく、すべてにおいて誠実であれば、世間でよく見る嫁姑の不仲などは、夢にも見ないはずです。

ですので、憎まれ口をきいてはいけません。他人に対しても身内に対しても、嫁のよしあしなど、けっして陰口を言ってはなりません。いたずらに波風を立てる原因となるだけで、しかも非難されるのは自分なのです。

それでは、姑の心得を述べるついでに、日本の従来の家庭のあり方が徐々に移り変わってきた変遷について記して、参考の材料としましょう。

昔の舅・姑と嫁と

この国のならわしでは、上古の昔はさておき、近世の家庭では、配偶者を選ぶのもほとんど舅・姑の権限で行われていて、嫁をめとると、姑はまるで娘を一人産んだかのように、食べ物・飲み物や日常生活のあれこれについてもいちいち教え、極端な場合は、嫁の髪型や着替えの服の品定めまで、ことごとく姑の指図に従う風習まであったほどなので、嫁入り後数年間は、到底夫と仲よく語らう機会もなかったことでしょう。まして外出はたいてい姑と一緒で、現在のように夫婦が同じ車で公然と他の家で行われる宴会に向かうようなことは、まったく夢にも見なかったことです。なので、当時の離婚は、夫の気に入らなかったためというよりも、むしろ舅や姑の意にそぐわなかったために別れさせられることが多かったほどです。このため、新妻が嫁いでもっとも気を遣ったのは、まず何よりも、舅、姑に気に入られるように努力することでした。

これはつまり、封建時代には、家を継ぐ者は、才知も徳もなくても、家禄（家に代々伝わる俸禄（主君からの給与））や家業を受けつぎ、また仕事を譲与されるという幸福を得ることさえあったために、たとえ孝行な子や孫でなくても、親には服従せざるをえないという義務が重かったのでしょう。なので、たとえ父母が道理に合わないことをして、罪のない妻を追い出すようなことがあっても、容易にそれにそむくことができなかったのは、考えてみれば理由のないことではなかったのです。

まして、女子をたいへん厳しく抑圧するような風習があった社会では、いかに自分が正しくても、若い女性が自分の意見を吐露する手立ては一切なく、涙を呑み、悲しみを忍んで、泣く泣く目上の人のなすがままに、一生の運命をゆだねたのです。特に厳しい家庭の教訓では、女子は一度嫁いだら、生きてふたたび実家に帰ることなかれとまでいいましめていたほどですので、舅や姑の命令は、それが正しいか正しくないかを問わず、とやかく言わずに聴き従うものであるとのみ心得て、あえて異をとなえることもなかったことでしょう。だからこそ、嫁入りが死出の旅路のように感じられて、涙に暮れない女子がいなかったのももっともなことなのです。嫁いでから数年は、まさに針のむしろに座り、巌（いわお）の上にいるような覚悟だったでしょう。けれど、舅や姑に従うのが当然だった時代には、誰もこれを変に思う者もいなかったでしょうし、また、姑が仏心の持ち主で、慈しみ深い人だったりすると、うら若い頃から自分が手塩にかけて教え導いた嫁が、本当に自分が産んだ子のように思われて、家の中に波風が立つこともなく、義理のしがらみのためにかえって心安立て（こころやすだて）（親しいのをいいことに無遠慮になること）の争いが起こることもなく、底知れぬほど幸福で、この上なく楽しい家庭も、稀にはないこともなかったでしょう。

けれど、最近では、世の中の変化につれて、嫁のあり方も知らないうちに今と昔とではだんだんと変化してきているのを見て、舅であれば、男性特有の心理で理解できることもあるでしょうが、事情をよく追うことができない姑が、夢に夢見るようなぼんやりした心地で、けしからん、嘆かわしいとあきれ、途方に暮れてため息をつくのも、また理由のないことではありません。

古いことから新しいことへと変化していく時代は、何につけても簡単にはいきません。姑が好ましいと思うことを嫁は不必要に思い、嫁がこうあってほしいと願うことを姑は不快に感じたりもします。古い時代の習慣が染みついた姑たちは、変化していく時勢をよくよく鑑みて、新しい知識を見聞きし、馴れ親しむようにつとめたいものです。

現在の舅・姑と嫁と

明治維新以降、鎖国によって閉ざされていたこの日本の門扉が急に開いてから、突然流れ込んできたヨーロッパの新しい空気によって、古いものはみな宙を漂っている状態です。特に若い時に海外に渡り、壮年になって日本に帰った人はどのように感じるでしょう。そういう人は昔のことをなまじっかはっきりと知っているわけもなくて、第二の故郷と親しんだかの西洋の地で、第二の天性と言うべき習慣を作られたその教育の結果、日本で見るもの聞くものすべてを怪訝に思うのももっともですし、中でも家族のあり方などは、特に納得いかないことでしょう。

まず、ヨーロッパ諸国では、結婚式を挙げる時というのはすなわち新たに一つの家庭を作る機会であって、新郎新婦が初々しく暮らす家の中には、気兼ねする舅や姑も、気を遣うべき小姑もいません。式が終わればすぐに手をたずさえてはじめての旅行に出て、素晴らしい景色を見て、心に永遠の誓いをますます堅くするこの時こそ、女性の人生でもっとも幸せな瞬間だとも言われています。このように仲むつまじく過ごす夫婦の寝室にすきま風が吹くこともなく、何千年経っても愛し合い、敬い合うのは当然のことですが、それでも人はすぐに馴れて新鮮さを失ってしまうものですから、堅く結ばれていた心の紐がわずかに緩むと、舅や姑、小姑もいて、心づかいも並大抵ではない家庭の礼儀正しさとは反対の嘆かわしいありさまになり、愚かだったりかたくなだったりする女性などは、すぐに夫を軽んじ、わがまま勝手なふるまいをして、果ては夫にうとまれても、離婚が簡単ではない国であれば、別れるにも別れられず、一緒に暮らすにも暮らせないという四苦八苦の困難で、夫婦の心は冷め切って、涙に暮れながらつまらない人生を送る人たちもまた少なくないと言います。けれどこれはもっとも悪い例であって、夫婦が親しみ、愛し合い、義理立ても隠しごともない家庭で育った子どものまことに清らかでうるわしい様子は、この東洋の上流社会の義理立て多い家庭ではめったに見られないものです。

ふるまい方

願わくは、現在の教育を受けて新しい世界に成長する人は、あまりに人情を曲げて自然にそむいた冷たい家庭を作ったりせずに、舅や姑は自分のしたいようにして、子どもの言動にあまりに干渉したりはせず、財力があるならば別居して、残りの人生を静かに安らかに送るというのもたいへん望ましいことでしょう。けれどこれは将来舅や姑になる人に望むことで、嫁の立場にいる人が今すぐにこうなってほしいなどとは、夢にも思ってはいけません。

そもそも、自分に都合よくことが進んでほしいと思うのなら、まずはぜひとも他人のことを思いやるべきです。試(ため)しに、現在の家庭での舅や姑の気持ちになってごらんなさい。「自分が若かった頃にただ姑のなすがままにすべてのことを耐え忍んでつらい年月を過ごした時も、ひたすら将来に期待して、『今はこうだけれども、自分もまた心にかなった嫁を迎えた暁(あかつき)には、今の姑のようにいつも膝元にとどめ置いたりはけっしてしまい』と心に願っていたことの予想が、鶍(いすか)の嘴(はし)（鶍という鳥のくちばしは左右に食い違って合わない）のように食い違ってしまった。世のありさま、家のあり方、すべてが目の前で変わってしまい、自分があらかじめ選んでおいた嫁候補は、息子が気に入らないと言って別の人を迎えて、そんなことはけしからんと文句を言えば、『今の時代は昔とは違って、妻を選ぶのも親が口を挟むことではない。夫になる者が、自分で探して決めるのだ』と、反対に笑われる悔しさよ。そうして迎えた嫁は、ただひたすら夫に気に入られるようにとはつとめるものの、姑に気に入られなくてもまったく気にする様子も見せない。昔の嫁は、まれに実家に帰る時でさえ、夫の顔色をうかがい、舅や姑の機嫌を見ながらやっと言い出したり、願い出たりしていたものだが、今の嫁は、同じ学校だった友人とのつきあいや、場合によっては物見遊山にさえ思うがままに出かけ、それで、出かける時や帰ってきた時の挨拶の際に、姑が文句をつぶやくのだ。まして公の宴会などには、夫婦そろって招待されるが、父母や舅・姑は顧みられることもない。なるほど、嫁が自分をまるでいない者のように扱うのも当然なのだろう。夫婦を第一にして父母を後回しにし、孝行というのはかたくなな昔の時代の教えであって、目上の者を尊ぶのは現代的ではないとされるとは、まことに悲しい時代になったものだ。『命長ければ恥多し』[10]とはよく言ったものだ」などと恨み嘆くこともあると聞きます。

考えてみれば、現在の舅や姑は気の毒なものです。若かった頃は、先祖が残した恩恵にあずかって、家禄や地位・財産などを受けつぐのが当たり前で、何も考えなくても、何もしなくても、ただ父母や舅・姑によく仕えて、家のきまりさえ堅く守っていれば、それで自分の職責、義務は果たしたことに

【10】「寿ければ則ち辱多し」（『荘子』）より

なり、自分が衰えて年老いた頃には、また自分の子や嫁たちが、自分が父母や舅・姑にそうしたように、自分たちをいたわり、養ってくれて、自分の思うままに残りの人生を安らかに送ることができるだろうと期待していたのに、昔のことは夢となって、今はつらい目を見ているのです。

今の世間の人たちが言うように、親は親でどこかに離れて住んで、思い思いの生活をすればいいと思っても、貯蓄もなく、仕事もない老いの身では、いまさら何ができるでしょうか。だからといって、思い通りにならない命を自分で断つわけにもいかず、こうしたらいいだろうか、ああしたらどうかと嘆く老人も、中流階級、とりわけ士族（江戸時代に武士であった人たちに与えられた身分）の人たちには少なくないと聞くのも気の毒なことです。けれども、「己れの欲せざる所は人に施すなかれ」で、自分の身体をつねって人の痛さを理解すべきです。昔の自分と思い比べて嫁をいたわり、慈しみ、すべてのことに誠実さを持って向き合うべきでしょう。

「まことに世の中のことは往々にして満足できないことが多く、けっして自分の思うようにはいかないものなのに、『自分の息子には一日も早く妻を迎えてもらって初孫の顔が見たい』、『嫁はどれほどいい嫁だろう』、『初孫はどれほどかわいかろう』、『家庭はいつもどれほど楽しいだろう』、と楽しみに期待していたこととかく反対になったからといって、言ってもどうにもならない愚痴を言い続けられるおぞましさと言ったらないわ」、と同じようなぼやきをいろいろな人から聞きますが、これは姑のあまりに希望的観測に過ぎるからでしょう。

息子がまだ妻を迎えないうちは、家庭の和やかで楽しい空気は息子にとっての異性である母一人によるものだったとしても、妻を迎えれば、年齢もそれほど違わない同士、楽しくも面白くも感じるのは当然のことですし、何かをしてもらうにも母に頼むよりは妻にさせる方が気やすく、母に話すよりも妻に話す方が早かったりするので、何の気なしに妻に話し、妻と一緒に何かをするということが度重なると、それを変だとも悪いとも思わなくなるものです。だからといって、妻よりも経験豊かで、妻よりも敬い重んじるべき母親を思う心が突然消えるわけはなく、むしろ重要なことはまず必ず、経験豊富でもっとも身近な母に相談しないでよいことがありましょうか。

若い者同士で運動すると、歩みも軽く、いろいろと面白いことでしょう。そこに老人が交わらなければならない場合もあるでしょう。しかしまた、交わると窮屈なこともあるだろうと、自分が若かった時のことも思い出して、たまには息子にも羽根を伸ばさせようと広い心で思えば、子どもたちの仲がいいのは、これほど結構なことはないはずです。夫婦仲が悪くて、離婚するしないのもめごとが起こるのは、姑の貫禄が足りないという非難を受ける原因の一つともなりますので、よく反省して、何事も悪く考えない方がいいでしょう。

さて、今この項を結ぶに当たって、私がかつて実際に見聞きした楽しくありがたい家庭の例を記して、世の姑たちの参考にしてもらいたいと思います。

私が見たのは、ある姑の、若い嫁への対し方です。私が「あなたはご老人なのに、驚くほどお勉強をなさっているんですね」と言ったところ、その姑は、「私が若い頃は学校というものもなくて、習い覚えたのは、針仕事や遊芸（趣味や楽しみのための芸事。茶の湯、いけばな、舞踊、琴など）だけでした。今の人は幸せなことに学問ということをしますので、私も閻魔王への土産（みやげ）として、『日本外史』（江戸後期の史書）と和歌とを嫁から習っているのです。その代わりに、私は嫁に漬け物の漬け方や、お金のやりくりを教えているところです。とかく老人は新しく何かをやろうという気持ちに欠け、することがないのにまかせて、知らず知らずのうちにつまらぬ世話を焼きたくなるものですが、常にやることがあれば、けっして余計な心配はしないものです。なので私はこのように学問をはじめたのです」と言います。なんと賢い姑の心がけでしょう、と舌を巻いていたところ、ある日その姑は朝早くから起きて、「さあさあ、今日は日曜日だから、夫婦してゆっくり遊んでいらっしゃい。夜遅くなっても、二人連れだから心配はしませんよ。留守はたしかに預かっておきます」と言って、息子夫婦をせき立てて外出させました。そして翌日になると、今日は嫁に留守を頼んで、老人同士で連れだって花見に行くんだと言って、いそいそと服を選んでいましたが、嫁が責任を持って家のことを引き受けないわけがありましょうか。昨日一日保養させていただいたのだから、今日はどうか姑が喜び楽しんで帰っていらっしゃいますようにと願う心が外からも見えて、持ちつ持たれつのいかにも楽しげな家庭に、これこそ賢い姑の鑑（かがみ）だと感じました。

いろいろなことで忙しい二十世紀の今日、昔のように父母や舅、姑に仕えることだけに専念するのはどうしても難しいでしょうから、若い人たちのことをよく思いやって、なるべく世話を焼きすぎないようにありたいものです。

三、姉としてのつとめ

心の修め方

兄弟姉妹の情愛が深くなければならないことは、前巻の「少女としてのつとめ」の章で述べました。幼い時は誰しもが仲よく親しみ、兄や姉が弟妹を慈しむ心はとても深いものですが、世間には、少し年を取ってそれぞれ嫁いでいき、一家を構えるようになると、愛情が衰え、兄弟がつらい目にあっていても救わず、病気になっても気にかけることもなく、ひどくなるとたがいに敵視し合って、見苦しい争いにまでなることがあるのは、嘆かわしいことこの上ないではありませんか。ですから、姉は弟や妹に対して、一生愛情深くなければいけません。

ふるまい方

兄弟姉妹はみな同じ血統より別れ、等しく父母の分身ですから、この上なく親しくむつまじく、寄り合い助け合って、連なる枝に風が騒ぐことなく、それぞれがますます繁栄していくように、一生頼もしく、必要とする存在であるべきなのです。父母がどれほど長生きなさろうとも、順番を考えれば、どうしても自分よりずっと早くお亡くなりになるでしょうから、その親の形見である兄弟姉妹こそ、ずっとたがいを思い、親しみ合い、心を合わせてつとめ励んで父母の志を継ぐべき者なのです。

そもそも、兄姉は慈しみの心で、弟妹は敬う心でたがいを愛してこそ、はじめて春風のようにのどかで暖かく、和やかに親しむこともできるのです。そして、年長者の気質や作法、つまりその一つ一つの言動が、ひいては年少者の気質を育てるのですから、兄姉は弟妹の先達（先輩）であり模範です。とりわけ姉は、女性として生まれもった温順と博愛の徳で、必ず他の兄弟姉妹を感化しなければならないのが道理ですから、くれぐれも自身を修めてから、それを他の人にも及ぼすようつとめなくてはなりません。

弟や妹に対する心得

弟や妹がよく自分の教えを守り、また自分の言いつけに従うようであれば、真心をこめていたわり、褒めて、ますますよい道へと進ませるべきです。もし反対に、自分にそむき反抗するのであれば、すぐにとがめることはせず、まずは自分が言っていることが当たっているか当たっていないかを考え直し、やはり自分が正しく、弟妹が間違っているのであれば、そこではじめて教えいましめ、さとすべきです。しかし、間違っているからといって、やたらに幼い子どもをしかりこらしめたり、いちいち制してたしなめるのは、よい対応ではありません。

丁寧に教え導き、よい模範を示して、弟妹がこれを習得した時には、彼らを褒めて、年下の者たちが喜んで善に進み、良に向かうようにしむけましょう。兄弟には和やかに接し、彼らとの情愛を破り、恩愛の情に傷をつけるようなことがないようにするべきです。何があっても自分の真心を尽くして、責めず、しからず、しかし最後には彼らを薫陶し、感化できるよう願うべきです。

姉の弟妹に対する心得と言いますと、姉はあたかも父母のような威厳を持っていて、かつ、世間のことにも通じ、習慣にも馴れ、年齢も含めて、あらゆることに関して弟妹とははなはだしい違いがある場合が多いでしょうが、たとえかりに親子に等しいほどの違いがあったとしても、弟妹の側からすれば、姉と父母とはけっして同じではありません。しかも自分の方も、あらゆることを父母のようにもっぱら指揮命令することもできませんので、父母と弟妹との間で、年長者としての徳望（徳が高く、人望があること）と義理とを損なうことなく、しかも自分は父母と同等の地位ではないことを、まずはよく心得ておくべきです。

さらに言うならば、自分は父母の仰せを受けて、父母の考えに従い、父母の助けとなりつつも、弟妹に父母に対する孝行を尽くさせる指導者であると考えるべきです。そうであれば、こうあってほしいと自分が弟妹に望むことでも、父母がそうお思いにならないなら、けっして自分の思うままに彼らに命じてはいけません。いったん引いてよくよく考え、どうしてもこうすべきだ、と深く信じるところがあれば、父母の機嫌がいい時に、ひそかにこれを言って勧めてみて、父母の許しをもらってから弟妹に伝えましょう。けっして自分こそが賢いといった態度で、命令がましいふるまいをしてはいけません。

自分も弟妹と同じ父母から生まれたけれども、彼らよりも先に生まれたために姉と呼ばれ、年長者と仰がれるというのは、実に幸福なことですので、姉として、年長者として恥ずかしくないふるまいをしなくてはいけないと常に考え、何につけても情け深く、しかも厳正な心のきまりを破ることなく、年少者を正しい道へと導けるよう願うべきです。自分が年上だからといって、若くて知識も少ない人をあなどり軽んじたり、むやみにしかりこらしめたり、あざけりさげすんだりといったような残忍卑劣なふるまいは、絶対に絶対にしてはいけません。

年少者が自分になつき、親しむようにするには、彼らをとりわけいとおしみ、心のかぎり教え助け、慈しみ育むべきであることは言うまでもなく、もし彼らが強情でうぬぼれが強かったり、または父母の深い愛を頼みに傲慢で不遜なふるまいをすることがあっても、姉たる人はこれを我慢して、腹を立てたり、すぐに矯正しようと焦ることなく、心静かに、その子が直さなければならないことを説明し、ゆっくりとそれがよくないことをいましめさとして、ついにはその子が心から悔い改めるようにするべきです。

また、自分が年上であるために、父母が自分にいろいろと与えてくれるのであれば、ぜひともこれを喜んで受けて、その後、分けるべきものは分け、共有すべきものは共有して、年下の者が羨んだり、ねたんだり、はたまた心寂しく感じたりしないようにするべきです。しかし、年下の者は年上の者よりもあらゆることで引けを取って不十分であるとはいえ、年少者もまた、年を取れば、さらに年少の者の先に立つことになるのですから、幼少の頃に分不相応なぜいたくに耽るようなことは孝悌の道に反し、また将来の不幸を招く原因ともなることを、よくよく語り聞かせておきましょう。

父母がもし立腹して、弟妹をひどく叱責なさるようであれば、自分は親の怒りを鎮めて、彼らのために謝罪すべきであるのはもちろんのことですが、あまりに彼らをかばおうとして、父母に嘘をついたり、あるいは父母の言葉を挫いて弟妹を持ち上げるようなことを言うのは、きわめてよろしくありません。自分があやまちを犯した者の立場にいるような気持ちで、つつしみかしこまって父母にわび、また弟妹をさとして、何度もよく謝らせましょう。たとえ親のおっしゃることに、道理に合わず、どうかと思うところがあっても、けっして弟妹の前で反論してはいけません。どこまでも目上の人の威信を保つように、彼らを持ち上げ、助けて、親の言いつけがきちんと行われるようにすべきです。こうしていさめるべきことはひそかにいさめて、弟妹があやまちをあやまちと認め、父母も彼らを慰めさとされるようであれば、父母が考え、おっしゃるように対処しましょう。けっして弟妹に個人的な恩を売ったりしてはいけません。

また、彼らが父母がおっしゃることに納得しないようなことがあれば、けっしてそのままにしておいてはいけません。ひそかにいさめて、たとえ父母のお考えに間違っているところがあったり、あるいはあまりのお怒りのために中正を失うようなことがあったとしても、その御心は、ただひたすら我が子によくあってほしいと慈しみなさるあまりに、ひどく怒り、厳しく責めなさるのだから、けっして不届きにも、親を恨み嘆いて反論したり、陰口を言ったりしてはいけないことを、よくよく教えさとすようにしましょう。

また、幼い者は、兄や姉が人に招かれたり、お寺や神社にお参りに行くと言って外出する時、一緒に行きたがるものです。これはまったく当然のことですので、連れて行っても差しつかえがない所であれば、なるべく連れて行くようにしましょう。しかし、幼い頃は、他人の家や人混みの中などは、まず大体避けるべきです。ですので、年少者が行くのにふさわしい所へ連れて行って弟妹が喜んでいる時に、行っていい所とよくない所の区別を示し、年少者は年長者のように誰にでも招待され、どこへでも行っていいものではないことを教えて、彼らが心から納得して、無理でわがままな希望を持たないように気をつけましょう。

なお、兄弟姉妹のことについては言いたいことがたくさんありますが、それは「妹としてのつとめ」の項で述べることにします。

四、妹としてのつとめ

心の修め方

兄や姉は父母に次いで尊敬すべき年長者でいらっしゃるので、常によく悌（年長者によく仕えて従順なこと）であるようにしましょう。何事も兄姉の指導や教えに従って、少しもそむくことなく、またほんのわずかでも私意（自分の意見）私欲（自分だけの利益を図ろうとする欲望）をたくましくすることなく、和順・恭謙の徳を守るようつとめましょう。

ふるまい方

けれども、兄弟姉妹はたいてい一つの家庭で育ち、あまりに心のへだてがないために、知らず知らずのうちにわがままになり、心安立て(こころやすだて)にもなって、さらには、年齢もそう変わらない姉妹だったりすると、幼い時にはややもすれば兄の心に逆らい、姉の意にそむいて、彼らがおっしゃることに言い返し、あるいは言いつけられたこともやらず、ひどい場合には、自分から兄姉に対して無礼で不敬なふるまいをする者さえいます。たいへん見苦しいことで、このようなことはつつしむべきです。

また、末の子は、父母が一番元気な時期を過ぎてから生まれる場合が多いので、一緒に生きていられる時間が短いためか、親子の情が特に深く、ややもすれば、その愛の深さが兄姉にもまさってかわいがられることもないことはありません。それゆえ、年少者が父母の愛を頼みにして、年上の兄姉をしのいで、自分の心のままにふるまうこともいないとはかぎりません。悲しいことではありませんか。父母がもし兄姉より自分を慈しみくださるならば、いよいよかしこまり、ますますつつしんで、自分はなおいっそう兄姉を敬い親しみ、また、何かのついでにひそかに父母をおいさめして、兄姉をいとおしくお思いになるように取りなし申し上げるべきです。

さて、「事ある時は、弟子(ていし)その労に服する（仕事があれば、年少者がそれを引き受ける）」【三】のはもとより当然のことですから、自分がやるべきことをやりつつ、その合間合間に、まずは父母のために働くべきことは言うまでもありませんが、なお兄姉のためにも身のまわりの用事をしたり、あるいは、ちょっとしたことでも、その心を慰めるようなことを語ったり、したりして、かけがえのない者と思われるようにするべきです。

また、人から贈られた品や、他でもらってきたものなどは、自分だけのものにしないで、まずその中のよいものを兄姉に分けてさしあげるべきです。兄姉が出入りする際には道をあけ、立ったり座ったりする時には席を避け、常に恭謙の徳を守って、けっして傲慢で不遜なふるまいをしてはいけません。

兄弟姉妹のいましめ

また、兄姉がさまざまなことを教えたり、いましめたりしてくださるのなら、深く喜び、かしこまりつつしんで、その教えを受けるべきです。このようにして習い覚えたことは、何度も復習して忘れないように心がけましょう。また兄姉の言いつけも、よく心にとめて、忘れてはいけません。総じて年長者が教えたり命じたりなさったことを、年少者が念入りに心にとめて記憶していれば、実に言ったかいもあり、頼もしく思われるものですが、これとは反対に、何もかも忘れ、ほったらかしにして

【11】「事あれば弟子（ていし）その労に服し、酒食あれば先生に饌（せん）す【仕事があれば弟子がそれを引き受け、酒や食べ物があれば先生にまずさしあげる】」（『論語』）より

いるようでは、言うまでもなく、ついにはうとましく、嫌気(いやけ)さえ感じるようになっていくものです。

人の記憶のよしあしは、体質と天性によるところが少なくないとはいえ、大体は、ものを大切に思って忘れまいなくすまいとする注意が不十分なことに起因することが多いものです。忘れてしまうことが心配であれば、小さな手帳と鉛筆とを懐(ふところ)に入れておいて、常に目上の人がおっしゃるように書き記しておくのもよいでしょう。どれほどぼんやりした人でも、食べることと寝ることを忘れる人がいるでしょうか。習慣となったことは、必ず記憶に残るのです。このことをよく考えておきましょう。

また、兄姉がくださったものは、父母がくださったものに次(つ)いで大切にすべきです。たとえ物足りなく感じられるものでも、自分にくださった情愛の深さを思って、けっしてけっして不満な様子を見せてはいけません。食べ物であれば一口二口だけでも食べ、衣服や装飾品ならばできるだけ身につけ、道具類ならばなるべく使うようにしましょう。それでも、自分には似合わない、家にふさわしくないということがあれば、その時になんとかすればよいのです。くれぐれもはじめからいいかげんに扱ってはなりません。

兄姉がおしかりになったことや、あるいはあやまちを犯してしまわれた時なども、けっして性急に、軽率に、他人に語ったり、使用人などにもらしたりしてはならないことは言うまでもなく、けっして父母にも告げ口をするようなことをしてはいけません。そのために父母が心配なさるのは、たいへん申し訳ないことです。けれど、いさめないのはよくないと思われるほどの大ごとで、自分の力ではうまく対処できないと思うならば、やむなく父母やそれに代わる人に言って、善処の策を求めるべきです。

どんな場合でも、どんな大ごとでもひたすら隠すのがいいというわけではありません。むしろありのままに申し上げる方が、間違いはないでしょう。しかし、口に出すのがよくないこと、あるいは自分一人が我慢すれば何事もなく済むであろうことは、必ずや心に秘めて、みだりに人にもらしてはいけません。女子は、幼い頃から意識的に忍耐力を養っておかないと、成長して他の家にお嫁に行った時、急に言葉にできないほどの心労が生じて、身も心もひどく苦しむものです。何事も若木の枝のように曲げて形を変えやすい幼い頃に、わがまま勝手の悪習慣に染まらず、物事を耐え忍ぶよい習慣をつけさせることが必要であることを心得ておきましょう。

また、姉たちの衣装やその他のものが自分のものよりいいもので、うるわしかったり重厚だったりするのを見ても、けっしてわずかばかりも羨んではいけません。年長者が年少者に勝り、妹が姉に劣るのは、もとより当然の道理ですから、けっしてけっして不平不満を感じてはいけません。むしろかえって喜ぶべきことなのです。なぜなら、父母が道理に従って、年少者が年長者にへりくだるべきことをお教えくださるというのはたいへんありがたいことですし、そうであればこそ、自分も心の錦をこの人生で美しく織り出すことができるというものです。まして、人間の幸不幸は常に天の神が命じられ、お決めになることで、生涯この身が費やすことができるものも大体の限界が決まっているものですから、幼い時に分不相応にぜいたくをする者は、年を取ってから必ず貧しくなるとも言います。まことに恐れつつしむべきことです。

とにかく、年少者が常に年長者に従い、従順にへりくだり、しかも誠実で真摯な心や自然な情愛がことあるごとに次から次へと溢れる和気藹々とした家庭で、若木の枝がみな一緒にどんどん栄えていくのであれば、これが父母に対する孝となるのは言うまでもありません。持ちつ持たれつでたがいに栄えるならば、それはそのまま自分の幸福ではありませんか。「兄弟鬩に鬩ぐ（兄弟が内輪でけんかをする）」「兄弟は他人のはじまり」といった忌まわしい言葉をこの社会を存在させないようにしようとするならば、それは心がけ次第でどうにでもなるものです。

さて、兄弟姉妹は手や足のようなものです。もし手や足にごく小さなとげが刺さって、わずかな傷がついても、体のすべての部分がことごとく痛みを感じて、これを一刻も早く抜き取ろう、治療しようとするのは当然のことです。それだけでなく、足があやまってつまずき、手があやまって傷を負っても、脳はやはり全身のさまざまな組織に、すみやかにこれを助けるよう命じます。人もこれと同じように、兄弟姉妹が災難にあった時には、それを自分自身の災難と考えて、一日も早く彼らを助け、保護するための手立てを尽くし、円満な情愛をまっとうできるように、もし彼らにあやまちや失策があっても、いさめいましめて、最終的に善へと変わり、正へと帰るように導こうとしなくてはなりません。けっして無情に関係を断って、放っておいてはいけません。

しかし、もし手や足が傷を負ったり、あるいは腫れものができたりして、その部分を切断しなければついには命を落とすことになるならば、脳は必ずや、すみやかに耳に聞いた忠告を受け容れ、情愛を裂き、痛みを忍んで、すぐにこれを切除しなければなりません。兄弟姉妹同士の情愛も同様です。救い、正す手立てがあるのなら、なんとしてでも矯正し、いましめさとして助けるべきことは言うまでもありませんが、もしどうやっても救うことができないと思ったら、泣く泣くでもその者を捨てて遠ざけ、自分が同じ不義不正に陥らないようにしなければなりません。宋襄の仁（不必要な情けやあわれみ）【12】は身を滅ぼす原因となり、匹夫の諒（道理を理解しない者が大きな誠を犠牲にして守る小さな誠のこと）は無駄な死をもたらします。ましてや、自分が愛におぼれればかえって、自立して正しい道にもどろうという相手の気力をくじけさせてしまうのです。とりわけ女子は多感で涙もろい者ですから、これらの点によくよく注意して、知らず知らずにあやまちや罪悪を助け、不正を増長させたりすることがないように心がけなければなりません。そうであればいっそう、願わくは女子の温順で高潔な徳で、人が知らないうちに感化されるようにして

【12】宋と楚との戦いの際、宋の襄公が、君子は人が困っている時に苦しめてはいけないと言って先制攻撃の進言をしりぞけ、敵の布陣を待ってから戦って敗れたという『春秋左氏伝』の故事より
【13】毛利元就が三人の息子に一本の矢を折らせた後に三本の矢の束を折らせたところ誰も折れず、兄弟三人が協力することの大切さを示したという逸話

いきたいものです。

兄弟姉妹はたがいに助け合い、親しみ合って、情愛を深くすべきであることは、前にも何度も述べました。かの毛利元就(もうりもとなり)（戦国時代の武将）が、息子に遺言して、兄弟でたがいに助け合うべきことを教え、矢を折って、心を一つに協力するようにいましめたことは、[13]小学生でも知っていることです。しかし、このことは知るは易く行うは難(かた)きで、はじめは一つの家庭で育った者たちが、いつしかここかしこに行き別れ、妻を迎え夫に嫁いで、ともすれば離ればなれになっていってしまうのは残念なことです。ですから、この兄弟姉妹間の情愛を幼い時からしっかりと育て、たがいに救い、助け合うという、よい習慣をつけさせなければいけません。

父母のそれぞれの子どもに対する恩愛の情に、優劣があるはずはありません。年上の者は頼もしく、幼い者はいとおしく感じられるものです。ですから、兄弟姉妹がたがいに親しみ合い、助け合って、常に楽しげな様子をお見せすること以上に、父母が嬉しく、喜ばしくお思いになることがあるでしょうか。これならば自分亡くなった後も安心だとお思いになるでしょう。これこそこの上ない孝行と言うべきではありませんか。ところが、もし兄弟姉妹が集まるごとに争い、反抗して、いつも不機嫌そうな様子であれば、父母はいつまでも心配なさって、自分たちが生きている時でさえこうなのに、まして亡くなったらどうなるのだろうと、胸を痛めなさるでしょう。本当に申し訳なく、罪作りなことではありませんか。

総じて、血のつながった兄弟姉妹が仇（かたき）のようにいがみ合って、ついには恨み争い合い、傷つけ合うようにまでなるのは、大体は、利己的な欲という悪魔のしわざであることが多いものです。この悪魔は、知恵のある心をもくらまし、勇猛な気力をも奪い、さらに天から授かった性質や運命をも萎縮させてしまうものです。もしもこの貪欲から離れ、清廉な欲を守ろうと努力するならば、どうして兄弟姉妹がたがいにそむき離れるという悲しいことが起こりえましょうか。幼い頃は同じ父母の愛の懐（ふところ）に育まれ、食卓を共にし、寝室を共にして、外出するにも帰ってくるにも声をかけ合い、連れだって親しんでいた者たちが、ついには仇同士のようなことをするようになるのは、実に不思議だとも見苦しいとも言うべき言葉も失うほどですが、私欲のために、突然このような思わぬ人間関係の変化を見ることもなくはありません。

中でも特に注意すべきは、この国の上流階級の兄弟姉妹の情愛でしょう。幼い頃からそれぞれ別の建物で育てられ、お付きの者たちもみなそれぞれの集団を作って自分の主人に従い、ただひたすら自分の主人にうまくいってほしいと願うあまりに、主人を持ち上げ、他の兄弟姉妹をおとしめて、連なる木の枝のような兄弟姉妹の間に垣根を作り、たがいの間をさえぎる関所の戸を日に日に堅く閉ざしていくために、彼らはたがいによそよそしい行儀作法で接し、争い一つ起こらず、一見美しい関係に見えますが、しかしその裏では冷たい風が常に吹いて、春の日のような暖かい情愛が生じる機会もないままに、ひとたび彼らが仲たがいすることを望むものがあれば、たちまち背を向けて離れ、兄弟は戦場で強さを競い、姉妹は宮中で優劣を争うというような、実に見苦しい結果にさえなることがあるのです。

ですから、裕福な家に生まれ、常に使用人やお付きの者たちがそばにいる人には、この兄弟姉妹の情愛を深めるような教育をとりわけ丁寧に施して、その習慣をつけさせることが大切です。けれど、『詩経』には「兄弟牆（けいていかき）に鬩（せめ）げども、外（そと）その務（あなどり）を禦（ふせ）ぐ（家の中で兄弟がけんかをしていても、外から侮辱を受ければ、共にそれを防ぐ）」ということが言われています。断とうとしても断つことが難しい肉親の情は、自然から生じ、自然に身についているものですから、教えるべきことは丁寧に教え、いましめるべきことは落ちついていましめて、兄弟姉妹がたがいに助け、助けられながら、最終的に円満な情愛をまっとうすることを願いましょう。

まして、女子はその生まれつきの和順・温良な徳によって、春の日差しがあらゆるものを生み育てるように、他の人の怒りをやわらげ、反乱を沈めるという、天から与えられた職責がありますから、兄弟の間に立って仲よくさせるようにし、また、相嫁（あいよめ）（兄弟の妻同士）に対しては、とりわけ親しく慕わしげにふるまって、年長の人であれば敬い、自分より若い人であればなつかせて、ひたすらに嘘偽（いつわ）りない真心で親しみ合い助け合って、孝悌の道を果たすようにしましょう。

また、兄弟姉妹にあやまちがあった時は、たとえ年上の兄姉であっても、落ちついていさめ改めさせるべきことは、当然のことです。しかし、昔の人の訓戒にも「朋友には切々偲々（せっせつしし）、兄弟には怡々（いい）たれ（友人には丁寧に善を勧め、励まし、兄弟には和やかに接しなさい）」【14】とあるように、たとえそれがよいことであっても、あまりにしばしば論じ争い、兄弟姉妹の仲がよそよそしくなるのはよくありません。自分の力ではどうしようもないと思うことは、兄姉の親友で徳のある人に相談して、よい方へと導き、悪いことから遠ざけさせるようにつとめましょう。兄弟姉妹は手足のようにきわめて近しいものですが、たがいに配偶者を持ち、子どもを産んだりした後は、昔のようにはいかなくなるのが一般的ですので、これらの点にもよく注意して、できるだけ兄弟姉妹の愛情が壊れることがないようにと願いましょう。

小姑に対する心得

小姑とは夫の兄弟姉妹のことですので、小姑に対する心得は前の項に述べたことと格別違うところはありませんが、舅や姑が父母とはやや異なる点があるのと同様に、小姑もまた義理によって結ばれた人ですので、少し特別の注意が必要です。

小姑とは、自分の兄弟姉妹と同じく、とても仲よく親しくしなければならないのに、はじめから、小姑は鬼のごとく自分を仇（かたき）のように見ているのだという先入観を持つために、それが自然と表情にもあらわれ、言葉の端々にも出てしまって、自分から垣根を作ってしまうために、小姑の方も自分に

【14】『論語』より

反感を持って、広くもない家の中に小さな敵国を作るような状態になっているのは、実に愚かなことです。どんな場合にも誠実な心で、新たに兄弟姉妹ができたのだと考えて、小姑が自分より年上であれば敬い親しみ、年下であればなつかせて慈しんで、自分の手足を多くすることができれば、どれほど楽しく面白い日々を送ることができるでしょうか。けっして「鬼千匹（おにせんびき）（小姑の異称）」というとんでもない名前を小姑に冠したりしてはいけません。

五、小姑としてのつとめ

「小姑一人は鬼千匹に向かう（小姑一人が鬼千匹にも当たるほど、嫁の心を苦しめる）」という昔からの悪口は、いつの時代から言いはじめたのでしょう。それにしても「鬼千匹」などというひどい名前をよくつけたものです。小姑になる人たちが、この不愉快なことわざの消滅を願わないわけがありません。こんな悪口は、もともときちんとした教育を受けた人たちがするはずはありませんので、下流階級の人たちに冠した名前ではあるでしょうが、しばしばとんでもない噂を耳にすることもあるのは、おぞましいかぎりです。

けれど、前にも述べたように、まだ浮き世の波風も知らない若い者同士ですから、相手の性質や習慣もよく理解し合わないままに、自分自身もできていないのに、「こうしてもらわないと」などと些細なことにこだわって不満に思うので、ついにはへだてもできて、親への告げ口、夫への訴えなど、一家に波風が立つこともあるでしょう。世の中のことにも馴れ、経験を積んだ人であれば、自分を抑え、人を思いやる心も深いでしょうが、小姑はまだ世間のことにも馴れず、経験も少なく、さらには、常に春の日のように暖かな恩愛に溢れた父母のもとにばかりいて、外の嵐の冷たさも自分自身では経験しないままに、どんなことについても、自分の家庭の花の色だけが素晴らしいのだと信じて、他の違う色をうとましく思うようなところがあります。まして若い女性の中には、心が狭く、知識も足りず、すぐに何でも話してしまうおしゃべりな人などもいます。このような人たちは、それほどでもないことを大袈裟に親に言い、兄に語り、針小棒大（針ほどの小さいことを棒ほどに大きく言い立てること）に変えてしまうために、舅や姑は当然、他人である嫁よりも自分たちが産んだ子の言うことを信じて、そちらに味方なさることもあるでしょう。これはまことに嘆かわしく、あってはならないことではありませんか。

血のつながった身内であれば、どのようなことも恩愛の心を持って推し量るために、腹が立っても争いごとがあっても瞬く間(またたくま)に仲直りできますが、義理の関係だと、それほどではないことでもひどく胸に応えるものですので、相手のことを深く思いやって、ほんのちょっとしたこともいいかげんにせず、誠実を基本にして、ちょうど同じ親から生まれた兄に対するように、和順・恭謙の道を兄嫁に対してきちんと尽くし、彼女から信頼してもらえることを目指すべきです。そうしてたがいの心を理解し合った後はいっそう、本当の兄や姉と同じように、友愛の情をきちんと尽くしましょう。けっして兄嫁について批評がましいことをしたり、あるいは兄嫁の言動について父母や兄などに告げ口するようなことをしてはいけないのは、言うまでもありません。

さらには、なるべく調整役の立場に立って、母と兄嫁との感情をなだめるようにつとめましょう。自分よりどれだけ年上で、ものをよく知っている人であっても、その家の家風に馴れないうちはいろいろと気がつかないこともあるでしょうし、あるいは思いがけないあやまちをすることもなくはないでしょう。そのような時には、自分もやがて人の家に嫁いでこのような心配りをしなければならないのだとおもんばかって、自分の力の及ぶかぎりは、告げるべきことは告げ知らせ、助けるべきことはお助け申し上げるべきです。

だからといって、利口そうに出しゃばって指図するようなことは、絶対にしてはいけません。言うべきことはつつしんで言い、注意すべきことは丁寧に注意すべきです。まして兄嫁より自分の方が年上ならば、まるで自分の実の妹のようにいとしく思い、すべてについて丁寧に教え導いて、父母や兄の御心になるべくかなうように対処しましょう。自分の方が年上だからといって驕り高ぶって、権威ありげにふるまうようなことは、けっしてしてはいけません。なんとしても、おおらかに、思いやり深くあってほしいものです。特に、父母がお亡くなりになったら、自分はあらゆることに関して兄（あるいは弟）の後ろに従うべきものですから、その兄と夫婦である兄嫁もまた道義上兄と等しいわけですし、加えて、とかく女は女同士で、残りの人生仲よくやっていかなければなりません。自分が他の家にお嫁に行った後に生家と疎遠になるのは、道義の観点からも情の観点からも実によろしくないことですので、兄嫁と一緒に住んでいる時は情愛をしっかり暖めておいて、家を出た後も心に隠し立てせず、慕わしい様子で仲むつまじくつきあうことができるように願いましょう。

助けてくれる人が多い者は栄え、助けてくれる人が少ない者は滅ぶこと、そして、助けは遠くに求めず、まずは近い所で探すべきことをよく心しておきましょう。情で、義で、と言っても、連なる枝のような兄弟姉妹の縁は深く、そむき離れてしまうことはできないものですので、たがいに助け合い、親しみ合い、愛しみ合って、三本に束ねた矢が折れないように、心を合わせ、力を合わせて、家の礎がいよいよ堅く、家のきまりがますます揺るぎないようにと、どうぞどうぞ精一杯つとめてください。

女子のつとめ <原文>

序

己(おの)れ、女子を教育すること、こゝに年あり。あるは学校にあるは家塾に、若き少女子達と親しむ折の多かるものから、そが起き臥しにつけて、聞えごちつるどもを、この人々が筆記したる、又自らも筆の行く侭(まゝ)に、書い記したるなどのやう〳〵積りて、匣の中に充ちぬるを、こたびあひ知るふみ屋のぬしが、取り集めて刊行せんと勧むるにより、左(さ)もやと思ひ成りて、兎(と)も角(かく)もと諾ひつれども、尚(なほ)、序でさへ乱りがはしきを、いかで〳〵と促さるゝに、すべ無くて取らせつ。石の上ふりぬる言ぐさの、何の取り所も無けれど、若竹のいまだ世なれぬ後達が文机のほとりに打ち置かれたりとも、咎(とが)負ひぬばかりはあらじと、志(し)ひて、思ひ強りてなん。

明治三十五年初夏

下田歌子識(しる)す

女子のつとめ　上の巻

女子のつとめ　上の巻　目次

一、とりすべての事
二、少女としてのつとめ
心のをさめかた
身のもちかた
言のつかひかた
父母及び祖父母に対する心得
兄姉に対する心得
弟妹に対する心得
婢僕に対する心得
学ぶべき事と学ぶ可らざる事と
日課

三、妻としてのつとめ
　心のをさめかた
　身のもちかた
　言のつかひかた
　夫に対する心得
　舅姑に対する心得
　小姑に対する心得
四、主婦としてのつとめ
　心のをさめかた
　身のもちかた
　言のつかひかた
　親戚に対する心得
　朋友に対する心得
　婢僕に対する心得
　家事につきての注意
　看病に就ての心得

一、とりすべての事

何をか女子のつとめと云ふ。女子のつとめとは、其女子たるべき天賦の職責をつくすを云ふなり。女子の天職とは何ぞ。曰く人の母たり。妻たり。女(むすめ)たるの地位を安くたもちて、いさゝかも、道に違(たが)ふ所無きの謂(いひ)なり。されば、其、之を安くたもたんとするには、先(ま)づ第一に徳を積み、智を磨き、身を健やかにし、兼ねて、女工に巧みならんことを期すべし。これより以下逐次、女子としてつとむべき事の、あらましをいはんとす。

二、少女(むすめ)としてのつとめ

人の子と生れては、先づ孝道を全くせんことをつとむべし。往昔(いにしへ)より、東洋の教には、孝は百行(ひやくかう)のもとゝ云ひもて伝へたりしを、彼(か)の西洋の学問を、生悟りして、却(かへ)りて、親に孝たるは、うつけたる事のやうに云ひ思へるもあるに至れるは、過(あやま)れりと云ふべし。但し、無慈悲なる親の、孝てふ文字を楯にして、わが子を責めさいなみ、また、子たるものも、孝なる大道を思ひ違へて、不義せる母の通ひ路に梯（かけはし）し、或は、親の病を救はんとして、身を殺し、妻子を犠牲としたるが如き、寧（むし）ろ至親至愛の親をして、残忍狂暴の汚名を負はしむるが如きは、孝そのもの丶罪にはあらずして、其行ふ人の所為を取り違へたるなり。斯（かゝ）れば、是等（これら）の妄評に懸念せずして、猶両親（なほふたおや）への孝養ゆめ怠るべからず。是れは、男も女もかはる事無かるべきなれども、女子は、成長（ひとゝなり）ては、嫁して、人の家に行くなれば、父母の膝もとに居（を）る間は、極めて少なし。故に、男子よりも、一層心して、親のほとりに在る程は、能（よ）く正実（まめやか）に事（つか）へまつるべきにこそ。詳細はなほ後段に云ふべし。

心のをさめかた

少女の心は白紙の如し。父母の染め給ふま丶に染まりもて行きぬべきものなれども、やう／＼、学校にのぼり、友達にも、交はるに至れば、其赤かるべきが黒くなり、青かるべきが紫となり、や丶もすれば、さま／＼あらぬ色に染まりて、反古染（ほごぞめ）のやうにも成り果てぬべし。いと怖ろしきものなり。されば、父母のもとに在る程なりとも少し物の心知り、寒暑を弁（わきま）ふるばかりに成りなんには、先づ何はありとも、敬神【かみをうやまふ】の観念を深からしめん事を期すべし。学（まなび）の道開けてより、学文ある人は、却りて、有神論【かみをありとす】を排するが多くなりて、道理に明らかなる者は、必ず、無神論【かみをなしとす】者の輩（ともがら）ぞと心得るやうになれる、吾が国の将来は、いと怖ろしくも危ふくも覚ゆかし。理に依り非理を退け、義を先にして利を後にし、毫（がう）も、毀誉栄辱を以て、脳裡（なうり）【こゝろのうち】に置かず、常に死生の外を求めて、楽しみて道を行ふ者、世間、そも幾人かある。然るに、神を信じ、天を恐る丶の徒は、たとへ、愚夫愚婦（ぐふぐふ）【をろかなるをとこ をろかなるをんな】と雖（いへ）ども、能く死に安んじ、利を捨つること、恰（あた）かも大賢の行ひにひとしきものあり。されば、一般の人の心をして、正しき道に導かんことは、この不完全なる人間以外に於て、何等か、冥々に信ずるもの無ければ能（あた）はず、余は、崇神【かみをあがむる】の目的に於て、いさ丶か期する所あれども、今こ丶にはいはじ。何にまれ、其個人の信を寄する所のもの、そは、神にても仏にても、また其種類は何にてもよし。たゞ、わが国体に抵触【さかひふれる】せず、わが忠君の道に違背せずば、其敬神に就きての行き道は、いかさまにとるも可なり。たゞ単(ひと)へに、天の形ちに無きに見、声無きに聞き、隠徳【かげのめぐみ】に陽報【あらはのむくい】を与へ、匿悪(しよくあく)【かげのわるさ】に顕罰(げんばつ)【あらはのばち】を蒙(かふぶ)らしめらるゝことを恐れ、且つ慎みて、人の見聞のいかんを問はず、わが心に問ひ心に答へて、ただ一筋に至正至仁なる、神の御旨(みむね)に違はざらんことを希(こひねが)ふべし。但し、無神論者よりして、常に攻撃を受くるものは、迷信なり。迷信は、決して智あるものゝなすべきならねど、智無きものは、往々是の横道に入り易し。況(まし)て、物に至り深からぬ少女等は、やゝもすれば、神を敬ふべしなど云ふことを思ひ過りては、迷信に導かるゝことあり。彼の病せる時、医師に薬を請はずして、腐れたる仏前の水を飲み、餒(あざ)れたる神供(しんぐ)の飯(いひ)などを食し、甚しきは、方角の嫌ひ、年まはりの悪き等の事にて、良医を捨て、庸医を頼み、又は、塩だち火の物だちに、腸胃を損ひ、跣足(はだし)になり、寒まゐりの為に、邪熱に犯さるゝがごとき、是れぞすなはち識者【ものしりひと】に笑はるゝ迷信なれば、必ずかやうの事に惑ひて、まことの神の御心に背くべからず。

心だにまことの道にかなひなば祈らずとても神やまもらん。

のどけさや願ひ無き身の神まうで

など云へる心ぞ、実(げ)に能く神の御旨を汲み知れるものと云ふべき。されど、禅縄(ぜんじやう)に坐せざれば心禅縄ならずと云ひけんやうに、先づ畏(かし)こき神の御前にまうで、おごそかに拝し、真心に祈らんとするにあらねば、心の清まり改まらぬものなれば、幼き程より、毎朝毎夜、天を拝して、祈祷すべし。而して、其祈祷は、決して、利欲の為にすること勿れ。たゞ、わが心を正しきに導き給へ。われをして、過ち無からしめよとねんじ、さて事無くて明かし暮らさば、心正しく身過ち無くて過しつる事を感謝すべし。斯くてぞ、真(まこと)に、神の御心に適ひて、遂に願はざるの幸福をも受くべきなる。安神立命(あんじんりうめい)の工夫は、男も女も、殊に大切なりと雖ども、就中(なかんづく)、女子は感情に駆らるゝ事多く、迷津に誘はるゝ事少なからず。故に、男子よりも一層此点に心を用ひて、人間以上に依頼する所のものを認め、且つ、之にわが精神を委ねて、更に疑ふこと無き工夫肝要なり。さるは、年たけて後は、容易に、神聖なる信仰を固めんは、極めてむづかしきものなり。最も、無我無邪気なる程に為すべし。無意にして、耳に入り、眼に見ゆることの、やう〳〵主色なりもてゆきつゝ、脳裡に感染することそあれ。

されど、信は能く自ら工夫して自ら起るべきもの、決して他より附け加ふべきならねば、かへす〳〵も強ひて為すべきものとな思ひそ。

　掛け巻くは畏こけれども、わが両陛下には、深く祖宗の御神を尊崇敬信あらせ給ひて、大事ある毎には、先づ賢所(かしこどころ)に告げまつらせ給ひ、大婚の御慶典をも、宗廟の神の御前にて、執り行はせ給ひ、御親(おんみづか)ら大御祭(おほみまつ)りには、いとも〳〵厳そかに下り立ち事(つか)うまつらせ給ふと承るこそ尊(たふと)けれ。されば、われら臣民、かゝる御趣きを仰(あふ)ぎて習ひ奉るべし。然れども、前にも云へるが如く、既に信仰は自由なれと詔(みことの)らせ給ひしなれば、その信ぜんとする所のぬしは、人々の心のまに〳〵たるべきは勿論なれど、わが信仰のぬし尊しと思ひつめたる迷ひより、其本とある、己が君をも国をも忘るゝが如き挙動あるは沙汰の限りなり。能く〳〵思ひ過るべからず。

　敬神の観念深くなれば、自づから安神立命の工夫、次第につくに至るものなり。されど、是れは、通常年少の女子の、能くなし得べき事なりと信ずるにはあらねど、前述の如く、信神は、幼少の時よりすれば、十分強固になるものなり。

　次に要すべきは、何まれ。聖賢の書き残されたる、嘉言確言の誦読(しょうどく)なり。古人は、日常、座右に置く所の、机硯、其他の器物どもへ、心を修め、身を守る栞(しをり)たるべき、辞句を書きもし、彫りもせしめて、毎日々々、これを眼に触れしむることを勉めき。又、熊沢蕃山(ばんざん)先生は、君子と小人との形ちを、二幅の掛物に製して、居間の床に掛け、日々にこれに対(むか)ひて、己が心の君子の形ちに似たる時は悦び、小人に似たる時は、憂へ恐れて、自ら省み改められきと云へり。幼少の女児は其ことの意(こゝろ)の、能く弁(わきま)へ知り難き頃より、先づ何と無くて、嘉(よ)き言(ことば)を口に誦(しょう)じ習ふべし。是れぞ、知らず〳〵の間に、主色となりて、修身わが心を支配するものとなるなれば、まことに恐るべき事なる。

　又少女は、わが齢(よはひ)に均(ひと)しき程の人の、善き行ひしたる、伝記を読み、且つ左様の図など絵(ゑが)きたる画などをも見て、自ら古人の徳に習はんことを期すべし。いにしへ、支那の衛荘姜(えいのさうきやう)と云へる賢き夫人は、詩を作りて、年若き人は、殊に同年輩の人の事に感じを引かるゝこと多きものなり、と云はれき。是れ、古人の、患難に遇(あ)ひても、其れが為に心乱れず行撓(をこなひたゆ)まずして、鋭意、能く婦道を踏みたる跡を見れば、我れもなどかは、これに後るべしやはとの、勇気起りて、耐へ難き事も、耐へ得るに至るものなり。されば、心を修むるとは、先づ、畏き神の御旨を奉じ、正しく清く、誠ありて、毫も曲み濁り、偽り飾ること無からんやうにあるべし。尚順次條を逐ひていふべし。

身の有ちかた

少女が身のもちかた、即ち其行ひは、なほ極めて、単純なる時代なり。殊に、父母の膝下に在るなれば、万づ父母の仰するまに〳〵すれば、其れにて何のむづかしき事も無き、未丁年の間は、たゞ、直をにまめ〳〵しく、親の御旨に従ひて、行ひなすべし。決して、我侭なるふるまひゆめ〳〵あるべからず。（父母若し在さずば、其れに代る人に）聖人の詞の如く、父母在します程は、遠きに遊ばず。また遊ぶ所の方角は、必ず示して、仮初にも、無断にて、他へ行く等の事あるべからず。但し、父母のゆるしを得て、遠国に留学する等の事は、此限りにあらず。先づ、朝は早く起きて、身じまひをなし、身のまはりの物は、手づから整ふべし。許多の人召使ふ家なりとも、年少の程は、濫りに人を使はずして、自らわが事をなすをよしとす。是れ自らをさむるの志を養ひ、又、身の運動をも助け、且つ、他を使役する思ひやりの心をも生ぜしむるが為なり。殊に、人手少なき家などにては、我が事は、手早くして、さて、父母の手助けをもなしまゐらすべし。学校へ通ふ程にもならば、殊に、朝夕、家に居る間は、父母の為に、能く事へまゐらせん事を心がくべし。復習や何やに暇無しとて、恰かも、主人が公務に忙がしき時の如き体を学び、母の命令をも背き、机に打ちかゝり居る等は、以の外の事なり。今の学校教育は、（殊に女子の）決して、普通の体格なる少女に負ひ切れぬ程、むづかしき課業にはあらず。能く授業中に、心を注めて習ひ置けば、左程、家庭にての復習に時を費すことは無き筈なり。又多少の復習を要すとも、決して、多くの時を費すには及ばじ。されば、母の助けとなることなどは、出来得る限り、悦び奉じて、まめ〳〵しく立ち働くべし。又運動は極めて体育に大切なり。年少の頃は、最もこれをつとむべしと雖ども、強ひて、家庭のおきてに逆ひ戻るは宜しからず。友達に勧めらるゝとも、正しからぬ場所には立ち入るべからず。善からぬ人とは、交はる可らず。間食は食す可らず。美服を欲す可らず。但し、父母の達てとのたまふ時は、其命に従ふべきも、より〳〵にわが思はくを訴へて、遂に父母の許諾を受くるやうになすべし。身体及び、わが居室器具等、何も〳〵清潔に、秩序正しく取り整ふる習慣をつくべし。不養生の為に病ひを醸すが如きは、不孝なり。能く注意すべし。起ち居ふるまひは、極めて志とやかなるべしと雖ども、学校にて課せらるゝ体操及び運動等は、最も活発なるべし。身ぎれいに、容ちを整ふるはよし。化粧厚らかに、姿のなまめかしきは悪し。容姿は端正清雅【たゞしくきよくみやびやか】にして挙止優美高尚【たちふるまひいうにうつくしくけだかき】なるべしと雖ども、尊貴の家にもあらざる女子の、みだりに上品ぶりたる事をのみ習ひ、且つ左様のふりを為すはいと〳〵笑止なる限りなり。これに反して、高貴の御方の賤しき女子が為すべき事まで心得給つるは、いと有難く奥床しきものなり。掛けまくは畏こけれどもわが后の宮は、世々、養蚕【かひこ】を、宮中になさせ給ひし例し多く、現今欧州諸国の皇室には、看病の事は、婦人が為すべき唯一のわざとして学ばせらるゝ等、まことにあらまほしき事なり。くれ〳〵も思ひ違へて、反対の行ひを為すことなかれ。女子は殊に、少き程に、行ひの汚れたる等の名を蒙る時に終身の曇りとなること、男子よりも甚し。されば、年少の頃の身の保ち方は慎めるが上にも謹みて、煩ひを父母にまで及ぼさゞらんことを期すべし。

言のつかひかた

女子の言づかひは、最も大切の事なり。物云ひざましとやかに声音爽やかに、詞卑しからぬは、其人品も打ち上りて覚ゆるものなり。そは、大人に成りて、俄かに改めんとするは甚だ難し。幼き程より、正しき音善き詞を習ひて、なまり、片言に馴るべからず。長上に対しては、丁寧なる詞づかひ、静かに為すべし。下等へ対しても、女子は、横柄なる言つかふものにあらず。能き程にあるべし。女子は、兎角に、詞多きものなり。詞多きは品無く、詞少なきは奥床し。学校にても、家庭にても、教師の前、客の中にては、答ふべき事さへ、口籠りて、声低く聞き取り難きやうに云ひながら、友達、又は、婢女とある程は、あらぬ事まで声高に、口速く云ひ散らしなどするは、いと〳〵浅まし。答ふべき事、云ふべき時には、判然と審らかに云ひもし、答へもし、云ふべからざる事、答ふべからざる時には、緘黙を守るをよしとす。わが国の今の社会は、物事、未だ十分に秩序立たずして、少女の耳にせしむ可らかざることをも、洩れ聞く折の無きにあらずとも、左様の事には耳とゞめずあるべし。況て(まし)わが口より他に伝ふる等は、恥かしき次第なれば、人の悪評、偽言(いつはり)、乱りなる事柄など、仮初にも口にす可らず。又教師の品評等を、手柄顔に、自宅に帰りて云ひ、或は、宅にての出来事などを、学校にて、朋輩に物語る等は孰れ(いづ)も〳〵あるまじき事なり。且つ友達の上をも、善きはよし。悪き事は云ふ可らず。人の中言(なかごと)、取りとめ無き咄(はな)し、孰れも為可らず。少女が口にすべきは、師または、親などより承りし事、修身、及び学科等に就きての事、其れも、物知らぬ人の前にて、物知り顔になすは悪し。互ひに、同窓の友、又は、家庭にてなすはよし。殊に、年少の程は、見識浅く、百事に至り深からぬものなれば、なるべく我れより咄す事少なくして、他より聞く事多からんことを要すべし。生物(なまもの)じりの頃を、世に。憎まれざかりなど云ふことのあるは、みな、其至り深からぬどちが、耳に聞くまゝに、何の分別も無く、又其事柄の善悪をも、考へずして、濫りに云ひ散らし、或ひは、人の好ましからず思ふことをも、憚らず、云ひ出づるが故なり。されば、右に述べたるごとく、我れは詞少なにして、大人なる人の咄しを、多く聞きとる様にするこそよけれ。年少の時、甚だ理屈ありと信じて、我れ賢げに、大人に対ひて云ひ争ひなどしたる事を、成人になりて後、御身は、小供の時、我れに斯く〳〵の事を云ひつるぞなど云はれて、顔赤うするは、まゝある事なり。能く慎しむべし。但し、小供の、無邪気にして、遠慮なく物云ふが悪(わろ)しと云ふにはあらず。たゞ其事柄の、小供として、云ふまじき事云ふが宜しからずとは云ふなり。思ひ違へて、濫りに大人ぶり、隠鬱のさまに養ひなさる可らず。さてやう〳〵、物思ひわくやうになりたらば、随分に、応答の言辞(ことば)にも馴れて、人の妻となるに及びたらん時、人中に出でゝ、指くはへ、物恥ぢなどするが如きことなからんやうにと心がくべし。其れも余りに、さし出でがましく見ゆるばかりはある可らず。宜き程なるべし。

父母及び祖父母に対する心得

父母に事(つか)へて孝なれとは、三千年の昔より、今にいたるまで、伝へ来たりし教へにて、誰(た)れも能く知ることなれども、さて其誰れも知りて、甚だ手近き事が、存外に行はれ難きは、まことに悲しき事ならずや。父母の子に対する愛情は、天より授けられたるにて、わが子いとほしと思ふ心にほだされればこそ、為し難き行為をもなし、耐へ難き労苦にも耐へて、育みなさるゝなれ。若し、これが、人の与へたる職務ならんには、何とて、暫時の間も、耐へ忍ばるべきかは。其の耐へ難く為し難き事をなして、育まれたる恩は、とても、子たる者が、終身つとめても、返さるべきにあらぬを、況て、女子は、父母の蔭により、父母の手に助けらるゝ程のみ、生れたる家に在りて、成長れば、出でゝ、他の家に嫁すめり。其嫁する時も、父母は、女の為に、よきが上にもよかれと、婿をえらみ、家を志らぶる等、種々の手数をなし、さて、仕度よ、饗応よと、起ち居ひま無くいそしみつゝ、遣りたる後も、その室家に宜しからん、令名もがなと、日夜祈りあんじて、たゞそが幸福と、栄誉とのみを希はるゝかし。斯くて、其女の、事無くて、世にあり経ればこそあらめ。中には、其上にも、身の行ひ修まらず、心おもむき悪くて、遂に不幸の境遇にも陥ることあらんには、父母は寝食を安んぜずして、なほかゝる、浅間しき子の為にも、善後の策を講ぜらる。まことに、忝けなく有難き事なり。さるを、親子の間の孝なるもじにさへ、理屈を持ち出だして、何の為に、子は、親に孝なる可らざる乎。なども云ひ、親は子に慈なり。故に子は親に孝ならざる可らずなども云へり。然らば、親、もし子に慈ならずは、子も親に孝ならでもよしと云ふ乎。さる理屈がましき、法律的の語は、もとより骨肉、夫婦等、親しき家庭の間に取り出だすべきものにはあらじ。法律は、疎く遠き中にこそ入用はあれ。他人なりとも、親友の間には不必用なるべし。若し、親友の間に、法律を頼まざる可らざる事出来たらんには、はや、親友てふ名は取り除けらるゝ時なるべし。況んや。親子の間をや。其余りに、理屈に訴へたる結果、ようせずば、親子、財を争ひて、法庭を煩はす等の事をも生じたる、今の文明社会は、真の文明社会と云はるべきか。まことに怪しむべきことなり。其賢愚高下、及び、貧富の差を問はゞ、わが生の親より、賢き人、位高き人、及び富みたる人、亦世に多かるべし。否其の上に尚、或事柄によりては、我れを信じ、我れを引き立てくるゝ人、亦我が親よりも力を用ひくれたる人、広き世界にはなしと云ふ可らず。されど、那の点よりも、我に利益あり。我れに優れる人は、他に多くありても、たゞ何の訳も無く何の理屈も無く、わが親は懐かしく、わが親の敬はまほしき、自然の情よりして、物あり。これに触れんとすれば、われと彼れと、孰(いづ)れが尊きなどいふ利害得失を思ひ廻(めぐ)らすいとま無くして、知らず〳〵も身を挺(ぬきん)でゝ、親の身を覆ひかばふなどの、自づからなる情こそ、真(しん)に掬(きく)すべき天のなせる骨肉の情誼なれ。この自然の情を啓発して、信を固めたるが、宗教の、ことに優れたる力を有てる所以ならん。何事のおはしますかは知ねどもたゞたふとさに涙こぼるゝ。これは、信者が、神仏の前に詣でゝ、何の理屈も分別も無く、打ち拝まるゝ意を詠じたるなり。是れぞ、子の親を思ふ情の源なるべき。親の我れを愛し、我れを慈み給ふことの、他に越えたるが有難しとのみにはあらず。左様(さほど)までにしむけ給ふ事無きがありてすら、わが親の、なほ親はしと思ふ心こそ、真に可憐なる孝子の情とは云ふべきなりけれ。

先づ、少女が、日常親に事(つか)ふる心得を云へば、其学齢に達して、通学する程に至れば、朝は、早く起きて、身のまはりの物を取り片つけ、居室の掃事をなし、（但し、侍婢(じひ)多き家にては、此限りにあらざるべきも、年少(としわか)の頃は、なるべく、運動がてら、自らなすをよしとす）身じまひを終へ、なほ時間あらば、父母の為に手助けをなすべし。其出づる時、帰る時は、必ずまた父母に告げて、父母の機嫌を伺ふべし。古の賢人も、子の親に事ふる道を説きて、色難(いろかた)しと云はれき。そは、父母は、常に、わが子の上を案じ煩ひ給ふものなれば。其顔色の悪き、又は不愉快げなるなどを見ては、病やある。心配やあると、いたく心を労し給ふめれば、先づ、父母に見(まみゆ)るには顔色をよくせよとは教へられたるなり。されば出(い)で入(い)りにつけて、父母の前にまゐりたる折には、うらゝかなる面持(おももち)、にこやかにして、爾(しか)も礼容うや〳〵しかるべし。さて、学校より還りたる後は、なるべく、復習等は速やか済ませて、母の仕事を助け、夜は、親々の肩腰を撫でさすり、又は、新聞、雑誌等の中にて、まさなからぬ事柄の、能く父母の心を慰むるに足るべきやうの箇條を選びて、読みもし、物語などもして、聞かしめまゐらすべし。但しこれは少し学びの道も進みて後の事なり。

次に、身体を強健ならしむることは、孝道の一つなり。聖人も、父母はたゞ其病をこれ憂ふと云はれき。されば、不注意にして、不測(ふしぎ)の疾病にかゝり、又は、負傷して、親の心を煩はす等のこと無きやうに、衛生と体育と忽(ゆるが)せならず行ふべし。

　祖父母に対する心得は、父母に対すると、格別異なること無かるべしと雖ども、要するに、祖父母は、父母よりもなほ、齢積りて、身も衰へ、気力も乏しくなられぬるなめれば、一層注意して、丁寧に親切に、事へまゐらすべし。年老いたる人は、眼もかすみ、耳も疎く、起ち居もおぼ／＼しくなる習ひなれば、打ち見も穢なげに、また其云ふことも、物忘れがちなるまゝに、くど／＼しくなどあるべけれど、其れを疎んじあざけり、或は、うるさしとて、顔つき悪しうするなど、以ての外の事なり。左様に身衰へたる人の、何時までか存命ふべき。残の齢少なく成られたるなれば、いとほしと思ひて、わが力の及ばん限り、慰めもし、悦ばせもなしまゐらせんことを期すべし。若く艶めきたる顔に、老の波寄せ、麗はしき緑の髪に霜置きそむるは、たゞ仮寝の夢の間ぞかし。おのれ／＼もみな、斯う老い衰へて、死るならはしを思はゞ、身を摘みて、人の痛さを知らざる可らず。わが斯様になりなん時、斯く志むけらるゝは、嬉しく、斯くせらるゝは詫しきものぞと、思ひ廻らして、真心に親しみ敬ひ事ふべし、歯悪くなりたる人には、和らかき物殊に、其嗜めるなどは、少しにても取り置きて薦め、外出懶くせらるゝどちには、時をり／＼の花、紅葉も珍らかにおぼさるべければ、朝夕出で入りの序毎にも、面白き小枝いさゝかにても、折り取りて机のもとに挿しまゐらする等、すべて、はかなき事も、あはれ深かるべき心しらひ肝要なり。

　すべて老いる人は、わが親族のみにはあらず。他人の更に見知らぬ人にても、憐みの情を起して、慰愉助力の、出来得らるゝ限りは、なしまゐらするこそ、誠ある人のしわざとは云ふべきなれ。むかし、某の侯、明君の聞え在しましけり。ある修行者、その領内の市に入りて、旅宿求むとて、其家主に。アゝ人の、この国の主は、賢君なりと称へたりしが、げにとこそ覚え候へと云ひしかば、主人いぶかりて、御身は、今他郷より入りて、此所に着かせ給へるばかりなるに、何を感じてか、左様に宣ふぞと問ひけるに、修行者答へて、さればとよ。今来つる道にて、年十二三ばかりなる少女の、老いたる嫗の手を引き助けて、物語りしつゝ行くを見しかば、我れ、少女にむかひて、其は、御身が祖母にやと問ひたるに、少女答へて、否われは、知らぬ人なれども、道にて、すばく起りて堪へ難しと云はれつれば、道のついで故、引き助けまゐらするなりと云へり。侯の徳庶民の幼者にまで及びて、其長上を敬ふ教普（あまね）きを知るに足れり。と歎じたりとは、まことに面白き咄しなり。総じて、女子は、同感の情とて、他のあはれなる者を見ては、我が身の事のやうに感じつゝ、希（こひねがは）くは、其れ、助けまほしと思ふ心こそ、真に、天賦の淑徳のきざせるとは云はめ。この情、この心、幼きより能く養成せざれば、好果を結ぶこと難し。

此他、伯叔父母なども、大抵、父母、祖父母に対する心得と、大差無かるべしと雖ども、わが骨肉の親疎より云へば、父母は第一、祖父母は第二にて、其つぎ／＼の差等あるべければ、其最も親しかるべきに疎く、疎かるべきに親しきなど、本末を取り違ふるやうのことある可らず。されど、其れ将（は）たきは／＼しく、家内の人ならずとて、疎々しきなどは、いとも／＼あるまじき事なり。殊に、伯叔父母のごときは、大抵、家をことにせらるゝが多かるべければ、たまさかに、来もし行きもしつる時は、うら無く懐かしく、愛敬の情を尽して長上（めうへ）に事ふるの心がけ、ゆめ／＼怠ることなかるべし。

兄姉に対する心得

兄姉は、先づ大抵は、わが少女てふ位置に在るほどは、ひとつ家に在（おは）すること多かるべし。古語に云へるがごとく、同胞は、手足の如しにて、衣服の表裏（おもてうら）のやうに、密接してはあらねども、切るにも切られず、離るゝにも離れ難きものなり。故に指のさきに、兎（う）の毛ばかりの傷所（きず）出て来ても、総身の悩みとなるものなれば、この手足のごとき同胞は、互ひに助けられて、いさゝかの傷所をも生ぜざるやう、能く心すべし。況（まし）て、われより年かさなる兄姉たちは、父母亡くなり給ひて後は、父母に代りて、我れを養ひ、我れを慈まるゝなれば、殊に、真心をつくして、両親にさし亜（つ）ぎては、敬ひ親しみまゐらせ、友愛の情深からんことを欲すべし。さて、弟妹なる人の最も心すべきは、兄姉は、父母と異なりて、やゝもすれば、其齢（よはひ）の差等格別無きなどもあるべく、且つ、大抵、室を供にし、食を均しくし、相ひ睦むこと、余りに近きに過ぎては、知らず／＼、敬意薄くなり、兄姉の云ひつけを聞かず、口返答に憎げなる詞（ことば）を使ひて、我れ賢こげに、気随のふるまひをなす等すべて、少者の深く戒むべき事なり。

悌とはすなほと訓じて、専ら弟妹の、兄姉に対する徳を云ふなり。されば、少者は、長者より云ひつけられたる事は、快く承りて、其事に従ふべし。よし、多少無理なる点ありとも、其れに従ふは少者の道にて、決して恥かしき事にあらず、寧ろ嘉みすべき行ひなり。斯くて後、其長者の言行の、いかにしても、道にかなはざる事ありと認めたる時は、顔色を和らげ、詞をつくして、反覆丁寧に諫めまゐらすべし。但し、年少の頃は、多くは感情に駆らるゝこと烈しきに過ぎて、やゝもすれば、物事、中庸を失ふことあり。且つ、其見聞と経験との尚未だ狭小なるが為に、或ひは、是非の識別を取り違ふること無きにしもあらねば、己れ、是なりと信ずることも、能く〳〵熟考し、又は、有徳の長者に計りて、其上にあらずば、容易に喋々、可否を論弁する等のことある可らず。況んや、女子は、男子よりも、一層、謙遜和順の徳を守り、言を後にして行ひを前にせんことをつとむべし。

兄姉などの病せられたる時などは、殊に心をつくして、親切にみとりまゐらすべし。同胞は大抵、寝食起臥も、ともにする事多ければ、そが悩みを救ふは、最も己れ〳〵が任務なりと心得べきなり。何事につけても、女子は、幼きより、物をあはれむ同感性を養成すること、極めて肝要なりし。

弟妹に対する心得

年少女子が、なほ其弟妹に対するは、わが力の及ばん範囲に於て、出来得べき限りの注意も与へ、世話をもなし、同胞の中睦ましくして、毫も、わが両親に心配をかけざるやうにすべし。即ち、両親の、わが小供等は、中よくて、更に物争ひしたる事も無ければ、安心なりと思召すやうにと心がくべし。これ、其年かさなる者、年したなる者に、能く親切をつくすにあらざればあたはず。かへす〴〵も能く心に心して、少者を憐れみ教ふべきなり。（尚、妹としてのつとめの所にいふべし）

婢僕に対する心得

少女の、婢僕【めしつかひ】に対するには、最も能く注意すべき事あり。抑も、未丁年の女子が、父母の膝下に在る程は、何事もみな、父母の蔭によりて、世にあり経るものなり。されば、一椀の食、一具の衣も、すべて、親のたまものにて、我れは、家の為に、何の為す事もあらず、上流は云ふに及ばず、中等の生活をなす家族に在りては、資金を投じて、それが教育をも施され、衣食住其他の必要品はものかは其翫具に供し、歓楽を助くる物品よりはじめて、さま〴〵の慰みにまで、時を借し、金を費さしめ給ふなれば、まことに忝けなく勿体無き事と心得て、一芥の物も、我物ならず、みな両親の物なれば、苟且にも、己れ私しすべきにあらずと思ふべし。されば、其召使ふ人々とても、我が召使ふにはあらで、両親の召使ひ給ふを借りまゐらするなれば、たとへ取り分きて、わが為にとのみ、傅け置かるゝ者に対しても、決して、倨傲のふるまひあるべきにあらず。さるを、良家の子は、やゝもすれば、人に驕る心高ぶりて、我侭となり、我侭募りては、疳癪となり、侍婢小僕のわが意に満たずとて、打ち敲き掻むしり、又は摘みなどする者さへあり。こは、男児にてだにあるまじき事なるを況て、女児にかゝる悪き癖のあらんは、いと〳〵浅間しき事なり。思ふに協はぬ事ありとも、能く堪へ忍びて、濫りに腹立たしきふるまひを示す可らず。わが云ひ聞かせたるのみにては、彼れ若し、幼なき主公と侮りて、用ひざる等の事もあらば、已むを得ずして、母に告げ、母より静かにさとさしむべし。然れども、小供の云ひつけ口は、いと憎きものにて、また道を知る者の、決してなすべき事にあらず。能く〳〵思ひ廻らして、なるべくは、左様の折にも告げまゐらせぬはいとよし。されば、幼なしとて、召使ひどもに侮らるゝは、己れが徳なきなり。蛇は三寸にして、其気を呑み、針は小なれども、人其触れんことを恐る。幼少の頃より、下ざまの者の、慈愛に懐き、威光に憚るやうにあらしむべき事を要すべし。是れ他なし。自ら心を正しうし、身を修むること最良じくして、始めて能く、婢僕の畏信をも全うすべし。婢僕の多くは教無くして、卑しき家庭に育ち、且つ、良らぬ友にも交はりなどしたるもあらん。故に、格別の人物ならぬは、先づ、われよりも劣等の者どもなりと思はざる可らず、是等の徒は、慈しみ恵みて、いたはり使ふべきも、濫りに馴れ近づく可らず。年少の女児などが、母よりも姉よりも、聞くこと無きに、淫りなる咄し、穢れたる事柄などを聞き覚ゆるは、大抵召使ひの婢等より伝へらるゝこと多し。まことに悲しむべき次第ならずや。父母は、折角、純白なる少女が心は、麗はしき淑徳の色にこそ、染めゝと思したためるを、知らぬ間に、婢女のしはざに不潔なる風を吹き込まるゝなどよ。かへす〲も口惜き限りなりかし。されば年少の女児は、能く注意して、侍婢などの、あるまじき物語など始めたらん時には、形ちを正うして、其物語を中止せしむべし。又已を得ざる場合ならずば、其坐を避くるもよし。そのかみ、仏国（フランス）の或市街に住む某（なにがし）の女児は、其齢七八歳の頃、自らが、小学校より還り来て、示したる文字を、廿歳を超えたる侍婢の、更に読むこと能はざりしを憐みて、母に請ひて、毎日一時間づゝの暇（いとま）を婢に与へしめ、已れ自ら教師となりて、遂に侍婢に普通教育を施し、婢が齢卅歳に及べる頃ほひまでには、立派に婦人一通りの事を知らしむるに至りければ、彼の侍婢は、其恩に感じて、終身、其女の為に、無二の忠婢となれりきとぞ。いとあらまほしき事にこそ。

総じて、数多の婢僕を召使ひをる家に、成長せし女子は、やゝもすれば、人使ひあらく、思ひやり少なく、弥（いや）が上に用事を云ひつけ、又は、其事の思ふやうに出来ざりしとて、腹立ち怒り、或ひは、心いられして、為し難き程、速かに事取りしたゝめんことをせしむるなど、いとあるまじき振舞をなすが無きにしもあらず。況（まし）て、左様の事戒め訓（おし）ふべき母親亡き子、已むを得ざる事情にて、義理ある親戚に止宿し、通学する少女などには、側（かたは）らより訓戒する長者の在（おは）せぬまゝに存外にさる悪き癖つく事あれば、能く〲幼少の頃より心して、何は兎もあれ物のあはれ思ひ知るやうの教育忽（ゆるが）せにすべからず。

又出入人、及び、父母の蔭に立ちて、世を過ごす者どもなどは、みな、その子女に対して、世辞をも云ひ、甚しきは、これにてらひて、父母の甘心をも得んと企つるさへ無きにしもあらざるべし。されば、左様の人の云ふ事は、やゝもすれば、我れを過賞【ほめすぐる】し、我れを驕らしむる媒（なかだ）ちとならずしもあらざめれば、能く心して、なるべく丁寧になさけなさけしくは、取り扱ふべきも、余りに馴れむつるゝ等のことある可らず。すべて下ざまに対するは、何はありとも、慈愛仁恕の徳を旨とすべく、且つ、年少の頃なりとも、彼等をして、常に侮り難き思ひあらしむべきなり。

学ぶべきことゝ学ぶ可らざることゝ

女児が学ぶべきは、先づ普通の学科これは、小学の頃は、男児と格別異(かは)ること無かるべしと雖ども、同じく、歴史を学び、地理を学び、又は、理化動植物を学ぶにも、女子は、他日、一家の主婦となりて、其家政を整理し、其子女を教育し、其他妻として、母としての実践に裨益(ひえき)あらしめんが為に学ぶものにて、男子の如く、直接、軍事、政治、法律等、其他外面の職務に従事すべきにあらねば、能く是等の点に注意して、首尾本末を取り違へぬやうにすべし。然れども、其妻たり、母たるの地位より、これを内助し、これを薫陶するにあたり、其夫たり、其子たる人が、心をつくし、力を用ひつゝある、百般の事も、いかさまにかとも、更に思ひわくよしも無くては、何としてか、其心を慰め、其意を安んぜしむるに足るべき円満の家庭をつくることを得ん。斯かれば、女児が、将来直接にたづさはるべき家庭及び育児等に就きては、最も深く心を用ひて学ぶべしと雖ども、其間接に関(あづか)るべき、即ち男子が本領たる、事業学問等は、単(ひと)へにたゞ之を知るにとゞめて、決して、濫りに口にす可らず。さるを、年若く至り深からぬどちは、やゝもすれば、其学、宏遠に馳せ、迂闊に流れて、古文を弄(らう)し、詠歌に耽り、又、歴史に渉猟しては、つひに軍事の壮快なる、政治の奇警なるなどの咄しの面白みを感ずるまゝに、深窓のもとに針をとりて、衣の破れ目を綴り、厨房の裡(うち)に、手鍋をひさげて、食物の按排をなすが如きは、甚だ卑しく、云ひがひ無きやうの事と心得、果ては、身、女性たるをしも忘れて、傲然男子の言行を学ぶが如きは、まことに笑止の限りなりけり。されど、其れも、女丈夫、女博士と云はれて、巴(ともゑ)、曹大家(そうたいか)、政子、ジアンダーク、の輩(はい)に肩をならぶるが如きにまで至らば兎も角も、其始めは、脱兎の如く、凄まじかりし権幕も、終りには、持前の処女と化し去りて所謂虻もとらず蜂もとらずなりぬるなどよ。げに、虎をゑがきて狗に類するの戒め、能く惟(おも)ふべきなり。

　されば、女児として、学ぶべきは、前述の如く、其主婦たるに於て、必要なるべき普通の学科は云ふも更なり。若しなほ余力あらば、何にても女子が職業として相当なるべき技芸を学び覚ゆべし。是れ、其女の、幸ひにして、富貴の身ともならば、つれ〴〵を慰むる手づさびに試みて、其品は友達にも贈り、或は、代価にも代へて、貧民などを救はんたづきとすべし。泰西の慈善会(バサー)なるものは、もと、貴婦人が手づから作られたる物品をひさぎたるにて、今の如く商店より買ひ入れたる品を売るは、其已むことを得ずして、取り加へたるなりとぞ。況んや、中等以下の女子に在りては、家政を理むる余暇に於て、わが手にわが費用をさゝふべき助けともなすべし。さるは、万一不幸にして、寄るべき人に別れ、仰ぐべき蔭に離れたる等の事ありとも、親戚にすがり、朋友にたよりて、そが助力を請ひ、只管その鼻息をさへに伺ふなどの、はかなきさまに変り果つるが如き悲しみに遇ふ事も少なかるべし。況んや、昨日までは、親、夫が光をうけて、我が門にだも、光彩の生じて、他に敬はれし身の、今日は、反対に、その敬はれし人の前に腰をかゞめて、我が上、又は、孤児の上をさへ、依頼せざるを得ざるの境遇に陥るは、余りに、云ひ甲斐無く口惜しき限りならずや。彼の、孟母が手に織り出だしけん錦もて、いとし子が学びの資にも充て、つひに、そが心の文をも、世にあらはしゝ事よ。彼女が機糸を断ちて、子を烈ましつる英断も、若し、親戚朋友の助けによりて、世のたづきを得つゝある身ならましかば、何とて、我が心一つに斯かる事の実行せらるべき。されば、女子が品位格式を有ちて、能く其徳を全くせん事は、単へに、其自ら立つの覚悟無くてはかなふべきにあらず、自ら立つの覚悟は、また自ら為すの業無くては遂ぐべきにあらず。凡そ、他の助けを借らずして、能く自ら助くるの人は、常に心のどかに、容ゆたかにして、自づから犯し難き威風と、親しむべき和気との備はるものにぞある。さて斯の如く、志堅く、業秀でゝ毫も、人の蔭を仰ぐの必要無き人の、なほ、能く、其女たり、妻たるの地位を忘れずして、いよゝます〳〵、其親、夫に従順孝貞ならん時こそ、まことに、孝女貞婦と称せらるべく、其価殊に尊かるべきなれ。然るを己れ、一定の見識も無く、分別も無く、又其自ら立つに足るべき業も力も無き人の、たゞ唯々諾々として、其長者に盲従し、或は、不平ながらも、其蔭を離れては、世にたづき無くなるが、悲しさに無理不道理にも屈従し居るなりと云ふに比しては、豈霄壌の差のみならんやは。能く惟ふべきにこそ。

尚打ちかへし云へば、女子が幼少の頃より、学ぶべきは、その常識【コンモンセンス】を養ふべき、普通の学科にして、其れより漸次、嫁娶の齢にも近づかば、裁縫の業、料理の術は、殊に心を入れて習ひ覚ゆべし。次に、挿花、茶の湯、音楽（箏、洋琴、風琴、バイヲリン等の、高雅なるもの）なども、美育の助けとして、一亘り心得置くべし。又、詠歌も、女子が品性を高雅ならしむるには、極めて宜しかるべければ、暇（いとま）あらん折は試みしめて可なり。されど、前にも云へるが如く、前者は、女子が正課として、必ず学ばしむべきもの、後者は、副課として、若し学ぶ余地あらば、学ばしむべしと云ふなり。必ず、これを課せしむべしと云ふにはあらず。古語に、衣食足りて礼節を知ると云へるは、民に衣食を足らしめざれば、礼節を学べとも、督励せられざるの意ならめど、実に、衣食を足らしむべき実学を前にして、其礼容を美ならしむるは、後のこととすべきなり。但し、前者後者ともに、能く徳を本とし、誠に基（もとゐ）して、正理に依り、正道を踏まんことは、造次顛沛（ざうじてんぱい）も忘る可らず。尚、機織（きしよく）、紡績、養蚕等の業（わざ）は、そのかみは、女子必須の務めとしたりし、げにさる事ながら、斯く、事物の復雑を極めもて行く今日に在りては、到底、人毎に習らひ得べくもあらねば、往昔（むかし）のごとく、必ず行ふべしといふにはあらず。然れども、せめて、我が着る物は、斯やうになして、作らるゝものとばかりの方法（てだて）だに知り置きて、満身綺羅を飾れるどちも、蚕を養ふ人が、夜もいを寝ず、労（いたづ）き務め、糸引く工女が、獣に似たる怪しの臥戸（ふしど）に、夢やすからず、はたり使はるゝさまを、あはれとだに思ひやる惻隠の心を養はまほしきなり。其他、押絵、刺繍、編物等、さま〴〵女子が手工として、似合はしきは、暇々（いとま〴〵）に心得置くはよし。されど視力弱き人などは、斟酌（しんしやく）あるべし。絵画もまたつき〴〵しきものなれど、こは善くゑがゝんには、幾多の歳月をも費すべく、また、多少天品の才をも要すべきなれば、打ち任せては、学校に於て普通学科中、其方法を学ぶばかりにとゞむるも差し支へ無からん。（以上、列記したるものゝ中、何まれ。一術に心を入れて、其業を成就し家計の助けとなすがごときは、最も嘉（よみ）すべき事たるは、前に云へるがごとし）

日課

女子成長しては、一家の主婦となりて、家庭を整理すべき責任あるなれば、幼少の頃より、先づ、物事に秩序立ちたる習慣をつくべし。さて、これを秩序立たしむるには、先づ日課を製して、必ず、其規則を履行せんことを要すべし。毎日、朝は、何時に起き、夜は何時に寝、何時に食事して、何学は、何時より何時まで等の如く、極（き）め置きて、其規定の範囲内にて、行ふ事能はざりし時に尚翌日に至りて、之を補充するも可ならん。斯くて一週間に一度とか、二度とかの休業日、一日に、何時間と云ふ、休業時間には、なるべく、心楽しく、且つ、身体の為たるべき、遊戯をなすべし。能く務め、能く遊ぶは、文明の民にして、能く務めず、能く遊ばざるは、未開の国の風なりとぞ。げにさもやあらん。されど、年少の頃は、すべて、父母及び、家長の命令に服従すべきなれば、前述の如く、規定の日課は、励行すべしと云ふと雖ども、或ひは、父母の命等に依りては、已む無くも、これを変更して、其仰(おほ)するまゝに従はざる可らざる事もあるべければ、こも亦、膠柱の嫌ひ無からんやうにあるべし。

女児、やう／＼物学びの道に進みて、かづ／＼、物記すに足るべき程にもならば、なるべく、毎日の出来事は、日記帳に記し置くべし。これ、年長(た)けて後の忍ぶ草ともなり、又時としては、随分に、種々の参考に供する助けとなる事もあるべし。殊に、文章の練習には、此上も無き好(よ)き手段にして、日記など記さんとすれば、勢ひ、達意の文書くことを講ぜざる可らず。故に、題を設けて、徒らに、架空の事柄を記するに勝りて、大ひに、文章進歩の裨益となるべし。

其他、小さき手帳は、常に坐右に供へ置きて、覚え置きたしと思ふことは、記載するをよしとす。是れ亦、年月を経て見る時は、いと面白くもあはれにも感ずること多くて、且つ、多少、何かの助けとなるものなり。

何も／＼、幼き程より物の極(きま)りと云ふ事に能く心して、方正なる規則に馴れしむべし。日課を定めて、課業をつとむる等の事も、亦、物事を規則立たしむる習慣つくるに必要なるなり。

この他、女子が、父母の膝下に在る程のつとめは、なほさま／＼あるべけれども、爰(こゝ)には、其大方にとゞめて、他日、更に補ふ所あらんとすなり。

三、妻としてのつとめ

人の妻となりては、先づ、貞道をもて、婦徳の要となすべきは、今更に言を俟(ま)たず。爾(しか)も尚、内助の績のあがらんことを期するには、先づ、其良人(をっと)が志望職業のいかんをも知りて、且つ励ますべきは励まし、諫むべきは諫めざる可らず。されば、妻として、必ず修むべき家政育児等に就きての学文技芸は云ふまでも無く、其夫を助くるに足るべき力を養成せんとするは、中々容易の事にあらず。然れども、其之を実践して、実功のあがると否とは、必ずしも、学の深浅才の多少にのみも関はるにあらず。要は、至誠純潔の心を以て、能く百事に注意することを怠らず、勤勉以て、能く久しきに耐ふるを得ば遂に婦道を全くして、良妻たるの名誉を有つことを得可し。

心の修めかた

心の修めかたは、前に、少女としてのつとめの所に述べたるがごとく、先づ、安神立命の工夫を定めんこと、極めて肝要なり。人常に自ら安んじ、自ら信ずる所あれば、縦令(たとひ)いかなる事件出来(しゅったい)して、或ひは、性命に関し、名誉に関し、又財産に関する等の事ありても、決して、惶(あわ)て騒ぐこと無きなり。既に、大節に臨みてすら、奪ふ可らざるまで、志(こゝろざ)しの確乎不抜となりたる者の、何としてか、日常、些末の事に、心の乱れ騒ぐことのあるべき。されば、人間、毀誉栄辱の外に立ちて、綽然(しゃくぜん)道を楽しむの工夫は、先づ其種子を幼少の時より蒔きて、而して、其発生を青年の時に期し、効果を成人の上に俟(ま)つべし。

然るに、其少女時代に就て、家庭の教育も厳粛に、学校の教育、亦、十分に行届きて、我侭気随(わがまゝきずゐ)の増長することも無く、且つ耐忍の力をも、可なりに養成せられたりと信ずる者も、さて暖かなる父母の手を離れ、懇ろなる師父の蔭を去りて、冷やかに荒き世の海にさし出で、習慣異なる他人の家に入りては、万づ、昔にかはる事のみ多くて、始めて、社会の辛酸を嘗(な)むるに至れば、我れは、随分に、精神教育をも受けて、物の理(ことは)りも知り、事に耐ふる覚悟も出来たる筈なりしかど、自ら己れを疑ふばかり、いと思ひの外なる事にも遇ふものにぞある。譬(たと)へば、わが生家を出づる時、父母は我れに敢へて舅姑(きうこ)は父母に異ならず、今よりは、夫の父母を我れらが如く思ひて、孝行せよと云はれたるに、さても、まことの父母とは、甚だ其趣きを変へて、何事も小姑には気易く云ひ行ひ給へども、我れには疎く我れにはつらし。そも如何にせば、其心をして、生(うみ)の親の如くならしむべきと、人知らぬ胸に手を当てゝ思案に沈むはまだしもの事、わが夫こそは、天にも地にも二つ無き頼もし人なれ。我が妻には御身ならではと、両親のもとへ、懇ろに云ひ納(い)れて、さて迎へとり給ひし程は、父母の愛にも立ち増(まさ)りたりと覚ゆる迄、万づにつけて、我れを慰め、我れを労はり給ひしものを、此頃に至りては、さも無き事も気色に障りて、打ち腹立ち叱り懲らし給ふは、若し己れを飽き厭ふの心生じ給ふにはあらずやなど、思ひ去り思ひ来たりては、身の置き所無きまでに、気もくじけ、心も沈みて、ありし少女の頃の、快濶に爽やかなりし性質は、何所へやら消え失せて、物事に後れがちに、憂鬱のさま、やうやう見えもて行くに及べば、いとゞ夫の感じも悪くなりて、互ひ／＼に不愉快をいだき、甚しきは、遂に破鏡の悲しみをさへ見るに至ること無きにあらず。されば、茲ぞ妻が心を修むるの覚悟を慥かむべき所と悟りて、憂きもつらきも、忍ぶるまゝに過ぎ去りて、またも心のどけき歓楽境は、廻り来るものなることを考へ、先づ、我が心をして、いよゝます／＼正しきに導き、静かに事の成り行きを待つべし。斯くすることしば／＼なる程には、遂に自らも前の事は、我が余りに思ひ過ごしたるなりと覚ゆるもあり。或ひは、彼れより、思ひ直りて、過ちを悔い、悪きを糺し、妻の勢化に薫ぜらるゝ事もあるべし。世の中の事は、決して理想通りに行くものにはあらずして、却りて、予想外の事のみ出で来るものなり。天地の間の事にても、晴天の日のみはあらで、雨嵐の騒がしき、海嘯、地震のまがつみさへに起るめり。況んや、人間百般の事、何とて、楽しく面白き時のみかあるべき。人は見て、幸ひ人と思ふとも、我が心の安らかならずば、寧ろ不幸の人なるべく、他は指さして、不幸の人と評せりとも、我が心だに安らけくば、却りて幸ひの人なるべし。女の妬み無きは百の拙きをおほふ。と云ひて、わが俗、往昔は、いたく婦人の嫉妬を戒めたるに、今の生怜悧なる者の正なごと云ひ出だして、我が女子にのみ嫉妬を抑へしめて、敢て、男子の上に及ばざりしかば、東洋の男子にいとゞ、獣の行ひを恥かしとも思はぬに至れるなり。されば、自今以後は、婦人も、随分に妬みの心を遠慮無く夫に示して、そが匪行を攻撃するこそ、中々に、夫の為めなるものなれとさへに極言するに至りしは、まことに浅間しきことならずや。わが古の教へなりとて強ちに、夫が不品行をも知らず顔して、為すが侭に為さしめ置くを賢女なりと云ひしにはあらず。夫に悪き行ひあらば、妻たる者は能く之を諫止して、敢て其過ちを再びせしめざるを、内助の徳とも云ひしなりけり。されど、決極の所、いかにしても、之を矯正すること能はざりし暁には号泣して暫らく之を黙止し、唯自らを修めて、更に、他日復た諷する機会を俟ち、尚其上に、自らを追ひ退けらる丶ことありとも、つゆも恨み憤りて、其不平を他に訴ること勿れとせし女訓は、げに女子が為には、男子に比して片落なるべきも、若し之を守るの婦人あらば、今の社会なりとて、必ず、節婦といひ貞女といはれん。決して愚人痴者と云はるべきにあらず。されど、斯かる厳格なる女子の教を楯にとり、男子は、先天的我侭を履行する特権ある者なるかの如く心得て其正しく誠ある妻をも誣げ、辱かしめたる、男子こそいと悪むべく疎んずべき者なれ。こは近来に至りて、やう〳〵其不心得を説く人、異性の中に出で来しかば、我れらは、先づ、他を惜きて、わが同性の方より云ふべし。凡そ、世に種々の心を苦しむるものはありとも、嫉みばかり、心を痛ましめ、身を疲れしむる者はあらじ。嫉みは、敢て、夫と妻との間にのみ生ずる者にはあらず。友人を嫉み、同胞をも嫉み、甚しきは、親の子を嫉み、子の親をしも嫉むにさへ立ち至りては、其大きなるは、遂に位を争ひ、国を争ひ、四海大乱の基ともなりし例し少なからず。されど其最も多くして、且つ適切に苦痛を感ずるは、夫の他心あるを嫉むに在り。げにその、心の生ずるは、他の事がらに対すると違ひて、いと理りなる嫉みなり。そは如何なる理屈ありとも、こは妻の悪きにあらずして、夫の悪きなればなり。婦人、一旦、夫に配しては、其夫の縦令救ひ難き貧困に陥り、厭ふべき疾病を発し、またはあらゆる患難に遭遇する事ありとも、夫の不幸は我が不幸なりと心得て、敢て離れ戻らんの心を生ずる事無く、身は死地に迫るとも、いよ丶志を固くして、夫に力を添ふべきは、勿論なれども、夫其徳を二三にするに至りては、公正なる大道より判すれば、妻の、忍ぶに耐へずして、離婚を求むとも、不條理なりと云ふに詞無かるべし。されど、爰ぞ、東洋女子の、他に異なる特色のある所にて、第二の性なる習慣は、斯くも、天性の至情を矯むるに力あるかを証拠立つる迄なりたる、往昔の俗を、今も猶、其侭にとまでは勧めねども、希くは、妻の至誠至情高潔なる心、謙譲なる徳の、能く其良人が逸せる心の駒の羈を引きかへして、誠の道に至るまでの耐忍を養ふと同時に、彼の安神と云ふことを工夫して、耐へ難きを耐ふるも、なほ自づから、余裕ありて、疾をなすが如きの悲境に陥らざらんことを期するにあり。然らざれば、霜雪に瘁げ衰ふる梅の、花咲く春に遇はずして、枯れ折る丶の悲しみを見ることあらん。能く思ふべきにこそ。

身のもちかた

妻としての身のもち方は、最も厳かに正しかるべし。苟且にも、其良人なる人に、疑はしく心もとなきやうの感じあらしむるは、既に其徳に欠けたる所あるものなりと心得、自ら戒め自ら慎み、婦人の貞徳に曇り無からんことを希ふべし。

先づ、容儀の整へは、妻たる者の、深く心を注むべきことなり。往古のわが女訓に。夫に素顔を見すな。とは、云はれたる事なり。されど、そは唯、紅白粉を厚らかにつけて、なまめかしくあれかしと云ふにはあらず。出づる時も入る時も、晴なる場所にても、人見ぬ所にても、艶やかに洗ひ梳りたる髪乱れず。身体垢つき汚れたる方無く、いつも清潔に折目正しき衣の着つけうるはしく、色形ちの配合も、其人柄に似合ひて、卑しからず、高等なるやうの選みも、さすがに時に後れで、流行を逐はず。一節立てたる趣きありて、気高く奥床しくあるべし。さるを、口中に悪き臭ひあり、爪の間に黒き物をとゞめて、穢なげなる頸などの、ふと打ち見る人さへ、厭悪の念を生ぜしむるなど、いとも／＼あるまじき事なり。花嫁と云はるゝ程こそあれ。やう／＼所帯じみ、子など多くまうくるに至れば、身も心もいとま無く成りもて行くまゝに、筐の鏡塵積りて、髪も梳らず、容儀も整へず。やゝもすれば、身のまはり不潔なるまで、取り乱して、炊婦然たる妻の容子を見ては、いとほしとは思ひながらも、遂には、疎ましと覚ゆる心の、我が夫にさへもつきぬるなるべし。勿論子女の教育、家事の取扱ひに、我が身のならんさまをも忘るゝ、其心は憐むべきも、其行ひはまだしと云はまし。されば、幼き程より、物事を秩序だてゝ、むだせぬやうに、時は瞬間だも、空しく費やさぬ習慣つきて化粧等も、極めて手早くなす事に習ひ置きたらんには、いかにいとま無き生活にたち至るとも、身繕ひ清らかに整ふる程のひまはあるべし。さるを、召使ひ人も無く、小供多なる人の、常に身じまひうるはしくしたるは、何時の間に斯くはと、眼驚かれて、奥床しくも懐かしくも覚ゆるものにぞある。されど、忘れても、艶妖、他に媚を求むるが如き、卑しく汚れたる心を持ちて、仇めきたる粧ひ、驕がましき、衣装などせんと思ふ可らず。斯かる方に傾かん程ならば寧ろさきのむさ／＼しき身なりさへに、勝ると云はまし。かまへて／＼思ひ惑ふ可らず。

往古は、「女子は閾(しきゐ)を越えず」などさへ云ひて、務めて家居(かきよ)することをのみ善しとせしは、今の如く、女子も公共の事業にたづさはり、又は、種々の職業をとり、或ひは、夫を助けて交際場裡(ぢやうり)に立ちめぐるが如き事の無かりし故にこそあれ。若し其事無しとせば、そが外出は、物見遊山、物まうで等にとゞまるべく、且つ、教へなき女子が、濫りに、左様の所に立ち入り、又は、人々と物がたりなどせんには、善き事は少なくして、悪き結果のみ多かりしかばにや、強ひて外出(そとで)歩きは戒めたるならん。況(まし)て、運動の体育に大きなる裨益ありなど云ふ事は、夢にだも知らざるかゝる世には、其服装も、亦、行歩(かうほ)に不便なりしは云ふも更なり。何につけても、内にのみ居らではえならぬ風俗の鉄鎖、固くそが身体も手足も束縛したりけん時代こそあれ。今は、夫の為、我が為、且つ家の為にも、なるべく見聞をも広くし、身体をも健やかにし、出来得べき限りは、交際も滑(なめ)らかに公共の事にも尽すべきなれば、家事も漸々(ぜんぜん)に規則立てゝ、次第に時の倹約をも工夫し、我が本分の職務に差し支へ無きやうに、内を整へ置きて、さて後に外に出づるは、まことにあらまほしき事なり。是等の婦人多くなりたらん時こそ、わが女子社会改良の実は挙げらるべきなれ。されど、婦人は家居するを以て、善き行ひと教へられ、自らも其れに慣れたる、姑母及び、老人達の、十に八九は、娵(よめ)が外出は悦ばれぬものなるに、若し己れが本務たる家政の整理不十分にして、生怜悧(なまさかしら)に、内を外なる振舞などしたらんには、其れこそ、婦徳に欠けたる行ひよと嘲らるゝも理りにて、之を云ひ説く道無かるべければ、旧を捨てゝ新に移らんとする過度時代は、一層是等の点にも能く注意して、人に指さゝれぬやうに取りしたゝむべき事なりけり。

人の妻たらん者は、仮令(たとひ)いかなる場合にても、いかほど懇意の間柄なりとも、男子の肩をたゝき、ざれ交(か)はしなど、打ち乱れたる振舞は苟且(かりそめ)にもす可らず。こは、女どちなりとも、身を厳かに有(も)たんと思ふ人は、なすべきにあらず。「自ら侮りて後、人の我れを侮る」てふことを忘る可らず。

又いかに腹立たしき事ありとも、眼を怒らし、面を赤くして、罵り騒ぐ可らず。能く心をしづめて、正しく厳かなるものから、うらゝかに和らぎたる気色見ゆべし。悲しみの耐へ難き時も、前後不覚に取り乱さぬやうにし、忍び難き情は溢れて、爾(しか)も傷(やぶ)られざらんやうにぞあらまほしき。

妻たらん者は、衣服の好み、着つけも随分に似合はしく、打ちむかふ夫の心にも、つき〲しく思はれんやうにあるべし。されど、そは、其妻の、色形ちの配合などに心を用ふること深きが為に、其価額(かゝく)よりも、数層(すそう)立ちあがりて見ゆるこそよけれ。いかに、夫の心にかなはしめん為なりとて、妻が衣装、家の経済に相応(ふさは)しからず、驕侈(おごり)に流るゝが如きは、沙汰の限りなり。塩原太助(たすけ)が妻の、振袖を断ちて、夫が炭搬(はこ)びの手つだひせしといふ物語は、誰れも〲習ふべく尊ぶべき事なり。思ひ過(あやま)る可らず。

言のつかひかた

大方の、言(ことば)のつかひ方は、既に、女としての心得に云ひつるもあれば、其等は省きつ。さて、妻としての心得は先づ、何は、ありとも、正しく厳かならんことを思ふべし。淫(たは)れたる詞(ことば)、若しつゆばかりも、口外に出でたらんには、其れより世の遊治郎(たはれを)に隙(ひま)求めらるゝ端(はし)ともなりて、遂に身を辱しめ、夫の名をも穢(けが)すに至ること無きにあらず。能く慎しむべし。さりとて、かど〱しき詞、無礼気(なめげ)なる詞いづれも忌むべし。恭(うや〱)しく誠ある詞づかひうるはしく、多弁ならずして、行き渡るやうにあるべし。猶うら若き少女にてだに、云ふべき事云はぬは口惜しきものなるを、況(まし)て、人の妻ともなりたらん者が、賓客(まらうど)の手持ち無く覚ゆるばかり、何事もえ云はで、押し黙り居たる、又は、所用ありて、夫の不在などに来たる人の、斯う〱爾々(しか〲)と云ひ続けたるにも、たゞ唯々とのみ答へて、其事柄の通じたるや否やをさへに、いぶかしく思はするなど、まことに笑止なる事なりかし。さりとて、我が口入るべき事ならぬ箇所にさへ、詞を挟みて、われ賢こげに云ひ散らしたるは、極めて不可なり。謙(へりくだ)り、詞少なゝるものから、云ひがひありて、義理明瞭に理解し、答ふべき事は、況(まし)てよどみ無く受け答へしたるこそあらまほしく覚ゆるものなれ。

又、耐へ難きまで、腹立たしく、或は悲しき時なりとも、前後の弁(わきま)へ無き程、物狂はしく、わが思ふ事のみ、云ひ続けて、且つ泣き且つ怒りなどしたる、いと浅間(あさま)し。総じて、常に違ひたりと覚ゆるばかりの事出で来たらん折にこそ、心の奥も見えぬべきものなれば、能くよく心に心を省みて、ふつゝかなる詞(ことば)を口より外に発す可らず。むかし、某とかや賢き婦人は、非常に驚きたる時、怒りたる時、悲しと覚えし時には、先づ、眼を閉ぢ口を閉(ふさ)ぎ、しばし石像の如く、身動きもなさで、沈思したる後、何事にても、云ひ出づるをならひとせられたりとぞ。まことに最良じき事なり。

西洋のある所に、四人の男、各、妻を携へて、散歩したり。折りから蔭よき樹のもとのありけるに、しばし憩はんとて、腰掛台に腰打ちおろして、おのがじゝ、さま〴〵の事を咄し合ひける程、一人の男、己が妻にむかひて、「我が妻よ。御身、若し我れに外心出で来て、御身に疎くなりたらん時は、いかにするぞ」と問ひけるに、妻は色をおこして、「外心とや。左様の事は、戯れに聞くだに忌はし。御身若しさる振舞し給はゞ、我れは短銃もて、御身を打ち殺して、我れも死なんのみ」と云ふ。彼の男頭をかゝへて、「恐ろし〳〵」とて引き下がりぬ。又一人の男、其妻に「御身はいかに」と云へば、其妻、「我れは、左様の事に遇はゞ、先づ能く御身を諫め試みて、さても猶聞かれずば、離別を請ふべし」と答へぬ。又一人の男、其妻に問へば、「我れはいかにしても、御身のいとほしきに、うるさくとも、数回諫めて、猶改められずとも、耐へ忍びて、思ひ直り給はん年月をこそ待ため」とてながし目に見やりたるに、前の二人の男は、其男の肩打ち敲きて、「君が妻は貞女よな。君は何たる果報者ぞ」とさゞめきあへりき。今残りの一人いかにとせめられて、其妻に問ひたりしに、妻は、暫時打ち案じて、思ひ煩らふさまなりしが、やうやくに口を開きて、「我れは、我が夫の生を変へ、世を尽し給ふとも、さる心持ち給はんとは、夢にだに思ひたる事も無ければ、今俄かに、何とかは答へ申さん、問はるゝさへに、物悲しう覚ゆるものを」と打ち云ひたる物ごし、詞づかひのあはれに懐かしかりしかば、前にはした無く云ひ散らしたる妻ども、顔打ち合はせて、覚えず、と息きつきたりしとぞ。誠に面白き物語りなり。

夫に対する心得

古諺に、「親と子との関係は恰かも四肢五体のごとし。手と足との、頭と体とに於る、常に親密に相ひ接してのみあるにあらねども、切り断たんとして、決して断つこと能はざるものなり。夫婦の関係は、衣の裏表のごとし。始め、相ひ知らざるもの、相ひよりて、一つの物となりたるなれども、既に衣服となるに及べは、常に相ひ密接して、親しきこと限り無し。されど、一旦、裏と表とを解し放して、別々にするに及べば、更に一つ物として、見ること能はざるにひとし」と云へるは、まことにさる事にこそあれ。斯かれば、夫の我れに厚く我れに懇ろなるは、我れを頼もしく思はるゝが故なり。若し疎まし、厭はしと覚ゆる情の、一度起りては、遂に再び、もとの如く円満なる愛を全くすること無きに至らん。されば、妻の夫に対する心得はいか程親しき情ありとも、其れに慣れて、我侭（わがまゝ）の振舞をなし、又は、非礼の行ひ等、ゆめ／＼ある可らず。況（まし）て夫の、不幸にも悪き疾（やまひ）を得、あるひは、家財を失ひ、又は、我れより、智の劣りたるともに配することありとも、何事も、天命なりとあきらめて、わが力の及ばん限り、内より助け補ひ、いさゝかも、我が労を思ふこと無く、真心を尽して、婦人の本分を全うせんことを希（こひねが）ふべし。女子は謙順を以て、徳とするものなれば、万づ夫の趣（おもむ）けに従ひ、苟且（かりそめ）にも背き戻ること無く、影の形に添ひ響（ひゞき）の物に応ずるが如くならんことを要す。然れども、夫若し、過ちて、不道の行ひをなし、不義の言を発するが如き事もあらば、妻は理（ことわ）りを述べ道を説きて、反覆丁寧に諄々として、之を諷諫（ふうかん）し、至誠、能く鉄石の心をも溶かして、不正の人とならざらん事を期せよ。斯くても、猶、夫頑迷として、善言を聴くこと無く、遂に不義の奴（やっこ）ともなるに至らば、身を抛（なげう）ちて、其罪に代り、夫をかばひて、己れ難局に当るの覚悟を忘る可らず。人生の短き、いづれ一度は死を免かれざるものなるに、能く道を踏みて斃（たほ）るゝは、実にまた快事ならずや。妻若しこれほどの、固き心がけあらんには、いかに、曲（よこし）まなる夫なりとも、果ては、其徳に薫せられて、善良の人とならざらんや。斯かる例（ため）しは、古より今に至るまで、いと多くあり。畏こけれども、雄略の皇后、難波（なには）の貞女、鎌倉の節婦等、みな其真心によりて、夫の悪しき行（おこなひ）改まり、遂に英主と云はれ、善者と称へらるゝに至れり。能く鑑みて習ふべき事なり。

夫（おっと）に対しては、長（とこし）へに、愛敬（あいけい）の二つを失はざらん事を要す。愛とは、夫の我れをいつくしみ、我れを愛（め）で給ふの意（こゝろ）、敬とは、夫の、我れを侮り憎（に）くまで頼もしき者に思ひ給ふの義なり。されば、此二つの中、孰（いづ）れを欠きても、決して、夫妻の中らひ円満に、楽しき家庭を作ること能はざるなり。而して、夫の愛を全くせんとするには、常に身を謙（へりくだ）りて慎み深く、柔順温和にして、愛々しく、縦令（たとへ）ば、春の日に咲きこぼるゝ桜花の、風を恨み露にも耐へぬ、風情あるべく、夫の敬を全くせんとするには、常に身の行ひを厳かにし、自ら守る所強くして高潔方正の態度、頼もしくあらまほしく、縦令ば、冬の朝の高嶺の松の霜にも雪にも移ろひ萎まぬ操の色の、衆木に秀づるが如くなるべし。彼の業平朝臣の妻が、風吹けば沖つ白波龍田山、夜半にや君が、ひとり越ゆらん。と打ち歎きつゝも、つゆ妬める色をしめさゞりし可憐の心、一條天皇の后、上東門院が、暗に帝の音楽にすさみ給ふを諷して、笛は見るものにあらず、聞くものにこそと打ちそむけ給ひし賢き御行ひなどよ。忝けれども、彼我相ひ照らし見て、其折につれ、人に従ひて、愛敬の権衡を能くたもたん事を思ふべし。妻は、常に夫の為に、物事に注意深くして、万づ、其おぼさんにも越えて、能く行き届き、所謂、内助の功甚良じからんことを期すべし。其れ将た、我れ賢こげに、したり顔ならんは憎し。誰が何時の間に、斯くはとおぼさるゝこそよけれ。たゞ何事も、さし過して、夫の面て伏せならぬやうにし、陰にて助け、内々に補はんぞ、妻の務めの主要なると知るべし。

舅姑に対する心得

諺に、折り合ひ悪きを、媳姑母の中のごとしと云はるゝ、いと浅間しき事なり。げに、夫こそは、昨日まで知らざりし人なりとも、夫妻の情誼に繋がれては、遂に、世に二つ無きものゝ如く、極めて親しくもなりぬべけれど、そが親とありては、まことに、義の為に俄かに、父母の名を負はせらるゝなれば、天然の情より云へば、骨肉の父母の如く思ふべしと云はんは、随分にむづかしき事のやうなり。然れども、真誠の父母なりとも、襁褓の裡より相ひ別れて、互ひに遠く隔たり居る者は、其情決して、其膝下に在るものと均しき事を得ず。この道理より推す時は、舅姑は、もと他人なるを、義理の上より云ふ、父母なりと思へばこそあれ。一樹の蔭一河の流も、縁無くては、相ひ依るべきにあらず。生の父母を離れて、他人を父母と呼び、身を終るまで、それと相ひ親しまざるを得ぬは、みな是れ、天命なり、過世の因縁なりと思ひ、我れより、隔ての垣を取り退けて、裏無き心うつくしく、力の限り、誠を尽して事へまゐらせたらんには、彼れも人なり。よしかたましき性質の人なりとも、始こそあれ。何とて、斯ゝる、善き媳に、いつまで鬼々しくて在すべき。気色立ちたる角も折れて、遂には、仏心になり給ひぬべし。

そのかみ、世職世禄の代の習ひとて、父母は、嫡子に其職と禄とを譲り置きては、そが養ひを受け、そが助けを得て、安らかにあり経し時代は俄然として移り変り、今は、個々人々力に食むを勉むるに至り、舅姑離居論の火の手盛りになりては、善からぬ媳は、舅姑を邪魔者の如くさへに取り扱ふもあるに至れる、年老い齢積りぬる舅姑の身に取りては、また痛はしき次第ならずや。今より後の人こそあれ。是れ迄の所にては、先づ、わが久しき習慣に従ひて、舅姑は、媳の手に孝養をつくさんの覚悟疎そかなること勿れ。老いては賢き人も癖み出で来、健やかなりしも衰へぬべし。況て、虚弱なりし身、頑なゝりしどもは、ほと／＼そが取り扱ひに困ずる事もありぬべきなれども、明日をも知らぬ老の身のはかなさを憐み、我れもいつしか同じやうになりもて行きぬべきを、人事とは見るべきにあらずと思ひて、何事も風に柳と受け流して、丁寧に親切に世話しまゐらすべし。点滴の水も、年月ふれば、能く巌をさへ、穿つの習ひあれば我が真心の、遂には通らでやはあるべきと、自ら心を励まして、あはれ、孝婦の鑑ともなれかし。小姑と云ふ中にも、夫の兄姉など云はるゝ人とは、先づ、大抵は、家を異にしてあるべし。されば、舅姑の如く、明暮の心づかひも無かるべきなれども、小姑は、舅姑と親しき親子の中なれば、兎角に、媳の告口、壁訴訟も、是等の人より起る事多し。されば、其れ将た、真心に裏無く、いつも親切に交らひて、難つけらるべき隙無きやうに心がくべし。斯くても、事むづかしき時は、たゞ、何事にも争はず、逆らはずして、自ら信ずる所を守り、自らの本分を尽して然る後は、事の成り行きを歳月に打ち任せたらんぞ善き。波はとこしへに立ち騒ぎてのみあるものにあらず。遂には、もとの静かなる水にかへりぬべきを、愚かなる人は、我れを省み、我れを慎み、我が為すべき事を、善く務めんとはせずして、事ある時は、濫りに惶てふためき、又は腹立ち怒り、泣き罵りなどするからに、小事も却りて大事に至ることあり。左様の折にこそ、其人柄の重さ軽さも知らるゝものなれば、常に能く心を戒めて、耐忍の力を養ひ置くべし。曹大家は「和叔妹」といふことを女誡七篇の一つに編み入れて、反覆その用意を説かれたり。妻たらん人は、一読して可なり。

此他長上に対する心得は、女としてのつとめの所に在るものを見合はすべし。

小姑に対する心得

小姑（こじうと）に対する心得は、其夫の弟（をと）、妹（いもと）として、めしたと云ふべき小姑は、やゝもすれば、我れより年かさなるが、義の上よりして、弟と呼び、妹と云はるゝがあり。其等に至りては、随分に取り扱ひ憎きものにて、其人柄の宜しきどちにあらざれば、やゝもすれば、揚足（あげあし）とらるゝ事無きにあらず。斯くても、我れは、例の耐忍の力もて打ち勝ち、遂には、何事も骨肉の兄に云はんよりも、寧ろ嫂（あによめ）に申さんこそよけれと云ひ思ふに至り、まことの弟妹の如く我れに親み我れに懐（なづ）きて、果ては我が助けとなるやうにあらんことを期すべし。凡そ上よりして下に臨むには、常に慈愛の心と厳粛の態度と、欠くる所無くして、万づの事に覚束（おぼつか）なからず、一通りの心得あるにあらざれば、兎角に、恩威列（なら）び行はるゝこと難きものなり。されば幼き程より、油断無く、必要の学芸を習ひ置きて、成長の後の助けとすべし。其れにつきても、百事高慢に我侭（わがまゝ）に立ちふるまふは、物よりことに、他に忌み嫌はるゝものなり、能く／＼慎むべし。

子女に対する心得に至りては、殊に云ふべきことさわなるべきも、そは、後段「母としてのつとめ」の所に述べんと欲すれば爰（こゝ）には省きつ。

婢僕、出入人等に対する心得も、亦、主婦の所に云はんとして、爰には載せず。

日課は、次の主婦としてのつとめの所に云ふべし。

四、主婦としてのつとめ

この、主婦としてのつとめなる條は、重（おも）に、家政を整へ理（おさ）むる方に就きて云ふべし。すなはち、夫に対し、姑母（しうとめ）に対し、小姑に対する等の心得は、前條に、其大半を云ひ置きつれば、省きて爰（こゝ）には載せず。

主婦は一家の基礎（いしずゑ）なり。基礎（きそ）強固ならざれば、いかに其棟梁完全なりとも、決して能く其家をさゝふ可らず。西諺（せいげん）に所謂、家庭の楽園は、徳ある主婦の手に造らるとは真なり。されば、一家の栄（さか）ふるも衰ふるも、大方、其主婦が賢不肖（けんふせう）に因ると云ふも不可なからん。能く思ふべき事なりかし。

心のをさめかた

主婦が心のをさめかたは、少女及び妻の所に云へることゝ、大体に於ては異(かは)ること無かるべし。但し、主婦は、一家の柱石(いしずゑ)なれば、先づ殊に重(おも)りかに頼もしくあるべく、物事に至り深く慈仁の情厚からんことを要す。軽(かろ)らに頼もしげ無く、物に思ひやり薄く、他を恵み慈むの心乏しき時は、家族従僕離れ背き親戚朋友疎み遠ざかりて、富豪の家も、遂に衰亡に傾き、顕貴(けんき)の人も、亦尊厳の徳を欠くに至らん。主婦の心がけ、実に容易ならざるを知るべし。

若年の女子、俄かにして、主婦と仰がるゝに至り、是迄、他事(よそごと)の様に思ひし事の、万づ、我が一身にふりかゝるに及べば、余程其心して、家政の学などを修めたる人も、経験無き学問は、まゝ実地と違(たが)ふことありて、大いに其当を失ふ事無きにしもあらず。斯かる折にも、能く心をおちつけて、軽忽(かるはづみ)の事をせず、又一度ありつる事は、深く心にをさめ置きて、其結果の善悪につきて、他日の参考とすべし。

非常の出来事ありたらん時などにも、主婦、先づ能く心をゝさめて、狼狽する等の事無く、其れ〳〵の指揮を過(あやま)らざらん事を期すべし。万づにつきて、人よりことに、頼もしかるべき人の、先づ頼もしげ無き心見えて、物問へども確かなる答もえせず、旨を伺へども、いかにしてよけんとも、思ひ定め兼ねたるがごときは、まことに笑止の事ならずや。之に反して、まだ裏若き婦人の、事ある時も落ちつきて、何事もおぼ〳〵しき所無く正しく重々しく頼もしげなる心の程見えたらんには、いかばかりあらまほしくも愛(めで)たくも覚ゆべきなり。こも亦、例の安神立命てふ事の工夫肝要なりかし。

又、主婦たらん人は、卑吝(ひりん)の念を退けて、慈恵の心を養はんことを要す。且つ、常に心を公平にもちて、仮初(かりそめ)にも依怙(えこ)の沙汰ある事無く、我侭(わがまゝ)勝手、驕慢(けうまん)などの邪念を押へて、いつも、気高く潔(きよ)く、直(な)ほにうつくしき心ばせあるべし。斯くてこそ、家庭の裡(うち)、とはに、清風明月にむかふの思ひありて、一度(たび)足を入るゝ人は、また去り難きの感あらしむるに至らん。

身のもちかた

主婦が、一家を整理するにあたりては、先づ、自らの行ひを先にせざるを得ず。己れ能く勉めて、後能く人を勉めしむべし。即ち身体の衛生、器具の整頓、衣食の調製、及び其程度、時間の制限等のごとき、其他みなこと〴〵く、自ら、先づ、其規矩準縄に従ひて行ひ、そを模範として、令せざるに、一家、之に倣ふの風を形ち作るべきなり。

　主婦、先づ自ら行ひて、後、能く人を率ゐんとするにも、第一に、其身体の強健ならん事を要す。縦令ば、朝早く起きて、事に従ひ、物にたづさはりては、毫も労を厭はず。万づ、残る所無く、取り整へんとして、起ち居いと間無きまで、打ちふるまはんとする、心ばかりは猛くとも、身体が弱き時は、心は心として、忽ちに身労れ、遂には気倦み、根尽きて、また其事を継続する能はざるに至らん。是れ則ち、彼の、健康の精神は、つねに健康の身体に宿ると云へる古言の如くなるなり。されば、人は幼き時より、能く衛生の道をつとめて、且つ、健やかなる時には、其身体を鍛はんことを期すべし。心の快濶なるは、大抵体の強健なるに基くものなり。身健やかなれば、何事をなすにも懶うからずしてはか行くなるべし。

　されば、一家をして勤倹ならしめんと欲せば、先づ、己れが身のまはりより倹約して、費を省き、先づ自ら先き立ちて、事に勉むべし。いかに、口かしましく、世話焼きたりとも、己れが身を行ふこと、道にかなはざれば、決して、其言の通るものにはあらず。主婦がふるまひは、実に一家の指南車なりけり。是他、主婦が身のもちかたは、前條妻としての心得の所と、彼是を照らし見て、取り用ふべし。（以下も之に准はれよ）

言のつかひかた

主婦が言語の注意は、前條少女と妻の所とに云ひたるものと、格別かはる事無し。万づに行き亘りて、爾も多言ならず、凛々しく恭しく、明瞭厳正なる、音声言辞の、さすがに優にやさしく聞えて、人の心も和らぎ懐きぬべきやうにあるべし。

夫、舅姑及び小姑等に対する心得は、前條「妻としてのつとめ」の所に云へるを見るべし。

親戚に対する心得

さて、吾が国の家庭に於ては、其主婦なる人は、ひとり、一家内の長者少者に対する事の面倒なるのみならず、他、一族親族に対するつとめ、亦中々面倒なるを常とす。殊に、地方の家族等に在りては、本家末家などの関係も、亦甚だむづかしきなり。されば、若き主婦などは、げに、往昔（いにしへ）の如く、何事も、知らず、弁（わきま）へずして、たゞ唯々諾々、夫、舅姑（きうこ）は、云ふも更なり。親族の主領株なる人が、命令のまゝに、善きにも悪（あし）きにも、我が分別、吾が意見等を持ち出だす事無く、影の形ちに従ひ、響の物に応ずるが如くなしつゝありては、一日たりとも、一家に波風立たずあらん事は、出来難かりしなるべし。なれども、現今の新世界に押し移りては、万づ、理屈をもて、物取りしたゝむるやうになり、人智は、日増（ひまし）に加はり進みもて行くめるを、いかに目の前の都合は、唯々諸々主義が可なるにもせよ。そは、到底、永続すべき俗にはあらず。然らば、爾今（じこん）以後、主婦が、親戚に対する心得はいかにと云はんに、これも亦、詮ずる所は、たゞ一つの至誠ならんのみ。されど、至誠も、明智の能く之を啓発指導するにあらざれば能はず。即ち、其親族中にも、寄るべき人、寄る可らざる人、親しむべき者、親しむ可らざる者等、其賢愚邪正（じやしやう）を、心窃（ひそ）かに、識別し置きて、さて、表面は、誰彼（たれかれ）の分け隔て無く見ゆべし。其れも、表裏の穢き心もてす可らず。恰（あた）かも、天地の、善悪を問はずして、万物を生育【そだつる】するやうの徳を養ひて、而して之に臨まんことを要す。

大抵の事は、なるべく、一族の長者が云ふに任せて、敢て我が意をさしはざまざるを可とし、大事は、其義のある所を執りて、確固不抜の精神、能く一家の柱石となり、至誠能く他の囂々（がうがう）をも鎮静せんことを期せよ。

むかし、真田信幸（のぶゆき）の夫人は、夫の為に留守を守り、義の為に、能く其舅が入城をしも拒みて、遂に城外に野陣を張らしめ、而して、別に侍婢をして、丁寧に、饗膳を搬（はこ）ばしめ、舅が陣中の労を慰めたる、信あり、礼ありて、且つ誠ある天晴（あつぱれ）の行ひは、今も、幾多後進女子の鑑（かゞみ）となりぬ。仰ぎて習ふべき事にこそ。況んや、舅姑（きうこ）にあらぬ、親戚の如きは、常に恭謙温良の徳をもて、丁寧に親切に、交はりを厚くすべしと雖ども、其家にとりて、不可なりと思ふ事あらん、折には、また能く義理を明弁して、いさゝかも、夫家をして、引けをとらしむるやうの事、無からんと期すべし。云ひがひ無き主婦の、夫、舅等の不在に於て、善からぬ親族などの為に、家財を奪はれ、家法を乱だされ、遂に夫舅の迷惑をさへに招く事、無きにしもあらず、いと浅間(あさま)しき事ならずや。

又富貴権門の家に嫁ぎたる婦人の、吾が里方の威勢を笠に着て、夫、舅姑に驕るのみならず、引きて、一族、親族にまで及ぼし、貧しき親戚の如きは、殆(ほとん)ど席を同じくすることをさへ、厭ふが如き振舞ある、まことに沙汰の限りなり。能く慎みて自ら省み戒むべし。

一家親族いつも駘蕩(たいとう)春の海の如く、微波(びは)だにたゝぬ家庭にくらしたらんこそ、誠に楽しききはみならずや。其天賦温和の資性が、よく一家一族を調和親睦せしむる、教導者たるを思ひ、熱誠常に事に当らば、淑徳自然に化すべきなり。一家先づ斉(とゝの)ひ睦ましくして、相疑ふことなくば、親族の和睦、真に易々(いゝ)たらんのみ、然れども、既に述べたる如く、数多き縁類の中には、道に背けるもあるべく、利に貪(やぶさ)かなるもあるべしといへども、こは其父母、良人(おっと)、子女等に対するが如く、熱血を濺(そゝ)ぎて是非ともそを諌止(かんし)すべき義務ありとしも限らず。わが徳化の能く、そを感化矯正すべくば、之を為すもとより可なりといへども、若し力の及び難きことあらば、程よく之を謝断するも不可なし。但し、其貧困災厄に陥りたる時の如きは、出来得べき限り、親にも請ひ夫にも希(こひねが)ひて、救助の道講ずべし。されど女子は、決して父母良人の許しなく、私恩を専らにすべきものにあらず。わが徳は其親夫に帰し、親夫の過(あやまち)は自らひきて覆ひ、助けんこと、之をこそ、坤位(おんな)の淑徳とはいふべけれ。

且つまた物の本末終始を誤らぬやうすべし。一家よく斉ひ、父母慈に、子孝(こかう)に、夫婦相和し、兄弟相信じ、而して其孝慈和信の徳、能く其一族縁者に及び、ついで朋友郷党に至り、後(のち)以て能く一国全州にも及ぼすべし。縁類にも、近親あり、遠類あり、其順序本末を誤らぬやう、能くわきまうべきなり。かの徒(いたづ)らに慈善恩恵の名に駆られて、貧民を救ひ、公共に尽し、金を抛(なげう)ち、財を投ずるが如き、これ将(は)た、強ちにあしとにはあらざれども、真誠(しんせい)にこの道を行はんと欲する者は、宜しく近親を救ひ、遠類を矯正し、而して後、能く他に及ぶこそ、まことに徳の正なる者といふべきなれ。

さて我身幸にして、富貴に在らば、家計の許す限り、資力の及ばん程は、随分に一族縁類をも賑(にぎ)はし、不幸の窮民をも恤(めぐ)むべし。己れが費(つい)えを節して、以て他の不給を助くるは、実に人間の美徳なり。富者(ふうしゃ)の務(つとめ)なり、況(ま)して女子は人を憐み、人を慈しむ、天賦の職を有(たも)てるものなれば、常に其天職に背かざらんことを念じて、富貴の較もすれば、其正義を爛らし、友情を薄からしむることを覚りて、自ら其身を顧み慎み、苟且にも同族一門の譏を招かざらんやう、注意すべきなり。若し夫れ、不幸にして、貧困の逆境に陥らば、如何にすべき。移すこと能はざる意気、秋毫も取乱すことなき志操、凛乎として固く持し、徐ろに前後を画し、胸底に綽々たる余裕を存し、策を講じ、道を求め、苟くも、富貴なる親戚を尋ねて、其袖に縋り、哀を乞ひ、恵を需むるが如き、卑劣の行あるべからざるなり。かゝる時にこそ、平常の修養も顕はれてゆかしく頼もしきものなれ。たゞに、遠類の門に哀願することの不可なるのみならず、縦令、近親といへども先方より、進みて助力せらるゝにあらずば、一銭の金、一片の布にても断じてわれより請ひ求むべからず、諺にいふ「借着せんよりは洗着せよ」にて、苟くも道を知るものは、死を以て、能く其廉潔を守らんことを欲すべし。かの少しく不如意にして、足らはぬことあれば、直ちに之を生家に訴へ、救済の道を覓むるが如き、そはまだしもにて、人の許に媚を呈し、詞を費し、巧言令色、以て物を請ひ求むるが如きは、実に浅ましき限りならずや。何とて自ら精励憤発して、業を執り、職に就かざる。禽獣虫魚も、能く自ら食み、自ら食ふにあらずや。人として、自立自活の道を知らず、却りて他に依頼せざる可らざるが如きは、抑も亦過れりといふべし。返す〱も、身不肖にして、不幸の境遇に沈淪し、父母、祖先の名を顕すこと能はざるを思はゞ、せめては、形を隠し、跡を埋め、見苦しからん有様を、其親族朋友に示さゞらん事を期すべし。人為さんと志して、能く成らざるの事なし。希くば黽勉、能く事に耐へ、己れを薄くして、以て人に厚からんことを思ふべきなり。

凡そ女子が単一純白なる心はやゝもすれば偏狭頑固たるを免れず。而して其狭きもの、頑なゝるものは、我れあることを知りて、他あることを忘れ、世にいふ身びいき、身勝手となりもてゆくことあるものなり。これ彼の賢明なる婦人の、「己れ」なるものを捨てゝ、献身的至誠を、其親、其夫に尽す者と、正反対の結果を見るに至れるもの蓋しまた、少なしとせず、故に古より、妬奸猾智なる悪徳の女子が、君を惑はし、夫を賺して、其骨肉を裂き、所親を遠ざけ、ひとり、外戚の権を専らにして、つひに、其邦家を傾くるが如き、まことに深く戒心すべき事なりかし。

是故に、女子、一たび、人に嫁しては、其夫の家を以て、我が家となし、其親戚を以て、我親戚となすものなれば、亦私に我が生家をひき、且つ、之に重きを置く可らず。然れども、天然の人情より云ふ時は、昨日までは、生(うみ)の父母が、恩愛暖かき懐(ふところ)ろの裡(うち)に育まれし身の、今日俄かに他人の家に至りて、気も心も知らぬ人を、親と敬ひ、同胞と呼びもし、呼ばれもすることなれば、明暮(あけくれ)の心つかひも大方ならぬを、抑(そ)も誰れにか談(かた)ふべき。百年の苦楽を共にし、終世の禍福を分つ、夫といへるも、なほ、まだ馴れもなじみも薄き程は、いとゞ、其心に飽かずおぼさるゝ事、無かれかしなど、とさま斯(か)うさまに、思ひ屈しつゝあらん折柄(をりから)、生家の親族などの、音づれ来たらんには、いかでか、嬉しとも懐かしとも思はでやは。寸分の時だに長く引(ひき)もとゞめまほしと覚ゆるは理(ことわ)り、心の限り、取扱ひもし、饗応しもせまほしきは、さる事ながら、既に夫に捧げたる身なりと云ふ事を忘れずして、良人(おっと)及び、舅姑(きうこ)が心趣(おもむ)けのまに〳〵なすべし。さりとて、余りに、殊更(ことさら)びもてつけて、疎々(うと〳〵)しくなどしたらんは、極めて不可なり。ありしながらの交情は、ます〳〵厚く暖かなる物から、ひとへに新婦の礼義を守りて、万づ控へめに、打ち慎めるさまならんぞよき。斯くて、やう〳〵、年月重(かさな)りて、其家の事のすべてを、我が心のまゝに、取りしたゝむるやうに成りたらん後も、なほ昔のしきたりを違(たが)へずして、外戚の待遇、交誼、夫家(ふうか)の近親に越ゆるが如きことゆめ〳〵なからんやうにあるべし。されどそれも余りに過ぎたるはあしゝ、己が夫家の顕耀(けんやう)を笠にきて、同胞などにこれ見よがしに、傲(おご)り驕(たかぶ)るが如きは、はしたなき者のすなる事、今更にいふべくもあらぬ事なりかし。

骨肉の間は、情を以て結ばれたるもの、夫家の親戚は義を以て合へるものなり。然れども、わが至誠を捧げて、懇篤(こんとく)に相ひ交はる時は、情また之に亜(つ)ぎて起るものなり。されば新婦は、其始めこそ、右(と)も左(かく)も、みな悉(ことごと)く義理だて多き交らひして、更に心の緩(ゆる)ぶべき暇(いとま)も無かめれど、わが誠を知らるゝに及びては、亦決して、我が生家の親戚と、格別異なる所無く、いと頼もしき、情誼さへぞ出で来(く)める。さて婦人嫁ぎて、なほ其家風に馴れざる程は、万づに就きて、おぼ〳〵しく、心づき無き事の出で来るものなれば、先づ其家の長上に計りて、より〳〵に家法、習慣及び其親戚、知友の関係、交際等の浅深厚薄をも尋ね置くべし。斯くて、夫の最も親睦和熟すべき、間柄なる親族に対しては、殊にうらなく相交はり、且つ右様の人達の訪(とぶ)らひもしたらん時は、心の限り饗応して、良人(おっと)及び舅姑(きうこ)其他の家人にも、いと飽かず覚えしむる事、無からんやうに為すべく、我れも亦折々に往きても訪らひ、さるべき物をも贈りて、其情交の密ならんことを思ふべし。さりとて、我れさかしらに、差し出でゝ、良人舅姑の命をも俟(ま)たず。己れが働きぶりを見する等の事、ゆめ〳〵あるまじきことなり。要するに夫の親戚は、我が生家の親戚の如く、其血統をひとつにし、其家風を同じうし、又其習慣も、大抵相似たるを以て、其情交も亦相近きを常とす。然るに、夫家(ふうか)にありては、或ひは、我れと、大いに其趣きを異にする所これあるべきも知るべからず。されば、はかなき事の上に就きても、益なき心づかひを為さゞる可らざる事あり。又我が何心もなくて、取りしたゝめつる事の、彼等には、意外にも、いかにぞや思はれて兎や角と、戻(もど)き云はるゝ事も有るべければ、決して、さる些少の事に心遣ひせで、たゞわが至誠至情の、つひに能く他に貫徹せん事を期すべきなり。而して万一わが真心の暫時(ざんじ)顕(あら)はれ知らるゝ事なくして、心の外に覚え、将(は)た人にも誹(そし)られ、貶(おと)しめらるゝ等の事ありとも、決して心短かく腹立ち怒り、又は歎(なげ)きくづをれなどもして、よしなき物思ひに身を痛め、心を苦しむることあること勿れ。万づの事もみな、大方は、我影(かげ)の移る鏡に似たるものにて、己れ正しければ、其対(むか)へる物も正しかるべき理(ことわ)りぞかし。能く思ひ見るべきなり。

又、祖父母は云ふに及ばず。伯叔父母(をぢをば)の如きも其恩愛、恰(あた)かも父母に似たるものあり。故に年少の者は宜しく、尊親に亜(つ)ぎて敬愛すべし。されど、ともすれば、其愛に溺れらるゝの弊なきにあらず。又伯叔母の如きは、大抵他の家に在りて、をり〳〵来り訪(と)はるゝを以て、常とすなれば、孰(いづ)れも、わが生(うみ)の父母の其の子を教導訓戒するが如くならず。為にやゝもすれば、其厳正なる心むけに及ばざること無しとせず。かゝれば、宜しく、其愛恵(あいけい)を悦び受けて慎みて、之れに親み、睦むべしと雖ども、恩に馴れて、苟且(かりそめ)にも、これを侮り軽しめ、或は我侭(わがまゝ)に増長して、恭謙の徳に傷(きづ)つくる等のことあるべからず。況んや、其我に疎(うと)きを憾(うら)みて、これを父母同胞に訴ふるが如きは、沙汰の限りといふべし。

　また従兄弟姉妹(じゅうけいていしまい)の、其親しきものに在りては、恰(あた)かもわが同胞と異ならざる情愛あることなり。是等は大抵みな、兄弟姉妹に対する心得と、格別かはる事、これなかるべしといへども、亦其父母を同じうしたる同胞と従兄弟とは、自(おのづか)ら、其親疎あるべきなり。凡そ疎きをして、親しきに超えしむるは、すなはち倫理の乱れなれば、決して、是れに薄く、彼れに厚きやうの事あるべからず。然れども、従兄弟は、なほ、伯父の甥姪(をいめい)を呼びて、猶子(いうし)と云へるが如く、所謂兄弟に従属するの名なれば、同胞にさし亜(つ)ぎては、随分に友愛親睦の情をつくし、楽しきに集り悲しきに会ひて、出来得べきだけ、其福利を分ち、其憂愁を慰め、共心勠力(りくりょく)以て能く家門の繁栄を計るべきなり。

朋友に対する心得

主婦となりては、単に己れが旧友のみならず、夫の朋友もあるべく、また普通隣保(りんぽ)としての友もあるべく、それ〴〵に心すべきことゞも、許多(あまた)ありぬべし。さても、交道の頽(すた)れたること年久しく、翻雲覆雨(はんうんふくう)、朝に手を握りて、夕に面を背け、利あれば集まり、利なければ散じ、名利に就くこと螻蟻(らうぎ)の甘きにつくが如く、外面信を装ひて、内に妬心(としん)を蔵し、徒(いたづら)に巧言を弄するも、信を求むるに由(よし)なきこの弊風、今や滔々(たう〳〵)として、婦人界にまで侵入し来れり。あはれ、嘆きても嘆かはしき極みならずや。上下すでに斯くの如し。一国元気の消長が、婦人の力によること大なるを思はゞ、吾人は須(すべか)らく徳を修(おさ)め、道を講じ、この弊風を一洗し去らんの覚悟こそあらまほしけれ。くれ〴〵も自ら責任の重きこと忘れず、せめては、婦人社会に、かの譏(そしり)なからしめんやう願はしき事にこそ。

朋友は、その道々によりて、種類もくさ〴〵なるべし。心の友なるあり、道の友なるあり。学びの友、務(つとめ)の友など、亦以て友と号(なづ)くべきものにしあれば、同じく友と呼び、呼ばれもする人にありても、其心しらひ、交らひの志かた、亦それ〴〵なるべし。さるにても、人世最も其徳を進め、智を磨くべき目的方法あるは、公共の事、私家経営のこと、万般の上に於ても、朋友ばかり有益なるものはあらじ。我れを教へ、我れを諫め、我れを慰め、我れを励まし、我れを切磋琢磨するものは、実に朋友ならずしてたそ。親友とし、益友として、許しつ許されつしたるは、更にもいはじ。尋常普通の朋友と雖ども、己れが心しらひ一つにては、なか〳〵に他山の石たるべし。仮令(たとひ)、吾れに及(し)かざる人にても、其及ばざる所を見て、自ら反省戒心するの用となしつべきなり。況してや、渡り苦(ぐる)しき、世の海にさし出づる身は、一葉(は)の舟の心地するに、其楫(かぢ)となり、櫓(ろ)となり、又は棹(さを)とも頼むべき友達の、多き少きは、其利害を感ずる所、そも如何ばかりにかあらん。胸にあまる憂きふしも、心に堪へぬ苦しき事も、談(かた)りもし、慰められもし、同情同感を、表する友のあらざらましかば、何によりてか、思ひの雲は晴(は)るけやるべき、ともかくも、朋友は、わが処世の上に於ても、最も有益必要のものにしあれば、なるべく其益友を求めて交際し、其友の多からんことを期すべし。

然りながら、女子一度主婦となりては、何事も親夫の蔭に立ちて、事とり志たゝむべきものなれば、濫りに、私の交際を厚くすべからず、能く其夫の気にも協(かな)ひ、親の心にも合ひ、快く諾(うべ)なはれたる後ならでは、何人たりとも、私に招き訪らひなどすべからず。況して男子の友の如きは、よし縦令(たとひ)縁類の者なりとも、あるは有益の事なりとも、濫りに近づき睦むべからず、それも先づ夫の心によしと許して夫の友となり、夫の侶(とも)となりて、扨(さて)始めて更に其旧交を暖むべし。苟且(かりそめ)にも専らなるふるまひあるべからず。されば、縦令(たとひ)断金の交りある友なりとも、一死以て許すが如きは、決して為すべき事にあらず、然(しか)のみならず、己れ心あひの友達なりとも、夫の心に協(かな)はずなどあらば、また濫りに交りを厚くすべからず。如何に思ふとも、まことにわが益友なり、我れに誠実をつくしくるゝ人なりと思ひたらんには、夫の機嫌を見計らひて、折節毎(をりふしごと)に、其友が心行ひの最良(いみ)じからんことなどをも、談(かた)り、又は厚き友誼のさまをも、物語りして、夫の心、げにと打ち傾(かたぶ)きて、そが交際を助けられん様にしなすべし。それ為(し)あへぬは、己れが拙きなり。女子が、勢化は極めて強かるべきものならずや。

さて友と交る道は、いかにすべき。朋友信にとは、教育勅語の訓(をし)へたまへる所、泰西の女教にも「女子は神聖なれ、淡白なれ、而して能く誠実なれ」とはいはれにけん。実(げ)にや神聖、淡白、誠実の人何処(いづく)に行きてか、行はれざる所あらん。そも〳〵、信なるものゝ、いかなる人、いかなる境(さかひ)にありても、必ず確守すべきは、云ふも更(さら)にて「古より皆死あり、民信なければ、立たず」とは、げにいはれたる事ぞかし。朋友は義を以て相寄り、相交はるものなるが故に、信なければ、決して一日も能く全きこと能はざるなり。若し不信の朋ならんには、寧ろ友なる垣墻(かき)を結ばざるに若(し)かず。其間隙(かんげき)より起る所の害毒は、実に又螻巣(るさう)の長堤(ちやうてい)をも、壊崩するが如きに至るものなるべし。心すべきことぞかし。

さて朋友に対して、信を尽さんとするには、宜しく先づわが心を誠実ならしむべし。心先づ誠にして、詞よく信に、行また親切なるべし。己れ先づ誠を以てせば、仮令親実ならざる朋といへども、自然に其徳に化すべきなり。そも〳〵人、我に報ずるの如何は、単へに我れ人に対する心如何にあるべし。恰かも、鏡の影の、己れ正しければ影正しく、己れ正しからざれは、影正しからざるが如けん。されば、人に親まれん事を欲せば、先づ我が心情を厚くすべし。友の我に信ならん事を希はゞ、我先づ彼れに信ならん事を期すべし。かくて、百方其誼を厚くし。互に益あらんことを欲すといへども、其友頑迷にして、毫も其行を改むることなくば、已むを得ずして、これを断ちて可なり。其、忠告せでは已み難きことは、他人のあらぬ所にて、わが赤心を吐露して懇に諫むべし。決して驕りたるやうの口気ふるまひあるべからず。斯くても尚、其人の更に其過ちを改めんとはせずして、却りて、我れを罵り誹りなどするやうの事もあらばそは己れの徳足らざるなりと心得て、退きて、いよ〳〵其の智徳を磨かんことを希ふべし。決して、我が親切を無にして、我れを誹れりなど、恨み憤ること無かるべし。若し。しか云はん程ならば、寧ろ始めより云はざるに若かず。古語に、「君子交はりを断ちて悪声を出さず」と云へり、最とあらまほしきことならずや。これ将た、百方赤誠を尽しても、力及ばざる際のことにて、軽々しく結びて、軽々しく断つが如きことは、ゆめあるべからざることなり。

又居常の交らひのなかにも、軽々しく他を誹謗するは、いとはしたなきわざなり。近来、欧州に遊びて、英国上流社会、婦人交際の状を見たるに、苟くも高等教育を受けたる以上の女子は、大抵、人の前にて濫りに、他を誹謗することなし。偶〳〵人ありて、某はいかなる人ぞなど、問ひたらん時、己れ若しこれを信ぜざる時は、たゞ「我れは知らず」と答ふるを常とすなり。其女子の、必ず某の行ひを知らざる可らざる地位にありながら、知らずと答ふるは、必ず何等か善からぬものあるにて、少なくとも、其人の相ひ入れざる中なるを察知するを得べし。其内部を探れば、決して斯くの如く、いと麗はしき事のみにはあらざるべきも、兎まれ其社交の広く愛でたく、形ちつくられたる、また偶然にあらざる文明の俗と云はざるを得じ。希くは、其勝れるをのみ採取して、我が足らざる所を補はまほしき事にぞある。

さてまた、誠実の人、やゝもすれば、猾智の友に欺かれて、少なからぬ災を蒙る事あり。是れ、実に其不智不明の致す所にして、また如何とも為すべからざるに似たり。さても、我れの、世故に不経験なるにより、又不智不明なるにより、しば〳〵、他の詐偽騙計に陥りたる者は、ともすれば、人を疑ふの心深く左もなき事にも、兎やあらん、斯くやあらんと、徒らに心を遣ひ、気を廻はし、彼の火を見なば火事と思へ、人に遇はゞ、盗賊と思へ、などいふ詞を、人を鑑定する唯一の定規と心得、其再び過つ事無からんを欲するものあり。げに万づ物事に注意深く、用慎を怠らざるは、さる事ながら、是道明かに、徳隆んなる社会に於ては、苟且にも人の思ひ寄るべき事にあらず。いかにもして、之等の語を社会に用なからしめんやう、つとむべきなり。然れば、女子は、純白にして誠実なるべし。決して、猜疑嫉妬の思念あるべからず。其自からが純誠なる心を以て、尚且つ他の溷濁を洞察するが如き、真に天賦の智恵と、習熟の学識と、二つながら全き人にあらざれば能はざるべし。彼の「偽りをむかへず、不信を慮らず、抑もまた先づ覚るものはこれ賢ならんか」、との金言は、まことに拳々服膺すべき、語にあらずや、「欺かるゝとも、欺くこと勿れ」、「君子は欺くべし、陥るべからず」との格言、清々しく、且つ尊きを知るべし。畢竟ずるに、真成に信義を以て、終始よく其友に対せば、至誠の貫く所、よし縦令多少不信の心ある人ありとも、遂には其徳に融和せられざるの理りかあるべき。希くば、他の信なきに懸念せずして、我が信の薄弱なるべきかを恐れ、常に能くわが心を顧みて、交誼を全からしめん事を希ふべきなり。

さるにても、友を求むるには、須らく其始めに、撰択を忽せにすべからず。其人を知るの明を備へて、心ゆるすべき迄、深く立ち入りて交はるべからざる際など、それ〳〵に撰み定め、さてその心しらひして、一旦築きたる友垣の壊れ、結びたる綱の切るゝ、などやうの事なからんやう、心すべきなり。かゝる不信不徳の人ならましかは、いかで交はるにはあらざりしものをなど、後にて悔やむが如きは、其人をよく知らで軽々しく結びたる、己れが不智不明に基けるものといふべきなり。

世には益友あり、損友あり、よくそのけじめをわきまへおきて、それ〳〵の心しらひもて交はるべし。損友を捨て、益友を求めて交はるは、さることながら、人の足らはぬを見聞きして、己れに鑑み自ら顧みなば、何も〳〵己れが鑑となされつべし。これしかしながら、年も長け、一わたり世故にも通じ、思慮分別も定まり、見識も立ちたる上のことにて、まだ撓み易き若枝は、やゝもすれば善からぬかたに曲りぬべければ、能く〳〵慎戒すべきなり。さて益友とは、われに優りたる友と云へる意味にて、先づその徳其智及び学問技芸等、何にても我れのつまだて及ばざる所の者を云ふなり。而して、位置の如きは高しとて、その人に徳なく智なく信なければ、甚これ益なきに似たり。益友の最良じとすべきは、前にもいへる如く、其性行徳義の我に優りたるものにしくはなし。縦令ば、親に孝なる子、夫に貞なる妻、同胞に友愛なる人、及び朋友に信なるは云ふも更らにて、物に規律ある家族、学に熱心なる子弟、亦以て能くわが益友として、尊敬親睦すべし。殊に我れ足らざるを見、過ちを知りて忠告諫争するが如きは、まことに得難き友といふべし。面をおかして我れに忠言を与ふる如き人は、必ず誠実剛直の人なり。所謂「朋友には切々偲々たれ」とは、之をいふなり。されば、縦令其事の時に或はあたらざる事ありとも、宜しく勉めて其交誼をして、益々厚からしめんことを期すべし。又学術技芸等に長けたる友に遇はゞ、なるべく其長じたる所に就きて質問すべし。われの裨益を得べきは云ふも更にて、其人もまた己れが得意の事を問はるゝは、いと嬉しく感ずるものなればなり。さるにても、世に知己ばかり得がたきはあらじ。さらぬだに、澆季なる世に、徒らに皮相の友を求めて何かせん。朝に結びて、夕に断つが如きことなからんやう、はじめより、よく〳〵心して交はるべきなり。

然れども、主婦として世に立つ上は、親しき友の外にも、普通の交際にて、さすがに年月打絶えてもあらぬ友あり。或ひは同僚、同職及び同じき町村に住めるが故に、友達として交らふもあり。是等友誼のあまり深からぬ友に対しても、尚信の一字を守りて、出来得べき限りは、懇篤親切の情をつくすべし。されど古語にも「交はり浅くして言深きは害なり」といひ、又「朋友にしば〳〵すれば、こゝに疎まる」とも云ひけらし。未だ信ぜられずして云ふ時は、友われを誹るとして、あらずもがなと思ふもあるべし。斯かれば大方の友に交はるには、能く先方の心と行ひとを思ひはかり、ゆめわが言を失ひて、世の物笑ひとなること勿れ。尚普通一般の交際につきては、後章に詳しく述ぶる所あるべし。

苟くも互に心知りあひ、知己親友として、許しゆるされつるうへは、之れ道の友、心の友なり。さる方は、互に相尊み、相敬ひ、打ち頼めるものから自から心恥かしき様の思もあるべし。されば、幼少の時より、互に其長所短所を知合ひたらん如きは、幾年月隔つとも、相見ては其心さへ、幼児にかへる心地して、泣きみ、笑ひみ、ふりし事ども打談らふも理り、さる中らひは、何時〳〵迄も、互みに心置くことなくして、思ふ侭をいふも可ならん。況して己れ幸ありて、在りしに勝る地位にも登る事あらば、いとゞ昔のよしみ忘れざるやうに、心とゞめていかにも情々しくあるべし。されど兼ねても云へるが如く、女子は殊に物深く浅はかならぬさまこそよけれ。いか程往時は親しく立ち交らひし人なりとも、夫迎へ、子挙け、又は他人の家に往きては、昔のまゝの心にてありや無しやも覚束なく、よし又、更にいさゝかも、変れるふしの無きにもせよ。我が齢も長け、我が形も移ろひにけんを、裏無きがよしとて、余りに其童心失せずして、万づの事包みもなく、我れ先づ、さし出でゝ、折りかけ〳〵、隙間もなく物語り続けなどせんは、まことに其人の心浅さゝも思ひ知られて、いと笑止とも思はれぬべし。又何事も過きたるはわろし、親しきが中にも、礼あるべし。古も礼篤ければ争なしと云はれけん。凡て女子は天性物事に至り深くて、心の綿密周到に亘る者なるが故に、又一方には余りに人の上に気の付く者なれば、ともすれば益なき事に目を注ぎ、口を出しなどすめり。善からぬ人は、蔭言中言に、隔てなかりし友垣の、隙を生じ、詞の尾に、鰭を生じて、やがて、其交際の全からずなりぬる例も少なからぬぞ詫しき。これ然しながら、単一なる性は、やゝもすれば偏狭となり、偏狭の弊、遂に猜疑の念を助長するに至れるものなり。昔、晏子が人に交はるに、久しくして敬を失なはざりし事を、聖人も称し給へり。要するに、女子は、いかに親しき友達の間柄なりとも、物のいひさま、起ちふる舞に心して、常に気高く、奥床しく、はた愛々しく懐かしく、頼もしげなる心しらひこそあらまほしけれ。かまへて〳〵、性急に物の至り深からず、情後れたらんやうの挙動あること勿れ。只真心に思ひやり深く、自らを謙りて、人を敬ひ、信の道に違ふことなく、心うつくしきさまに交らふべし。

又、何ばかりならぬ人も、竹馬の友とかや。幼き程より相ひ馴れたるは、年長けて後も、まことに捨て難き思あるものなり。又同窓の友、すなはち小学の頃より、同じ学校にて物学びせし人は、殊に親しく覚ゆる者にこそあれ。かくの如く、親しき友といふが中にも、亦さま〲の種別あるべし。竹馬の友、同窓の友は、心易き方に打ちゆるびたるは、これにしくものなかるべし。これらの友に対しても、それ〲前にいへる如き心得して交はりたらんには、大なる過ちなからんかし。

　意気相投合して結びたる心の友垣は、いふも更なり。学びの道に相ひ寄りて、親しみ交はりたる友達は、まことにうれしく頼もしきものなりかし。これを、刎頸断金の友などゝしも号けて、最良じき事にはすなりけり。げに、志合へる友の為めには、命をだに惜まぬものなればこそ、「士は己れを知るものゝ為に死ぬる」とさへ云ためれ。斯やうの友には、もとより我が心のをれ〲しさも、我が業の拙なさをも更に包み隠し繕ろひ飾る所無く、能く打出でゝ教を請ふべし。されど、其れ将た彼の女子の格式品位を傷るか如きこと、即ち、私利、私欲、嫉妬、猜疑、または人の誹謗にわたるが如きは、早く我れとわが心を自ら戒しめて、決して口に出し形ちにも顕はすべからず。たゞにそれのみならず、無情の草木にだに、さやうの事見られ聞かれん事は、最恥かしきものに思ひなし、心にさる事の浮び出でんぞ、それ早く疎ましく、あるまじき事と思ひ知るべき。

　さても尚ほ、己れ悪しとは心づかずして、行ひもし、云ひも出でたらん事を、友達の諫め戒しめなどせられたらば、まことに心の底より嬉しく、忝じけなきものと思ひて、慎みて其過ちを改むべし。よしや、その事の、仮令聞き僻め、思ひ違へなどしたるにて、其忠告の熟く中らざるにもせよ。我れは、争友のわが身に大きなる裨益ある事を思ひて、其好意を厚く悦び受くべし。さて後に、さるべからん折、この事は、かく〲の次第にて、己れは云々為し置きつる事にこそなど、其れも憎からぬさまに、飽く迄も謙遜して、徐ろに云ひ説くべし。況して、友の身の上を斯くこそいへ。能く心しをとなど、云はれたらんとき、心狭き者は、必ず為に自ら反省せんとする念は、薄くして、却りて、其誹りつる人を誰何するこそ愚かなれ。其事若し実事ならば云ひつる人の上推問する迄も無し。悪かりけりと自ら戒めて、其過ちを再びせざらん事を期すべし。又其事の冤なりしならんには、其伝へつる友に請ひて、其故よしを徐かに弁じ置きて可なり。さても尚、人の我れを陥れんとして、よしなき名をおほせなどする事もあらば、こはたゞ、単へに神の判決に打ち任せて、其正邪を強ひて、争ひ清めんとすること勿れ。但し、如何しても、身に悪名を負ひ、親夫の面てにも関はる程の事ならんには、已むを得ずして其偽りをたゞすも可ならん。されど、其れ将た憎げに角々しく、憤りのやる方無きやうなるさまは、ゆめ〳〵人に見す可らず。況して、其中に立ちたる友の、迷惑を感ずるが如き事無からんやうに注意すべし。さるは、互みに打ち解けたらん中にも、能く守る所あるべし。彼の「久しうして之を敬す」てふ詞を忘る可らず。

親友の、己れに有益なることは、前つぎ〳〵に述べたるにて知らるべし。されば、そが多く且つ親しからんことを欲するは、さることながら、決して私を専らにして、親夫の心に協はざらんやうのことなきやう、注意すべきは、屢々言へる事、よく心すべきなり。されば、わが竹馬の友、同窓の友などの訪ひ来たるを悦ぶ余りに、夫、舅姑がおぼさん程をも忘れて、饗応ぶりいと厚く、長き時間を強ひて引きとゞめて、夫家の事何くれと崩し出でゝ、打ち語ふが如きは、いとも〳〵あるまじき事なり。懐かしく嬉しげなる心は、穂にも出でながら、能々家人の心をかねて、さま宜き程に取り扱ふべし。兎にも角にも、女子は情厚く、心細やかにあるべきは、云ふも更なる事なれども、余りに際々しく、喋々しきは、宜しからず。なだらかに、さりげなく、さすがに、友の心の深さ浅さを能く思ひ汲みて、一たび結びつる友垣の、隙もとむる風にも破られずして、行末長く、其交誼を全うせん事を希ふべきなり。

女子一たび夫に配しては、既でに、其家を以て我家とすなれば、夫の朋友は、またわが朋友なることは、もとより言を俟たず、されど未だ若年の小婦が、万づの事、なほ初々しき程は、何くれの心づかひ、いと多きものから、兎やせん角やと思ひ惑ふものにしあれば、其れらの人の為にとて、爰にいさゝか、夫の朋友に対する心得を書きしるしつ。

夫の朋友としいへば、我国にては、大かたは、男子なるべければ、まづそれに対する心しらひよりいふべし。大凡、若き婦人は夫の不在には、縦令いかほど親しき夫の友の訪ひ来たるなりとも、ひたとさし向ひて、二人のみにては物語りすべからず、若し側らに居らしむべき人無き程ならば、さまよく云ひなして、対面せざるか、又は晴れやかなる対面所などにて、短き時間を面接し、用事だけ聞き終らば、何とか、さまよくもてなして、辞して引き入るべきなり。且つ、其応答は極めて厳正ならん事を要す。苟且にもざれ言などいふは勿論、笑ひくつがへる等の事ゆめ／＼あるべからず。梨下に冠を正さゞるは、女子の最も心すべき事なりかし。されど、それ将た殊更らび、操作り顔ならんは、憎げなるべし。たゞ何と無きやうに、陽はもてなして、陰に立てたる趣の強く正しく、折れ難き所あらんこそよけれ。

　何人にありても、わが友人の、妻迎へたりと聞きては、先づ往きて訪らふものなれば、其容貌、人品、言語、応答、座作、進退、に至るまで、いかにかあると、心とゞめてぞ、思はれぬべき。さるは、己れが拙きは、我が身一つの侮らはしきには止らずして、夫の身の上にも思ひ及ぼされぬべきものなれば、まことに、兼好法師がいはれたらんやうに、「顔容こそは生れつきたらめ。心はなどか、賢きより賢きにも、移さば移さゞらん」と、ねんじて、苟且の起ちふるまひ、物の云ひざまにも、能く注意して、ふつゝかに端た無きさまに、露ばかりも見ゆべからず。さて、其言語、応答は、先づ、先方の云はるゝことを、徐ろに、能く聞き取りて、是よりは詞少なに、且つ詞撰りして、いかにも／＼、上品に艶はしく、其要点は、さすがに、洩さず云ひがひあるやうに、受け答へすべし。さりとて、したゝかに、物識顔ならんは、いと浅間し。能く知りたる事も、左もやありけんなどやうに、打ち髣髴かして云ふべし。其れも、殊更び繕ひ顔ならんも悪し、取り飾りなき中に、何となく、気高く物深く奥ゆかしからんさまに見えんぞ、最とあらまほしき事なる。

　又、夫の親友の在したらん時は、心の限り、起ちゐ営みて、主人ぶり、殊に細かに、心しらひゆき届きて、夫の斯くあらなんと希ふことにも超えて、最良じく愛たからんやうにあるべし。さてこそ、夫はわが妻の至り深きを、嬉しくも、あらまほしくも、覚ゆべきなれ。さなりとて、其れも余りにさし過して、夫の最と左迄ならずともと、思ふばかりはあるべからず。うちわに、控へめに、物取りしたゞめつゝも、知らぬ間に、能く整ひて、過不及無からんやうに、あるべき事を希ふべし。

　夫の友達と打ち語らはれたらん時などには、縦令、其の事の、よし理り無く思ふ節ありとも、人の前にては、決して口入るべからざるは、いふも更なり。いかにぞや思ふ様の気色だにさへ見すべからず。斯くて、人無き折を待ちて、其過れるは徐ろに正すべし。又、夫の友と物語りしつゝ、「彼事は左もやありし。いかゞ」、或は「ふと忘れつ。其所以はいかなりけん」など、問はれたらんには、我が知りたるは、「斯くこそ」と覚束なからぬさまに、云ふはよし。されど、其れも、したり顔にはあらで、なお包ましく、憎からぬさまに云ふべし。ゆめ、したゝかに誇りかになど云ひ続くべからず。これは、年長けて後も、なほ守るべきなり。

　夫、また、殊に親しく交らひかはす友なりとも、其人の心正しからず、行ひ将た潔からずなどして、夫の不為たるべき人物なりと思ふ時は、さるべき折々を待ち出でゝは、徐かに懇ろに、夫を諫めて、なるべく損友に遠ざかるやうにすべし。之れに反して、益友なりと思ふ時は、またより〳〵に説き勧めて、出来得べきだけ、其交誼の厚からんやうに助けなすべし。されど、男子の上に就きては、ようせずば、覚えぬ疑ひを蒙らじとも限らざれば、同じ人を褒むるにも、能く其心して取りしたゝむべし。決して、軽忽のふるまひあること勿れ。又、夫の女友には、殊に能く心を用ひて、単へに、わが新たに得たる友達の如く思ひなしつゝ、懇ろに親しみ睦ぶべし。さるを、胸狭き女子にありては、却りて、さしもあらぬ事にも、目をそばめて、いかにぞや戻き云ふ事無きにしもあらず。されど、其は、大かたは、そが見界の狭きが故に、異種の色を見て、わがのと同じからぬをば、心づきなく思ふが故なめれど、程経ては、つひに、其怪しみも、誹りも、薄らぎもて行くものなりかし、返す〳〵も、右様の事には、懸念せず、先づ其等の人の云ひ行ふ所に、心とゞめて見聞き置つゝ、是れは習ふべき事、彼れは習ふべからざる事と、唯心の中に思ひ分きて、軽々しくは口に出だすべからず。況して、其等の人達の事は、容易に批評し、又は誹譏に亘るやうの事は、ゆめ〳〵為すこと勿れ。縦令、夫の興に任せて、さる事云ひ出でられたらん時も、さまよき程にさし答へして、浅はかに喋々しく、雷同するが如きことあるべからず。何はありとも、常に信実誠意をもとゝして、あはれに情深きやうにあらましかば、いかなる場合、いかなる人に対しても、過ちあらぬことぞかし。

　尚この外普通一般の交際につきて、心得べき訪問、待客、書信の事ども、くさ〳〵ありぬべし。そは後章女子としてのつとめの條に述ぶべければ、こゝには省きつ。

婢僕に対する心得

婢僕使役の方法は、主婦が最も能く心得置くべき責務の一つなり。之を御するの法宜しきを得れば、家政従て揚り、主家の為には、身を粉にしても尽さんの心を起さしむべく、兼ねては其教化薫陶によりて、婢僕其者も、至大の幸福を得るに至るべし。若し其統御の方法宜しきを得ざれば、婢僕をして主婦を信ぜず、恩を恩とせざるのみならず、甚しきは彼等をして怨を懐かしめ、為めに主家を悪しさまに罵り歩きなどし、あらぬ、讐を受くることなきにしもあらず。されば、その撰択より、取扱の心得に至るまで、よく心して、其家の為にもなり、彼等の為にもよからんやうになすべきなり。

俚諺にも、人を使ふは苦を使ふなりといへる如く、彼等をして能く敬愛の情を起さしめ、且つ能く其主に忠を尽さしめんとするは、実に至難の事なれども、要するに主婦は常に寛容温和の徳を以て、其下に臨み、又能く厳粛なる威儀を備へて以て之に対すべし。彼等の中には往々怠惰放漫にして、自ら貧賤の苦境に沈みたる者もあるべしといへども、始めより貧しき家に生れ、または、父母兄弟が一時の失敗より零落して、人の婢僕となれる者も、少なからざるべし。さるは、殊に痛ましき限りなれば、身幸にして、婢僕を召使ふ程の家に生れしを悦び、苟且にも、不慈の使役を為さゞらんやうすべきなり。而して彼等の多くは不文無識の輩なれば、其等をして能く道に入らしめ、且つ能くわが希望の如くならしめん事は、極めて容易ならざる事なり。然れども、至誠はつひにいかなる墻壁をも、穿ち通すべきものにて、始め、頑迷共に談ること能はずと思はれし人も、遂には我徳に化して、義僕となり、忠婢となること、なきにあらず。何はともあれ、教ふるに至誠を以てし、率ゐるに、至信を以てせば、何者か、御し難きことのあるべき。

さて、主婦は先づ彼等の教師となりて、教へ導かざるべからず。而して彼等の多くは、野鄙頑迷なるものなれば、恩威並び行はれ、寛厳其中を得、大方の事に行きわたりて、且つ成るべく、下情に通ぜんことを期すべし。其指揮命令せんとする所のものは、何にても、能く自ら心得おくべし。自ら心得なき事は、其命ずる所、止むること、皆中を失ひて、更に彼等をして、手足の如く働かしむること能はざるのみならず、往々彼等の軽侮を受けて、我指揮下に行はれざるに至るものなり。

婢僕を教ふるには、殊に心のどかに、気長くすべき事を忘るべからず。縦令ば、野飼の駒の年長けたるを、俄かに捕へて轡を篏め、鞍置かせたらんに、これが教授法、取扱ひ法には、深く心を用ひて、馴れしむるにあらざれば、其姿勢より、足並より、なべてが、いと愛たくなりて、主の心に協へらんやうに、なりなん事のいと難きは、云ふも更にて、或ひは却りて、主の傷きたふれぬべき、過ちをさへに、為出でじとも云ひ難し。その如く教へなき人を導くには、最も能く慎密鄭重なる注意を以てせざれば、不可なり。況して、従来こゝかしこの家に主人をかへて、年月馴れ来し婢僕の如きは、大率、まづ善事に染む事は少なくして、悪事に汚るゝ事多き者なり。是等の徒を率ゐて以て、わが教域に入らしめんとするは、殊に至難のわざと云ふべし。然れども、我れの徳、能く彼等を制御するに足り、我れの力、よく彼等を悦服せしむるに足らば、また決して容易に為し得べからざる事にはあらず。而して、其徳其力究め来れば、唯これ至誠至信の外無きをや。能く思ふべきなり。

婢僕は慈しむべし。狎れしむべからず。「雪の日や彼れも人の子樽拾ひ」、又陶淵明が一僕を子にあたふるに、「是もまた人の子なり、よく遇すべし」といへり。まことや、厚衾取り、重ねても、寒き冬の夜にしも、彼等は所用あれば、霜を踏み、雪を犯して、烏羽玉の闇路たどり往くめり。薄ものゝ衣着て、団扇手に放たぬ、夏の日盛りにも、職務なればこそ、焦土を蹶、焼石を渡りつゝも、庭園に水打つめり。打つ水の雫玉を結びて、軒の青葉を吹きわくる風の、我が膚に涼しきを感ずるほど、彼等は却りてその身の内の汗をこそ、増らめ。況てや、寒さ骨に徹る霜の夜更けに、遠きに使して、帰り来たりとも、汝が臥室には、火の気もなく、衾も薄し。ようせずば、隙もる風の侵撃をうけて、結ぶ夢さへ安からねど、昼の疲れあればこそ、明くるも知らでねむるらめ。これを思へば、そを召し使はん人は、能く注意すべし。火急を要する事ならずは、厳冬の真夜中、極暑の日中などは、なるべく戸外の用を久しくなさしめ、または、遠方へ使ひせしむること勿れ。若し已むを得ずして、右様の時に使役すべき事もあらば、能く其辛苦を思ひやりて、情の詞をもかけ、時としては、相当の手当をも為すべし。また、患者来客等ありて、終日劇しく労働せしめし時は、夜はなるべく、早く臥さしめ、主人の帰宅打続きて、深更に及ぶ等のことあらば、互み代りに、早く寝に就かしむるなど、総て時の宜しきに従ひて、苛酷の使役なすべからず。用事を命ずるにも、一つ云ひつけたることを、未だ半ばをも為し果てぬ程に、又其上へ其上へと、重ねかけ、或は、其為出つることの、悪かりけりとて、其を教へ正さんとはせで、忽ち気色を変へて、有無を云はせず、叱り懲らすが如き事あるべからず。又、食物の如きも、経済の許す限りは、随分に注意して、なるべく衛生に利なる者を給すべし。また、彼等に疾病ある時は、わが家族の如く思ひて、親切に取扱ひ、早く治療せしむべし。況て、主家の用事の為に醸したる疾病負傷等は、十二分に手厚く加養せしむべし。其親夫の大患の報に接して、帰宅を願ひ出づる事あらば、如何なる差支ありとも、速かに暇を遣はすべし。又、親夫及び長上の人、婢僕を顧るに恩薄く、慈足らざるやうの事もあらば、我れは、なるべく其間に立ちて、長者をして不慈不恵の誹りあらしめざる様に注意すべし。さりとて、己れ、取りなし顔に、言に出で、行ひに顕はして、私恩を売るが如きふるまひ、苟且にもあるべからず。其他すべてのことに、能く心を用ひて、己れが欲せざる所は、他に施すことなく、常に慈悲仁愛をもと〻して、いかにも〳〵、情々しく至り深からんことを希ふべし。かくてこそ、偶々叱りもし、戒しめもしたらん時にも、彼等は畏み受けつ〻、中心悦服して、其旨に従ふやうに、なりもて行きぬべきものなれ。

かくの如く、仁慈を以て、彼等を遇すべしといへども、亦濫りに馴れ近づくべからず。ようせずば、忽ち上下主従の区別をも、打忘れて、主を友達の如く思ひ、往々無礼の挙動などなすに至り、遂に主の命令をも遵奉せず、其指図をも、軽蔑するに至る者なり。されば、主婦は婢僕に対しては、殊に沈黙、寡言なるべし。他人の品評、他家の善悪等、決して共に語るべからず。また侍婢等をして、いろ〳〵の物語せしむるにも、食物など与ふるにも、己れ先づ彼等と同等なる者の如き行ひをし、笑ひくつがへり、狂ひ戯むれ、或ひは人のうへ云ひ、他人の事を、譏りなどするときは、彼れ必ず其主を軽しむる心を生じて、我れまた再び統御すること難きに至らん。故に、彼等若し客人の事を批評し、善からぬ世間の噂などなさば、徐ろに其不可なるを説き戒めて、復た言ふこと能はざらしむべし。

女子は、殊更に其独をさへ、慎しむべき者にしあれば、童僕は、勿論侍婢の見たる前にてだに、傍若なる振舞、野鄙なる言語を用ふべきにあらず。いか程、年久しく召し使ひたる者なりとも、心の底の見え透く許り打ち解け顔ならんは、まことに淡々しく、軽々しく見えぬべきなれば、苟且の言辞行ひにも能々注意して、彼等の懐かしく、慕はしき主よと、思ふものから、尚侮り難く、憚り多く覚えて、常に敬ひの心を失はしめざるやうに有らしむべきなり。

又、婢僕は侮るべからず。自侮って、人是を侮る。不知無識なる彼等は我れより劣れるは勿論のことなり。さるからに、稍もすれば、これを軽侮する心の生ずることなしとせず。これなか〳〵に、彼等より軽侮せらるゝ所以なるを知らば、よく心して、彼れを侮り軽しめ、彼等をして怨恨を求むる等のことなからん様にすべし。我れ彼れを軽蔑侮慢するに当りて、彼等は、口惜しくも、腹立たしくも、覚ゆる事なりとも、是れに反抗弁解すべき智と詞とを知らず、恨みを呑み憤りを圧へて、已むを得ずして、其軽侮を忍ぶことあるべし。しかする時は、己れをして、益々豪慢の心を漸次に高まらしむるのみならず。不慮の怨恨を被むりて、覚えぬ、身に災害を受くること、なしとしも言ひ難し。古へより、逆臣の手に、無惨の最後を遂げたる君主は、まゝ其臣僚を軽侮したる結果なりしこと少からず。能く思ひ合はすべき事なり。よしそれ迄にはあらずとも、侮りを以て他に対すれば、彼れ、いかに無気力、無神経の人なりとも、必ず心に快く思はぬものにて、却りて、其侮りつる人に、侮らるゝこと無しとせず。恐るべく慎しむべし。

彼等を慈しみ恵む心の、泉の、能くそれを潤し浸すことを得て、恰かも、田面の苗の生ひ延びて、好き実を結ぶが如く、その尊く、厳かなる威厳は、他に露ばかりも、侮り犯さるゝことなく、恰かも鋭き剣の濫りに手をふれて、翫弄すること、能はざるが如く、恩威二つながらならび行はれんやうにこそ願はしけれ。凡そ智恵なく学問なき下人はこれを慈しむこと其度を過せば、恩に馴れ、愛につけ上りて、得れども飽くことを知らず。恕すれども、忝けなきことを忘れて、つひに、我侭気随となり、又これを恐れしむること、中を失ふ時は、陽に面従して陰に後背し、蔭言を言ひ、隠しごとをなし、弥々縮みかゞまりて、益々物の用には立たずなるものなりかし。故に、常に恩と威とをして、能く併行せしむるには、先づ己れを正しうすること、厳かにして他を責むることは寛く、その悪からん所は、丁寧懇切に、教へ戒しめて、敢へて我喜怒哀楽の情の動くに任せて、荒らかに叱り窘め、又は濫りに褒めそやしなどすることなく、自らが費用を薄くし、他の恵与を厚くすべし。かくする時は、いかに心無き者なりとも、終には其徳に懐き、其威に恐れて、敬愛忠実の人となるに至るべし。また、親夫及び他の長者の仰せ掟てたらんことは、必ず婢僕をして、厳重に遵奉せしむべし。縦令、其事の、いさゝか不当たりと思ふ事ありとも、其足らず、欠けたらん所は助けなして、彼等をして、能く命に服さしむべし。彼等若し過ちて、其仰せに違へることをしらで、或は打忘れなどせんずる時は、成るべく、己の不行届きなりしやうに申しなして、婢僕の叱責を寛うして、さて後に、己れ、彼等に対ひて厳かに戒め正すべし。しかすること屢々なれば、彼れ遂に、其徳に心服して、必ず恩恵威信ともに〳〵、行はるゝに至るべきなり。さるを、之れに反して、己れが過ちをさへ、婢僕におほせて、我れ善き児となるが如き、正無きふる舞ひの、苟且にもありもしたらんには、彼等は、恨みと、侮りとの心を以て、これを見るべく、さてはわが命令は、決して其下に行はるゝこと難きに至るべきなり。又、主婦は、常に婢僕の行状を調査し、其勤惰を考察し、其賞すべきは賞し、罰すべきは罰するは、さる事ながら、尚此賞罰は、其法宜しきを得ざれば、却て害を来すことあり。凡そ賞罰の難きは先哲既に嘆ぜし所なるが、其功ありて、賞すべき者は、其功の軽重に報ゆる適度にして、しかも至当ならんやうすべし。然らざれば、其得たる者得ざる者、共に不平を懐かしむるに至らん。そは、其希望外に、軽きが為めに不満なるのみならず、重きに過ぐるも、亦他の懇望を促すこと無しとせず、況んや、己れが心の引く方に傾きて、苟且にも、依怙贔屓の沙汰を行ふが如き事なるに於ては、其不結果なる、寧ろ賞を与へざるの勝れるにしく事無きものなり。濫賞の弊能々心すべきなり。さて又、怠れる者過れる者に対する罰の如きは、殊に最も注意して、鄭重なるを要す。人を賞して当らざるは、尚且つ可なり。人を罰して当らざるに於ては、まことに其弊の及ぶ所、また言を俟たずして明かなるべし。されば、罰は行ひて而して後罰せられたるものも、恐れを以て、将来を戒むるに足り、罰せられざる者も、之れに鑑みて、能く自らを反省するに至れるが如くならざれば不可なり。故に、彼等が為めに、罰則を施し、又は訓戒を加ふるに於ては、宜しく容を正し、詞を和らげ、親切、懇篤に赤心を吐露し、慎みて、其所分を為すべし。孔明涙をふるひて、馬謖を斬る時、謖泣きて、其厳法に悦び服したるが如くならんことを期すべし。過ちある折に、甚く叱咤すれば、無智なる者の常として、自ら其過をば悔ず、たゞ主を恨み、他を誘り、わが過を隠蔽して、表面をのみ飾るに至る。さりとて罪あるを罰せざれば、一家の秩序は維持すべからず。故に悪しき事は、幾度も諭し戒め、それにても猶改めずは、速かに解傭すべし。改めざるを知りて遠ざけざる時は、不測の災害、蕭墻のもとより起ること無きにしもあらず。然れども、己れが喜怒を移して、いはれ無きに褒め、いはれなきに叱る等のことあるべからず。また、其賞与金、或は物品を授けなどせんに、決して恩着せがましき形状挙動あるべからず。婢僕に対する心しらへの一わたりは、述べたれども、尚其撰定につきての心得、且つは雇ひ入るゝ時の心得など、かれこれありぬべし。今之をかひつまみて、左に述べん。而して婢僕その者につきては、他日更らに稿を改めていふことあるべし。

婢僕を雇ひ入るゝには、其性質なるべく、質朴誠実にして、身体強壮なる者を撰むべし。仮令片田舎に成長して、言語動作の、礼節に習はぬ処ありとも、そは少しく教へ導き馴れたらんには、却て良僕良婢となりぬべし。いさゝか小才ありて、事を処するに便なるが如くなりとも、そのさが軽跳浮薄にして、多弁なるは、決して誠実にして、終始を全うすべきものにあらず。又其家系の正しからざる、遺伝病の血統、大刑を受けたる家筋の子女、あるは前の主家の悪習に浸みたる者等は雇はざる様にすべし。又最も心すべきは、近親、親友の零落して、よるべなきまゝに、奴婢たらんと希ふものは、なるべく避けて用ふべからず。世には、やみ難き人情にほだされて、そを使役することあり。過れりといふべきなり。さる場合には、金円物品を給し、或は然るべき、職業を求めて、自活の道を講ぜしむる等、なし得らるゝ限りは慈恵を施すは可なりと雖ども、之を己れの家庭に同居せしめ、奴僕として使ふことは、その結果必ずよからぬものなり。極めて善良の天質を具へ、非凡の器量を有するにあらざる限りは、時理を見るの明なく、天命に安んずるの徳無く、只単へに、我身の不幸を卿(かこ)ち歎く余りに、其家の富貴栄達を羨み人を妬み世を恨み、主(しゅ)能く之を憐めども、猶足らずとし、之を恵めども、猶慈ならずとして、果ては、ありし昔のよし無しごとなど、問はず語りに、其(そ)が同僚出入人(でいりにん)にさへ、吹聴して、大いに故旧の情誼を破るが如き事無しとせず。されば、却て止(や)み難き情実の関連無き者を、求むるに若(し)かざるなり。

　奴婢を雇ひ入るゝ期限は、なるべく短からんこそよけれ。其始めに長き約定(やくぢやう)をなし置きて、意の如くならずとて、中途に解雇(かいこ)せんと為る時、よし其表面は不都合無かるべき、約定書の記入ありとも、互(たがひ)に快からぬ感情を懐(いだ)きて、甚(はなはだ)不愉快なる事の出(い)で来(く)ものなり。されば、始めに短かき期約をなし、人柄の程も、性質も、わかりて、これよかりなんと思ふ時には更に延期しなば、互に心地よきものなりかし。さて、試役の期は、先づ一週、若(も)くは、二週間許りにして、よしと思はゞ半箇年(はんかねん)、又は一箇年間と傭入(やとひいれ)約定をなし、然る後(のち)、弥々(いよいよ)可なりと認めなば、能く本人が将来の希望をも問ひ、さて更に長き期間の約定を為しやがては、それ〲に身のふりかたを講じやるもよかるべし。

　又数多(あまた)の婢僕を使役する家にては、殊に規律を正しくして、紊乱(びんらん)を来さゞる様すべし。先づ其始めに厳粛なる家法を教へ、正確なる家訓を申(まをし)聞かすべし。縦令(たとへ)ば寝起(しんき)の時間、食時、常務及び休日、臨時の事務に就きての分担、並びに注意すべき事ども等(など)も、予(あらかじ)め指示(さししめ)しおき、さて其軌道に従ひて、正しき方向に進みぬべく、教ふべきなり。如何(いか)なる人にても其始めは小心翼々たるものなり。其相馴れざる程に、厳かに訓戒し置く時は、先入は主(しゅ)となりて、後(のち)に幾分か裨益することあらん。婢僕の使役に規律なき時は惰(おこた)る者は惰り、勉むる者は勉め、終(つひ)に勉励するは、無益徒労なりと自ら放逸に流れしむるに至ることあり。心すべき也。又休日の如きも、一ヶ月に一回とか、二回とか、程よく遣はして、徒らに一日(いちじつ)の安(あん)を偸(ぬす)みてよからぬ友と交り、または正しからぬ場所に出入し、小許(しょうきょ)の労を厭い、身を怠惰に馴れしむるが如き、弊に陥らざるやう、平常は、能く其分担の業務を精励し、規則立ちたる業務を厭はしめざるは、単(ひと)へに主婦の力にぞある。小人閑居して不善をなす、思ふべきなり。さて、其婢僕に説き示すべき條目は、銘々の家法によりて、異なるべけれど、大凡(おほよそ)左の如きものと心得て可なり。

　一、人に事(つか)ふるには、正直をもとゝして忠勤すべし。

一、主人の家法を能く遵奉すべし。

一、火の元、戸閉りに能く注意すべし。

一、主家(しゅか)の事は濫りに他に吹聴すべからず。又不平の事ありとも、退きて後言(こうげん)すべからず。

一、主家の賓客(ひんかく)が善悪可否は、決して沙汰すべからず。縦令(たとひ)貧賤の人なりとも、能く丁寧に取扱ふべし。然れども、己れさかしらに、差出(さしいで)て馴々しき振舞あるべからず。

一、前に仕へたる主家の善しあしなど、決して語るべからず。

一、幼弱老耄(らうぼう)の主人なりとも、能く礼を尽して尊敬し、決して侮りがましき、挙動(ふるまひ)あるべからず。

一、休暇を得て他出したりとも、約束の時間には必ず、帰宅すべし。

一、主人の命令は、よく心に注(と)めておろそかに心得べからず。若し多忙にして、忘却すべく思ふ時には、手帳などに書きつけおくべし。

一、主家の家具調度等は、総て大切に取扱ふべし。若し過ちて毀損紛失などすることあらば、決して包み蔵(かく)さず、速かに其過ちを訴へてわびいふべし。

一、来客の取次、または、その返り事など、よく其事実を誤らぬやう、礼を欠かぬやう、よく心を留(とゞ)めて応答すべし。

一、来状に最も注意して、粗末の取扱すべからず。

心身の自由を束縛せられたる彼等は、遠大の志望も、高尚なる志想もなき身の、目前の快楽は大方停止せられたりとすれば、其慰む所は、まづ飲食物の一にあらん。されば主婦は経済の許す限り、なるべく善き食物を給すべし。家族と同等のものを食せしめんは、いかゞなれども、彼等をして、其欲を満たさんがため、主人の食料を盗み食(くら)ひ、或は買食(かいぐひ)に給料の過半を消却せしむるが如き事、なからんやうすべきなり。

又、彼等の中(うち)には、往々下賤(げせん)の家庭に生長して、卑穢(ひわい)の事に感染したるもの少からず。故に、其交際する友に注意し、其出入(しゅつにふ)する家にも、目を注(とゞ)めて、苟且(かりそめ)にも、善からぬ事あらば、速かに戒め諭して、禍(わざはひ)を未然に防ぐべし。世には、往々婢僕の醜声外(しうせいほか)に洩れて、主家にあらぬ禍を及ぼすことあるを見る。是、単(ひと)へに主婦の取締(とりしまり)行(ゆき)届(と)かざるが為めなりといふべし。又、婢僕に貯蓄心(しん)を養成せしむべきは、最も必要の事なり。毎月(げつ)其給料の幾分を余して、貯蓄銀行または、逓信省等(ていしんしやうとう)へ預けしめ、主婦よく之が管督(かんとく)をなして、彼等が首尾よく雇(やとひ)期限を卒(を)へて郷里に帰り、一家を営み、又は他(た)へ嫁ぎなどする時に、幾分の助けとなるやうにせしむべし。始めの程はあらずもがなと思ひ嫌ひて、此方(こなた)の親切も、却りてうるさしと思ふ事ありとも、其額(かく)の次第に増殖し、利のつくことなどを知らば、自(おのづ)から冗費を汰(た)し、蓄財の念を起すに至らん。小人罪なし、玉を抱(いだ)きて罪ありと、彼等には、成るべく、剰余の金銭を持たしめざるやうにし、賞与のごときも、能く其れらの点に注意すべし。

家事につきての注意

家政を斉(とゝな)ふるは、其一家の主宰者たる主婦の任なり。家政の要は秩序にあり。秩序整然として、秋毫(しうがう)も乱れずんば、室家粛然として治まらん。従来述べ来(きた)る処即ちこの秩序を整ふるにあるのみ。而して経済の事は、最も主婦の心すべき事なり。誠に財用の道は、諸事百般の基(もとゐ)となるものにして、彼の古語にも、衣食足りて礼節を知るとも、又恒産(がうさん)なければ、恒心(がうしん)なしとも、いはれしにあらずや。総ての秩序礼節も、恒産なくんば、奈何(いか)にせん。されば、主婦たる人は、よくこの経済の要を心得、金銭の出納を綿密にし、其入(い)るを量りて、而して後(のち)其出づるを制し、常に金銭に余贏(よえい)あらしむるのみならず、徒らに光陰を費すことなく、利欲に迷ふことなく、私情を欲(ほしいまゝ)にすることなく、出納其度(ど)に適し、使役其当を得(え)、事は立(たち)どころに整ひ、人は悦びて働き、一家団欒として楽しく暮さんも、皆経済の一つなり。さて、古人も経済の要は、倹約にありと、いはれたる事ながら、金銭は、その大なる出納を倹約せんよりも、寧ろ瑣末の事に、意を用ふべし。巨額の金(きん)は、かね〴〵用意もし、何人(なにびと)にても、其支出の理由を知りぬべけれど、日常支出する小額なるは、大抵主婦の専断にて支払ふものなれば、能く周密に注意して、苟(いやし)くもすること勿れ。

虚飾奢侈(しやし)は、今の通弊なり。世の進むにつれて、生活の度の高まり行くは、さることながら、其身分に相応(ふさは)しからぬ贅沢を極め、遂に家政紊乱(びんらん)して、負債に苦しむが如きは、そも、愚かしき極みならずや。虚栄虚飾は、決して文明の華にあらざるをや。国家財用に乏しく、道途(だうと)忡々たる憂声を聞くは、抑々(そも〳〵)誰の罪ぞや。一家の財用足りて、国家の財用また余あるを知らば、実に栗然たるものあるにあらずや。須らく勤倹の意を体し、貯蓄の道を講じ、衣服飲食住居より、日常の諸物品に至るまで、よく節倹を旨として、購求保存等苟くもせず、質素礼文、其宜しきに適ふ様に、最も注意すべきなり。然れども、世の所謂守銭奴たり、吝嗇家たらば、やがては、却て身を亡ぼすべし。それ等の人は、人の労に酬ゆるを知らず、他の窮乏を救恤せず、その他公事公職を始めとして、総て為さゞるべからざる事にも、金銭を吝むものなり。倹約とは全くうらうへにて、常に倹約するはかゝる場合に用ひんがためなるをや。

さて、財政を処理して、紊れざらんやうするには、先づ能く、歳入歳出の予算を定め、力めて之に則り、若し止み難き臨時の出来事によりて、他の費途に流用せざるべからざる場合は、必ず心に注めて、後日其を填補すべし。収入は成るべく、内端に見積り、さて一箇年の収入を月々に割り当てゝ、其支出を計るべし。歳出の予算も亦よく吟味して、取落さゞる様にすべし。始め少く見積り、年末に不足を生ずるが如きは、拙なきわざなり。また子生るれば、其時より、学資として、応分の金額を積みて、銀行に預け、またはたしかなる保険を附するも可なるべし。又、臨時費として、予備を見積りおき、なほ余れるは、折半して貯蓄し、其半は、自らの保養に費すも、不可なかるべし。但し、自己の保養なりとも、身体の摂生などの為に、郊外に散歩し、或は大暑極寒の候に旅行する等、余義なき事に費すものは、また、臨時費を以て充つるも妨なかるべし。

さて歳入歳出の予算既に立ち、毎月の支出費も定まりたる上は、よく出納を厳にして、其帳簿を明記すべし、歳出入の重要なる計算書は、なるべく自ら点検して、決して家僕に一任すべからず。支出する際は、已むを得ざる至急の場合の外は、先其額を帳簿に記して後ならでは、決して支払をなすべからず。出して後、記さんと思ふが故に、小額の金は、往々打忘れて、月末に帳合の相違を見出すなり。注意すべし。金銭出納を司る者は、一わたり家事を理むるに必要なる法律をも弁へ、簿記法も心得、また、よく時価を知り置くこと必要なりとす。物品を購入せば、なるべく、現金に支払ふべし。而して、婢僕を召し遣ふ家にては、先判取帳を製し置き、諸品買入の都度、これに記さしむべし。これ、極めてうるさきやうなれども、甚だ利益あることなればなり。また、多額(たかく)の金銭を出入する家に在りては、月末、月半の両度に支払ふも可なり。この方法は、前條の勝(まさ)れるに如(し)かずといへども、過誤錯雑を防ぐには、またこれ一つの良手段なり。この他(た)、尚かづ〳〵心得べきことがら多かるべけれど、常によく勤倹の心を体(たい)して、万事に計りなば、事毎(ことごと)につきて、大(おほい)に得(う)る処あるべきなり。

前條にも述べたる如く、奢侈虚飾の弊は、最も、衣服、身のまはりにありぬべし。近来、服装改良の声は、次第に高くなりたれば、早晩この傾向は、従来の服装を圧倒すべし。是れ、真(まこと)に喜ぶべきことなりかし。而して、その要も衛生に適し、経済に宜しく、且つ、其品格風采を保つに、かなふものたるべきに過ぎず。服装改良につきては、他に思ふふしもあれど、こゝには省(はぶき)つ。要するに、主婦は、老幼子女、各(をの〳〵)其分(ぶん)に適ひたるものを撰定し、また寒暑により、労働する人、安居する人等、各自の衛生に適すべきは勿論、其品格風采を傷(きずつ)けざる限り、なるべく質素ならんことを期すべし。

また、其撰定につきては、其が原質製造の概略をも心得、其保存法には、色揚(いろあ)げ、染めかへし、洗張(あらひは)りの注意、其清潔法には、洗濯乾(かわか)しかた、塵の払ひかた、汚点(しみ)抜き等(とう)のことまで、一わたりは心得おき、なほ衣服に関する一切の事は、必ず弁(わきま)へ置くべし。

食物調理の方法は主婦の須(すべから)く心得ざるべからざることにて、かねて、衛生と経済とに、適ふやう心がくべし。其撰定の巧拙によりては、価廉(あたひやす)き蔬菜(そさい)にも、大に滋養分を含めるものあるべく、また価高きものにも、衛生によろしからざるものもあり。よく弁(わきま)へおきて、撰定調理に注意すべきなり。なほ、衣服飲食の悉(くは)しき事は、それ〳〵の書につきて知らるべければ、今は概略をのみ述べつ。

住居のこと、また主婦の心得べきことなり。前にも述べたる如く、各々その分に応じて強(あなが)ちに、華美荘厳を欲すべきにあらずといへども、只同じ費用を以てするも、その方法注意によりては、実費よりも遥かに愛(めで)たく、麗はしきを得て、しかも、其衛生経済上にも、裨益あらんことを欲するなり。

さて先づ、其土地を撰定すること必要なり。なるべく、南面の日当りよき場所を撰むべく、湿地凹地(あふち)、あるひは、火災水難の患(うれひ)ある所は、避けて住まざるこそよけれ。是等、もとより主婦の専断にて為すべきにあらずといへども、移転新築等の場合には、必ず相談あるべき者なれば、一わたり心得おくの必要あるなり。又子女の教育の便不便医師の遠近等は殊に注意して、その便利なる地を撰むべし。さて又、居宅を新築する時は、よく間取りに注意し、出来上りたる後にて、不都合を感ぜざる様にすべきなり。近時、建築の術大に進みて之等専門の技師に依頼せば、固より打任せて、差支へなかるべしと雖ども、また一わたりは、家屋に関する衛生、経済、構造、装飾等を弁へおくこそ望ましき事なれ。又、所有の家屋には、たしかなる火災保険を附しおくことを忘るべからず。

家を購ひ、又は新築して旧の家を他人に譲り、或は貸しもして、移転せんとする時には、其主婦たる人の能く注意すべきは、新旧宅の掃除、器具調度の取片づけ、及び移転の順序、婢僕、加勢人の配置、指図等なるべし。

往年、嘗て旧藩の臣僚たりし人、主君より貸与せられし家を、故ありて、また他家と交換し、移転する時は、わが家の調度何くれの品を、新宅に移し終り、旧宅の掃除、いかにも清潔にし、玄関及び奥表の庭園迄打水して、厠、芥溜等に穢き物を残さず、藺席の損じ、障子の破れを繕ひ、書院の床には、一幅の軸を掛け、花を生け、香を焚き、新しき手桶に水を湛へ、杓を添へて、玄関前に据え、煙草盆に火を埋み、冬なれば、火鉢に炭さし添て、新しき箒払具各一本を置きたり。さて、両家の主人又は執事やうの人、衣服を改めて出で会ひ、受渡しの口儀終りて、さて銘々の新宅に住まふことなりき。誠に礼儀の正しき、風俗の厚き欽慕に堪へざることなり。主婦たらん人は、是等のことを斟酌して、能く鑑みる所あらまほし。さて、旧宅の掃除、破損の箇所など、大かたに繕はれたらば桶などに水を汲ませ、箒は一本を残し置くべし。況て、棚をはづし、釘を抜きたる跡に、疵大きく止め、調度取出すとて、此所彼所に、打ちあてたるまゝにしおき、泥足にて床に上りたる侭なる、又は、庭園の樹木を掘り荒して、物持はこぶ人の、足の立所も無きやうになどは、最と心無きわざなり。開け払ひたる跡には、自らならずば、心きゝたる人を遣り見分せしむべし。新宅に移りたらば、能く鋸屑を掃除すべし。殊に、他人の住みたる跡ならば、床下、藺席下より、所々の隅々迄、能く洒掃して、汚物の残らぬやうにし、もし悪臭等のあるならば、速かに消毒法、防臭法を施すべし。調度の取片づけ、荷作りなど手落ちなく出来たらば、一々に番号を付し其番号を帳簿に写さしめたるを、新宅にての受取人に渡し置き、其受取る度に、帳簿の番号を鉛筆にて棒を引かしむべし。運搬の順序は、第一に洒掃の具一式、及び飲食を作るに必要なる鍋釜土瓶等、冬なれば、火鉢の類、第二には大切の物品、第三には当期入用の物品、第四には当期不必要の品を送るべし。その運送の際は、心きゝたる宰領を附して、紛失破損などせぬやう注意せしむべし。取下すときは、殊に破損せぬやう注意して、重きものは人手の多きうちに、それ〴〵の場所に据つくべし。飲食物は、旧宅にて未明に飯を炊ぎ、菜を煮、居残りの人の食料を残し置き、速かに新宅に送り遣るべし。新宅にては、掃除はてたらば、湯を沸し、茶を入れて、立ち働く人の渇し、または空腹せぬやうに、それ〴〵分つべし。

婢僕、または加勢人の多き家にては、移転等の時には、たゞ混雑するのみにて、存外事のはかどらぬものなり。故に主婦または、それに代る人は、よく其部署を分ち、銘々に区分分担せしむべし。また移転の際は、よく窃盗などの隙を窺ふものなれば、各所の戸締、火の元によく注意すべし。

看病に就ての心得

主婦が、また殊に心得置かざるべからざる事は、看護の方法これなり。通例、家人の罹り易きは、感冒及び腸胃病の類なり。之等は平常よく衛生に注意せば患なかるべしといへども、かくても猶、不測の疾病に罹りたる時は、決して慌て騒ぎ、無用の心配に看護者自らが心身を傷ふ等のことあるべからず。

何事も不時の災に遇はゞ、よく心を落付けて、騒がず、狼狽てず、着々其救済の方法を講ずるは、まことに平常の修養に依ることなりといへども、また一わたり、病理看病の術、また不測の負傷等に対する応急の手当等、常に心得置かでは、得あらぬ事なりかし。其発病の手当より患者の病室、衣食等に至るまで、一切の事は、主婦よく是が取扱ひを自らして、以て、他に指揮命令せざれば、如何なる名医を招き、幾人看護婦を雇ひ巨額の金を抛ちたりとも、決して充分なる手当は得能はぬものなり。尚くわしくは、他の書にて知るべきなり。

（女子のつとめ　上の巻　終）

女子のつとめ　下の巻

女子のつとめ　下の巻　目次

一、母としてのつとめ
母の責務
心のをさめかた
身のもちかた
妊娠の注意
育児につきての心得
哺乳につきての注意
乳母につきての注意
傅婢及伽の者につきての注意
小児の衣食住につきての注意
生歯につきての注意
種痘につきての注意
小児の疾病につきての注意
小児の遊戯及玩具につきての注意
家庭教育
二、姑としてのつとめ
心のをさめかた
旧時の舅姑と媳と
現今の舅姑と媳と
身のもちかた
三、姉としてのつとめ
心のをさめかた
身のもちかた
弟妹に対する心得
四、妹としてのつとめ
心のをさめかた
身のもちかた
同胞のいましめ
小姑に対する心得

五、小姑としてのつとめ

一、母としてのつとめ

母の責務

揺籃を揺かすの手は、天下を動かすに足る。真に、未来の国民を抱く、母の繊手は、よく富国の基を築き、強兵の礎を造るの天職を有するものにあらずや。その母親の膝上は、小児の教場にして、其の言行は、すなはち小児の模型なり。されば、この教場に学習し、この模型に鋳造せらるゝ、此未来の国民は、其二個の善悪如何によりて、有為の国民ともなり、無頼の徒ともなりぬべし。そも〳〵、人の母となりては、其子を愛し、其子を慈しむことは、もとより、天稟の至情より出で、之を養ひ、之を教ふるは、自然の命ずる義務なりかし。その天賦の職責の重きは、実に国務大臣の、斯国民を治むがごとく重かるべきなり。蠢爾たる、この児、志かも純白素糸の如き者、之を造化の神より預り享け、そをして、白くも、黒くも、強くも、脆くも、染めなし、形作らんことは、単へに、母親の手中にあることを思へば、その責(せめ)、その任、如何に重大なるかを知らるべし。

さて、この高潔偉大なる責(せめ)を担へる、世の慈母たらん人は、希(ねがは)くは、その子女の教育に全力を灑(そゝ)ぎて、能く天賦の職責を全うせんことを期すべきなり。

如何にせば、此の責務を全うすることを得べきか。曰く、其児をして、強壮健全の身体ならしむべく、堅忍不撓(ふたう)の精神ならしむべし。而して其智其識、またよく世を益し、身を立つるに足らしむるにあるのみ。

心の修めかた

そも〳〵、言行は心の反影なり。心正しからざれば、行ひ正しからず。前にもいへる如く、母親は子女の師表(しへう)となるべき者にて、母の云ふ所を唯一の金言と思ひ、母の行ふ事を以て、無上の善行と信じ、その嫌悪嗜好より、挙動素振(そぶり)まで、其為す所導く所に移りもて行くものなれば、母たらんものは、内に其淑徳を具へて、苟且(かりそめ)の言行動作にも、常に注意して、純白素朴なる、児女(じじょ)をして、不善に染(そ)み、不義に傾かしめざらんことを希(こひねが)ふべきなり。

さて其修むべき心、保つべき言行は、実に小細(せうさい)容易なるものにあらずと雖ども、先づ小児受胎の時より、彼等が成長の暁(あかつき)まで、必す確守すべき、徳義、衛生、看病、教育その他、一切の事を挙げて、少くも、其大要を知らざるべからず。而して其言行志操(しさう)は、常に自ら修め自ら励みて、はじめて、其子女を率ゐ、以て、大義の門に入らしむることを得べきなり。

慈母の其子を撫育(ぶいく)するは、恰(あた)かも、天の万有を化育(くわいく)するが如く、自然の情にして、実に広大無辺なるものなり。されども、其慈其仁も、徒らに姑息の愛に溺れて、其正すべきをも正さず。戒しむべきをも戒しめず。恰かも曲れる枝を撓(た)めず、悪しき葉をも摘まず、遂に草木(さうもく)を枯らすに至るが如きは、却りて不慈不仁の母となりぬべければ、よろしく愛より出でゝ、理(り)に帰し、情に発して、礼に止(とゞ)まるやうすべきなり。

また何事も、誠実ならざれば、成るべからず。かの無我無識の小児も、誠心を灑(そゝ)ぎて、率ゐなば、行はれずといふことなし。何事も先づ、自ら誠(まこと)にして、而して後、其子女をも誠ならしむるを得べく。また其心を寛く、厚くもたんことを心がくべし。其胸襟(きやうきん)を広く、裕(ゆた)かにして、物を容る、こと、寛大ならざれば、啻に子女をして、小量ならしむるのみならず、往々偏狭なる性たらしむることあるものなり。また其情誼常に細かにして、敦からざれば、彼等をして薄情軽浮の人とならしむべし。

然れども、母が生みの子に対するには、もとより、親しく睦ましく、露隔て無く、慈仁寛厚なるべきは、さることながら、さるがなかに、厳粛にして、荘重なる、威儀、風貌を具へざるべからず。聖人も「君子重からざれば、すなはち威ならずと」といはれたる如く、沈着にして、軽躁ならざらんやうにこそあるべけれ。馴れ易く、親しみ易き慈母にありても、其徳其識何となく、尊崇、すべき所ありて、其言語、動作の、いかにも〳〵、厳粛荘重なる威儀の備はれるを見ば、親愛するうちにも、畏敬の念を起して、母の誡め訓ふる所事々に行はれて、母の欲するがまに〳〵、向ひ進みもて行きぬべきものなり。それも、厳かなるが最良じかりとて、可憐の児女をして、たゞ其親に畏服せしむるが如き、冷たき家庭を形作るべからず。単へに、和気藹々たる閾の裡に善を育し、悪を抜き、恩威ともに行はれて、以て好果を結ばんことを期すべし。

身のもちかた

また母親が行ひは、常に方正にして、万づ秩序を立て、一身を修むるにも、殊に画一なる規律を乱さぬやうにすべし。物事を処するには公正にして、果断なるべし。一たび令して、躊躇逡巡し、屢々変更し、とやせん角やと、思ひ惑ひ、或は一旦成し遂げたる事に就きて、彼是と愚痴をいひ、後悔の色を顕はしなどする時は、小児は忽ちに望みを失ひ、頼もしげなく覚束なきやうの感を起すなるべし。されど、是れも軽忽にせよとにはあらず。よく慎重に思ひ定めて、一旦よしと信じたる上は、須らく果断決行すべきをいふにこそ。

また、子女を教へ導くには、よく勤勉節倹にして、忍耐を旨とすべし。ゆたかなる家に生れたる子女は、往々勤めざるも、衣食足り、約にせざるも、財用余りある故に、知らず〳〵、天物を暴殄するの恐あるべく、慎むべき事を悟らず、覚えず、驕奢に耽り、知らずして、懶惰に陥り易きものなれば、よく〳〵慎戒注意すべきなり。

さるにても、年若き母親が、最も困難を感ずるは、前に舅姑に対する心得のもとにもいへる如く、今の世は、新旧相混合して、而して、旧主義と改進主義と、相衝突する時代にしあれば、母親の辛うして、いかで、我子には、体育、智育、徳育ともに、欠くる所なく、教へてましと、ねんじつゝある程、年頃学びもし、読みもしつる事を、実地に試みんとするにあたりて、舅姑だちの、偶々反対なることを、見す〳〵助言せられて、何事も昔のかたの如くせんとせらるゝことなり。未だ、世故に馴れざる程は、学理を実地に応用せんとすることは、なか〳〵に、容易なる業にあらざれば、心と、しわざと往々にして、違ふものなれば、いかに学理に乏しき、姑母なりとも、世の経験に富みたる人の説に従ひつゝ、尚審らかに考へ、熟々思ひ定めて、苟くもせざらん事を欲すべし。完全なりと思ふことも、家人の心に逆ひ、習慣に背きて、強行せんと欲するときは、存外に面白からぬ、結果を見るものなれば、子女に対するにも、よくその心して迷はしめざるやうすべきにこそ。とにも角にも子女を教養して、よく斯の道に進ましめんには、宜しく、先づ我が身を正うして、さて後に、善に導くべきは、前にもいへる所なるが、かまへて〳〵、己のが、快きまゝに、故無く子を褒め、己れが憤らしきまゝに、理り無く子を叱るが如きは、極めて不可なり。決して幼少なりとて侮りて、我が意に任せ、道理を失ふやうの事あるべからず。

妊娠の注意

衛生、育児、教育等につきては、つぎ〳〵に之を述べんとす。婦人妊しては、その分娩の期に至るまで、最も慎重の注意を要す。先づ、受胎中にありては、その衛生を慎むべきは勿論のことにて、一たび、児を胎中に宿しては、早く既に、母の義務あるものなれば、一挙一動も決して忽にせず、殊に、其心を正しうして、其行を慎み、寝食起臥の時を定めて、敢て之をみだりにせず、所謂耳に淫声を聞かず、目に邪色を見ず、常に古人の嘉言善行を慕ひ、神気を爽かにし、挙動を静にし、心を寛くし、体を裕かにして、以て其胎児が、善良賢明の人たらんことを希ふべし。妊婦は勉めて摂生の道を怠らず、余りに精神を費やすが如き、学問、考へ事を為すことは、よろしからざれども、亦、心のゆくまゝに、生児が智育の階梯ともなりぬべき書其他いろ〳〵の事に就きて、なぐさみ楽むこと必要なりとす。すべて、心神を養ふかたはら、摂生にもなり、智育の助けともなる、植物、花卉を栽培するなどは最も適当せる事なりとす。その他運動を適宜にし、食物を慎み摂生を怠らずすべて、軽忽躁暴の挙動を慎むは、いはでもの事なるべし。

さて、分娩の期に至らば、其前後の注意、最も周密なるを要す。抑も、出産は、婦人の免る能はざる、大役にして、ともすれば、終身の疾病を醸すこと無きにしもあらざれども、其注意によりては、所謂案ずるより産むは易く、また左許り、心を労すべきことにはあらざるものなれば、宜しく、受胎の始めより、能く意を用ふることは、最も慎重にして、其飲食、衣服、起臥一切の事、悉く衛生の道に協ひて、以て能く其精神を強固に、爽快にしたらんには、分娩の如きは、必ず安らかに、速かなるべし。決して、杞憂、過労する事なかれ。尚、受胎より、出産前後の手当等につきては、他のくはしき書に就き、よく〳〵心得置くべきなり。

育児につきての心得

凡そ、母の子を育つるは、天賦の職責にして、決して免る能はざるのみならず。天の、子女を授けて、之を養はしむるは、能く育てしめんが為なり。況してや、其子は生るゝより、直ちに我天皇陛下のしろしめす、大日本帝国の一臣民として、戸籍の上に、其数を加ふるなり。然らば即ち、己が子女なりとて、決して之を私すべきの理なし。他日国家の干城として、君の為、国の為に、身を致し、命を捧ぐべき、本分を有てるものにしあれば、苟くも我意に任せて、不慈不道の取扱ひを為すべきにあらず。心の限り誠をつくし、よく其子女をして、有為有徳の人たらしめんことを祈るべきなり。

小児一たび母の胎内を出で、呱々の声をあくると同時に、既に早く世の感じを知りそむるなれば、その時より早く正しき規則に馴れしめ、清潔なる取扱ひに習はしむべし。凡そ襁褓の裡にある程、無我無心なりとて、之を侮り、規律を正さず、注意を疎かにするときは、不知不識の間に習慣となり、長ずるに従ひ、その悪習慣膏肓に入るに及びては、遂に矯正すべからざるに至らん。されば、其出生の時より、これが教養の方法針路を過らざらんことを希ふべきなり。さて其哺乳睡眠便通より始めて、臥床被衣其他一切の事に心を用ひ、其漸次発育成長するに及べば、飲食物はいふ迄も無く、よく其衛生に注意し、其体力脳力の発達を熟知し、智情意をして、各部諸機関と相ひ伴ひて、後れず、進まず適度に発達せしめん事を要す。されば、其脳力を余りに使用し過ぐるは、甚害ありと雖ども、更に活用すること無き害も亦均しきものなり。すべて、脳の活発に活く時は身体の諸機関も亦、活発に働き、身体の活発に活く時は脳もまた活発に活くるに至るものなりと知るべし。而して、小児の脳力を休養せしむるには睡眠せしむるに若く者なし。よく注意して、其睡眠の安からん事を要すべし。亦、娯楽多き遊戯等もよく休養するの効あり。然れども、これまた、其度を過すべからざるは、前にいへると同じ。また、新鮮なる空気の必要なるは、いふ迄もなく、太陽の光線も欠くべからざるものなれば、嬰児をして一室に閉ぢ込め置きて、顧ざるが如きは、不慈の極といふべし。小児の啼くは、悲しみのためのみにはあらで、総べての感じを訴ふるものなれば、よく其啼声に注意して、空腹の為か、将た便通を促す為か、其他疾病痛苦等、さま〴〵の原因よりして、泣くにあらざるかを察して、之が取扱ひに手落ちなからん様にすべし。啼咳を止めんために、乳房を含ましめ、ために腸胃を害し、つひに夭死せしめ、または虚弱の体たらしむるもの少からず、心すべきなり。況て、啼咳は、却りて血液の進行をよくし、身体を裨益することあるに於けるをや。

小児をして、母親及び乳母等と同衾して、其懐に眠らしむるは宜しからず、同衾すれば、哺乳の度も、自ら過度不定となり、且つ母が熟睡の余りに覚えぬ過ちして、小児に危害を蒙らしむること、将た無きにしもあらざれば、よろしく別蓐にして、更に哺乳の時、及び其体を温むべき、必要を感じたる時に於てのみ添乳すべし。また、其臥蓐はなるべく軽暖なる者を用ふべしと雖ども、緻密なる綿毛にて織りたる者及び、絹布の如きものを以て、造るは宜しからず。而して、その被布は、しば〳〵洗濯して、最も清潔ならん事をつとむべし。こはひとり、衛生に利あるのみならず、其徳育の上に於て亦、好き習慣をつくる、階梯となるものなりとしるべし。

また、小児の清潔に注意し、其身体衣服等の清潔ならんことは、勿論、其耳目及び身体に触る処のもの、皆悉く清潔にし、規則立てたらんやうすべし。入浴の如きも、大抵毎日せしむるをよしとす。而して、湯の加減時間取扱ひの注意等は、最も慎密なるを要すべきなり。

哺乳につきての注意

　婦人児を生めば、直ちに、其児を養ふべき乳汁を其生育の程度に従ひて、得らる、事、実に造化の神の賜ものといふべし。然るに、上流社会に在りては、大抵乳母を雇ひて之を育ましむる事にて、近時は、中等以下の人と雖ども、往々、牛乳等を以て、人工哺乳を試むる事、ます〳〵多きに至れるが如し。そも〳〵、生児が身体栄養の為には、この天然に授与されたる、母の乳汁に、若くものあるべきの理なし。さるを、身自らが労苦を避けんが為に、之れを他人の手に一任するが如きは、慈母が甘んじて行ふべき事ならんやは。其懐にいだき、其乳房を含ますること無くして、人手に養はしめたる子は、母子の愛情自から薄くして、徳育の上にも、悲しむべき結果を見ること、之れ無しとせず、いと恐るべき事ならずや。然れども、母の身体虚弱にして、乳汁小量なる者、又不良なる者、及び遺伝性の血統、又は非常の神経質等にして、時々乳汁止り、乳汁の悪しくなる者、或は、公務職業によりて、不在がちなる、交際頻繁にして、定時の哺乳むづかしき人等にありては、已むを得ずして乳母及び人工哺乳を行はざる可らず。人、或は数児を挙て之を自ら哺乳する時は、生母の身体虚弱となり、容色も亦早く衰ふべしといふ者あれども、医家の説によれば、決して然らず、母児に乳を哺ましむる時は、些少の病苦、不快は、大抵打ち忘れて、常に精神活発となるものなり。然るを、強て乳汁を止むるに於ては、却りて身体に害を及ぼすこと、無きにしもあらずといへり。されば、母たらん人は、出来得べきだけ、生児の為に、自ら哺乳撫育して、其健康と愛情と、二つながら完全ならんことを希ふべきなり。

　されど、母の身体に異常ある時は、忽ち変化して毒汁となるものなれば、生母は、常に身体の運動、及び飲食物等に就き、摂生を忽にすべからざるは云ふ迄もなく、哺乳の時は、殊に精神を爽快にして、決して、思慮、考案、心配等に脳を費し、又は睡眠して児のならんさまをも、知らざるが如きことあるべからず。

　又、乳房の保護、清潔等に意を用ひ、哺乳時を一定し、且つ過量に給して、其腸胃を害はしめざらんやうすべし。屢〳〵、泣くごとに、乳を与へて止むるが如き、習慣をつくべからず。また、小児満腹に至れば、必ず安眠するものなれば、能く哺乳の度と時とを確定して、小児をして、成るべく長く安眠せしむるやうすべし。かくすれば、便通も其時間能く定まりて、衛生上、取扱上、利益あること尠(すくな)からざるものなり。

もし亦、止むを得ずして、人工哺乳を施さゞるべからざる場合には、よく其牛乳を撰択して、純良なるものを用ふべし。但し、純良なる生乳を求め難たきときは、稠厚牛乳(コンデンスミルク)の最良なるものを使用すべし。こは余りに望むべきことならねど、不良なる生乳を用ふるよりは、増さりぬべし。

また、牛乳の腐敗せざるやう、哺乳器、及び其附属品を、清潔ならしむる等は、いはでもの事なるべし。尚、人工哺乳は、殊に時間を確定し、其出生初期の程、已むを得ざる場合を除きては、断然夜中(やちう)の哺乳は廃するをよしとす。

乳母につきての注意

又已むなく、乳母を傭(やと)はざるべからざるに及ばゞ、其撰定法に最も能く心を用ふべし。乳母の年齢は、大抵先づ、満二十歳以上より、卅五六歳までの者にして、なるべくは、生母の年齢、出産の期と、大差無きをよしとす。且つ、其血統に、遺伝病及び、其他の嫌忌(けんき)すべきこと無く、身体は健全にして、性質温順正直なる者なるべし。尚、身体上の事は、医師の鑑定を請ふに若(し)かずといへども、完全なる人は、容易にあるべきものならねば、大方は先づ健全にして、資性(しせい)、あまりに嫌ふべき事無ければ、可なりとすべし。さて、其児を養はしむるに当りては、母は能く其乳母をいたはりて、出来得べきだけ、滋養分多く、且つ消化し易き食物を与へ、適宜の運動をなさしめ、其智徳をも漸次に涵養(かんやう)せしむべきなり。然れども、いか程よき事なりとも、其習慣の違ひたることを、俄かに命じ、または窮屈の感あらしむるが如きは、甚だ宜しからず、たゞ漸(ぜん)を以て、母が希(ねが)ふ所に向はしめ自から其家風にも馴れ、衛生の理をも覚えて、小児が教育の法を、過らざるやうにとしむくべし。既に、小児を他に托(たく)し終りたりと安心して、乳母が取扱ひの上に、意を注ぐこと疎(おろそ)かなる、又は余りに、干渉し過(すご)しなどして、乳母をして、其所置に困難を、感ぜしむるが如きこと無かるべきなり。

傅婢(ふひ)及伽(とぎ)の者につきての注意

凡そ、児女の教養は其母自らが天職にして、濫りに人手に任すべきにあらざるは、云ふも更らなれど、前にもいへるごとく、職務の多忙なる人、あるは身体の強健ならざる人、及び頻年、数児を挙げて、すべてを自ら取扱ふ事能はざる等の場合には、拠なく、乳母又は傅婢を傭ひて、其子を托せざるべからざる事あり。さる場合には、よく其撰定及び使役につきての注意等、最慎密ならんことを要す。従来、貴族社会にありては、斯る已むを得ざる場合にあらざるも、大方は、傅婢侍女を傭ひて、児女を教養せしむるが慣例ながら、予は希くはこの習慣を打破して、出来得べくんば、其教養は、自らせられん事を切望して止まざるなり。そは、啻に侍碑其人を得ざるを、憂ふるにあるのみならず、児女生れてより、自ら哺乳せしめ、自ら養育すればこそ、温くなる愛情の自然に生じて、絶つ可らざる恩愛の、羈も結ばるべけれ。然るに、嬰児を直ちに、傅婢に打ち任せたるが如き、其同じ家庭にありて、朝夕に抱きつ撫でつしたるは、まだしもなれど、往々里子と称して、鄙びたる田舎などに打ちやりて、其教養を一任し、三とせ四とせになりたらんは、其教養の如何はともかく、百徳の基ともいふべき、愛情を薄からしめ、遂にいまはしき、結果に任して、家庭の和楽を減ずる、障害を求むること往々に、其事実を見る事なり。嘆かはしきことにこそ。種々の事情に制せられて余義なくしかせざるべからざるは、已むを得ざれど、然からざる限りは、成るべく奮つて、此重任を自らせんことを力むべし。

さて、吾が国、及び、支那等に於ても、古へより、尊貴の家にては、幼少の子女に傅づく人は、随分に能く注意して精撰せし事なるが如し。即ち、往昔の「乳母」「後見」などいひしは、漢土に所謂媬姆の類なるべし。礼に八母ありといひしは、大方母代として育みたる者を、云ひしなり。斯の如く、我れに於ても、小児を取扱ふ人は、最も周到なる注意を以てしたるにて、決して忽にしたるにはあらず、然れども、中等以下の家に於ては、多額の俸給を払ひて、立派なる、傅婢を傭聘することは、亦極めて容易のわざにはあらねば、今の泰西に行はるゝ如く媬姆学校の組織なりて、普通の家にても、相当なる傅婢を、使役せらるゝ様せまほしき事なりかし、然れども、今俄かに然るべき者を求むる事は、至難の事なれば、不完全ながらも、爰に、其撰定取扱ひ法、及び教育の点につきて一言せんと欲するなり。

児童は其四周の、見るもの聞くものに依りて、いかにとも移りゆく者なる事は今更にもいはじ。偖は、其教養を一任すべき傅婢にありては、殊に偉大なる感化を及ぼすべければ、精撰の上にも精撰して、傅婢、其者の教育にも充分の注意を要すべきなり、然るに世には往々下婢を重くして、傅婢を軽んじ、給料の如きも、下婢に多く傅婢に少くし、従つて、人物経験の如きも、彼れに厚く之に薄き者あるを見る。抑も誤れる者といふべきなり。斯くの如き、其母たる人の親切にして、注意深き者と云はるべきかは。されば、若し其経済の許さずして、給料安き年少女子を傭ふの已むを得ざる場合ならば、不充分なりとも、勉めて他の用事をば、少女に任せて、小児が取扱ひは、己れ自らすべし。それさへにいかにしても為し能はずとならば、せめては、其身体強健にして、遺伝病の虞へなく、性質正直、柔順にして、能く主婦が言に服事すべき者を撰み、出来得べきだけ之に保護注意を与へつゝも、其子の守をせしむべきなり。尚能ふべくんば育児に経験ある、温順誠実の婦人を撰び用ふべし。それも余りに年老たるは、また頑なにして主婦が思ひのまゝに、せしむる事難かるべく、且つ年少の子女に侍せしむるには不適当なるべし。故に、是等も能く斟酌して、過不及無きやうにあるべし。

傅婢の取扱ひは、殊に能く注意して、主婦が懇篤親切なる至誠の意の深く、彼等が脳裡に感染するやうにあるべし。然る時は、傅婢もまた其恩恵に服して、其小主公に対するの情、ます〳〵厚なりもて行く者なり。さるを若し、主婦が之れに遇すること、無情にして且つ不注意なるしむけを、為す事あらんには、彼れもまた、自ら不注意不親切なる心を以て、幼児を取扱ふに至るべきなり。されば、其食物等の如きも、出来得べきだけ手厚くして、其小児に与ふる食後の果実菓子のごときはいさゝかにても傅婢にも分ち与ふるやうにすべし。殊に、年少の傅婢などに在りては、其あてがひ、常に不充分なる時は、やゝもすれば、小児が物する食物を、奪ひ食しなどして、幼稚の者の心を癖み曲がましむる等の事無しとせず、まことに恐るべき事なり。又、傅婢の過失ありて、之を、叱責せざる可らざる如き場合にも、なるべく、面を和らげ詞を正しくして、丁寧に戒め誨すべし。かまへて、荒らかに叱り懲らし、酷き取扱ひ等を為す事なかるべし。何事も誠実懇切の心を以て、公平なる処置をなし、めし使ひなりとも、決して小児の不道理を通し、不徳を行はしむる事これ無きやうすべし。

傅婢の教育は、亦忽せにすべからざる事にして、婢僕を使役するには、主婦先づ教師の資格を有ちて、懇切丁寧に、而かも誠実なるべきは、前既に述べたる処ながら、尚、傅婢に対しては最も注意して、教導せざる可らず。先づ傭入れの時より、其確守すべき家法を示し、次に、幼児取扱ひの注意を教ふべし。それより漸を逐うて、其平素の起居ふるまひ、言語応答の仕方等をも教へ導くべし。されど、其困難を感ぜしむるばかり急劇なるは悪し。大方下様の者は、其馴致せられたる習慣の、往々にして賤しむべき事、恥づべきことも思ひわくことなく、平然として語りもし、為出でもするものなれば、さる時には、徐ろに之を説明理解せしめて、小児をして、其悪しきに染み、誤れるに化せしめざるやうすべし。而して、其誤りを正すにも、小児、既に言語を聞き分くるやうなりたらば、其、目前にて叱り懲らす等の事なかるべし。

上層社会にありては、従来、伽の者、即ち小児が相手として、或は、学友として、年少の子女を傭ひ入るゝ事あり。今や漸く、上流社会の子女に在りても、学校に登り、普通の朋友を得るに至りたるも、尚、伽の者を要すべき場合には、最も其撰定に注意して、決して忽せにすべからず。幼き子女の、殊に深窓の裡に成長して、たゞ旦暮の友垣とも頼むなる、伽の者どもが、性行には、知らず〳〵も染み移りて白くも黒くも成りもて、行く者にこそあれ。されば、幼児が相手たるべき人は、性質温良正実にして、勤勉能く事に耐ふるに足る者を以てすべし。又其身体も強壮にして且遺伝病其他嫌ふべき内臓及び外部の病無き者を撰ぶべし。且其家庭のなるべく方正純白の風儀ある所の子弟を撰抜せん事を要す。家庭の清く正しからざれば、縦令、其子の資性純正なりとも、自づから其習慣の移りて、ともすれば、其天質をさへ悪しくせらるゝことあり、能く注意すべし。

又、伽の者の取扱は、殊に能く注意すべし。こは、純然たる奴婢と異り、其子女が学友とし師友として置かるゝ者なれば、先づ、大かた朋友の如き心持ちにて取扱ふをよしとす。単に只吾が最愛の子女がいとほしさに思ひ比べていかにも〳〵親切丁寧なるべし。ゆゑに、飲食物其他、大方、子女と均くし、倶に共に能く切磋琢磨して、其助くべきは助け励ますべきは励まし、諫むべきは諫むるやうにせしめ、殊に、学問侍座の上などにては、決して遠慮斟酌することなく、励み勉めて、能く其業の進歩するやう、あらん事を期すべし。ゆめ諛がましき行ひをなして、徒らに子女をして驕り高ぶる心を生ぜしめ、且つ我侭気随のふるまひせしむるに至ること勿からんやうにすべきなり。

伽の者、殊に学友として侍らしむる者にありては、吾が子女と共に、一様の学問技芸等を授け教ふるは、勿論のことながら、尚、其徳育、体育の点につきては、学校、及、家庭教師が手にのみ打ち任せて、決して充分なりと為す事能はざるなり。必ず、母たる人が責任として、明け暮れ油断なく、心を用ひざるべからず、伽の者の教育充分に其効果を得るに至らば、吾が子女の教育の上に、最も良き発達進歩を、見るに至らんこと言を俟たざるなり、尚委しくは、後段家庭教育の條に云ふ所を見合すべし。

小児の衣食住につきての注意

小児は、心神の発育未だ不充分にして、自ら寒暑を弁へ、飢寒を知りて、飲食を摂度にし衣服を増減し、且つ危きを避けて安きに居るを求むること能はざるものにしあれば、其保護者たる母親は、宜しく園丁が、花樹果実の培養に心を尽して、至らざる無きが如く、日夜孜々として、其手当注意を怠ることなかるべきなり。さて、今其心を用ふべき事の概略を示すべし。

小児の衣服は、軽暖にして麁末なるをよしとす。殊に膚に密接する者は、しば〳〵、洗濯するに便利よきを撰ぶこと肝要なり。然れども、其品質の如きは、決して高価なる者を需むべからず、寧ろ麁末にして汚れ破れたらん折にも、惜しげ無く取り捨てらるゝが如き者を、用ふるにしかざるなり。嬰児の衣服は、殊に白色の布を用ふるをよしとす、本邦近来の習慣として、小児に着するに、美麗なる衣服を以てするの弊あり。そは只児童をして華奢虚飾の悪習に馴れしむるのみならず、其価も尊きが故に、已むなくも、小児に、不似合なる幅広く長ながきを縫ひ込み、加ふるに長く大きなる袂、厚く重らかなる裾のふき多く出したること二枚もようせずは、三枚も重ねて、母親の嬉しげに誇りはしげなるこそいと笑止なれ。可憐の小児をして運動の自由を妨げ、遂に習慣は第二の天性となりて、自然に背きたる不活発なる質ならしむるに至らん。慈母の情として、其可憐の児女に美装せしめ、其意を充たし、其心を喜ばしめんとするはさる事ながら、単に、其子が将来を思ひやりて、忍び難きを忍び、よく其体育徳育の上にも鑑み、やがては、日に益々驕奢に趣かんとする、社会の弊風を矯正せんことを期すべきなり。児童が物心しりて、他の朋友の美衣美服を羨みつゝ、請ひ求むる所ありとも、よく理解し易からん様に、説き諭して、麁服を着くるは、誠によき事なるを悟らしむる様にすべし。其調製の点につきても、児童の発育を妨げざるやう改良せまほしきことなり。幼少なる子女が衣服は希はくは、泰西の風俗のごとく、其学に就くの間は、極めて質素淡白なる衣装して、長じて後に、始めて、美装をもなさんやうに習らはまほしく欲するなり。

　其他、小児の衣服の取扱ひ方につきては、今更にいふ迄もなく、よく清潔にし納むるにあたりても、丁寧に折り目正しくして、無心なる間に於て、早く已に清潔を好み方正を喜ぶの性情を養成すべし。幼児の皮膚は、なほ薄弱なるものなれば、外気に触るゝ事烈くして寒冒等に罹らざるやうに、用心すべきは勿論ながら、衣服を着かへしむる時には、よく其身体を点検して、痛み傷つきたる箇所なきや否やを改むべし。而して、附紐は、決して緊締すべからず、常に寛らかなるべし。また富貴の家などにありては、大切の余り、常に厚着に過ぐるの癖をつけしむるものあり。そは甚だ不可なり。宜しく外物に其皮膚を犯されざるやう要心して、つとめて薄着に慣れしむるやうすべし。ゆめ、厚着の習慣をつけて、却りて虚弱の人ならしむることなかれ。

　小児第一期の誕生日に達する頃には、消食器も、やう〳〵発育し歯の数も増し、管の如くなりし胃も、次第に袋の状をなすに至る、其程よりしては、粥、米飯軟らかき鳥魚の肉類及菜蔬果実類の可なる物等を選び、能く其調理と定度とに注意し、規律を正しく用ひしむべし。飲み物も、清良なる水、湯、牛乳の如き、其他酒類を除くの外は大抵少しづゝは用ひて可なり。但、飲食物ともに、微温なるをよしとす。冷熱烈しきものは避くべし。また、滋養分ありて、消化し易きものは、大抵用ひて差支なかるべしといへども、団子、蒸菓子の類脂肪多き肉類辛き物、鹹き物はなるべく与へざるにしかず。小児の食物は、最も其撰定調理に周到なる注意を要せざるべからず。幼時より、滋養分多くして、消化し易きものを給すれば、成長の後、必ず強健の人たるべく、また不幸にして、大患に罹る等の事ありとも、全体の体躯脆弱ならざるが故に、大ひに、治療上、便宜なる事多く、回復も早きものなりといへり。能く心すべきことなり。

　而して、食物は、成るべく変りたるものを撰びて、与ふるをよしとす。食物の変化は、人体各部の組織に就きて、種々の変化を補充するに必要なるなり。されば、母は、食物の撰びかたも、出来得べき丈け、右の目的を以てせんことを期すべし。また、同一種類のものにても、其調理の方法に、各種の工夫を凝らし、其味ひに変化を来さしむる様にするをよしとす。調理のしかたによりては、殆んど同種の物ならざるかを感ずるものなり。殊に飽きやすき小児の性情は。いかに滋養多き食物にても、始終同一種のものを与ふるときは、遂に飽きて欲せざるに至るものなり。嗜まざるものを与ふる時は、口中に能く咀嚼して嚥下することなく、其口に入ると、たゞちに速に、嚥下せんとするが故に其消化甚だ不充分なるものなり。故に小児には、成るべく悦び嗜みて食ふやうなるものを撰み、調理に注意して与ふべきなり。然れども、其子がいふがまゝに、食物の撰り好みして、栄養に利ある物も、彼れ嗜まざれば与へず、又不利なる物も、欲するがまゝに、与ふるが如きは、其衛生上、甚だ恐るべき事なるはいふも更らにて、教育上、また殊に嫌ふべき事にして、是れ則ち、其児の愛に溺るゝ癖なれば、母は常に小児が好悪を心得置き、能く其を調製して、一度膳に据えたる物は、其疾病等の為にあらざる以上は、決して、彼是と変更する等のことなく、且つ其嗜まざるものも、さまざまに調理塩梅して、食しならはしめ、なるべく何様の食物にても、食ふに耐ふるやうにしつくべきなり。

　小児が欲するまゝに、濫りに食物を与ふるの不可なるのみならず、其我侭のつのりては、彼れ是れと好き嫌ひし、又は今は欲せずとて、面白き遊戯に心取られて、食事をはづすなどのことあるものなれば、小児若し食を欲せずといはゞ、母は、先づ其脈拍、体温、呼吸等を検査し、果して疾病あるが為めにはあらず、其勝手の為にいなむなりと知らば、能く之を誨し教へて、強いても食事せしむべし。こは是れ、体育の為のみならず、徳育の為にも、また少なからぬ影響を蒙るべければなり。さて、間食せしむるの宜しからざるは、云ふ迄もなけれど、食事の時間も亦、常に一定して、決して変更せざる習慣をつくべきことながら、若し午後三時か四時頃に、菓子等を与ふることあらば、従て晩餐の時間を少しく延ばし、其量も加減するをよしとす。果物、菓子等は成るべく食後に与ふべし。不時に食せしむるは、宜しからず、食事の時に、母親などの種々の談話を試みて、語学実地練習に用ふることあり。殊に食後の閑話は、団欒として、愉快なるものなれば、この好時機を利用して、教育上大に便益を得ることあるべし。

小児の居室は、前に住宅の條にて述べたるごとく、大人と同じかるべく、日光空気の充分ならんことを要す。小児の匍匐ひ歩行み習ふ頃は、甚だ危険なるものなれば、切石、断崖、泉水等に接近せざるべく、若し右様の懸念ある所には、高欄を設けて、椽より外へは、容易に出でられざる様にすべし。室内は常に清潔にして、器物玩具等の配置も、よく規則立ちて、秩序正しくなし置くべし。四周の事情が必らず児童の心性を感化せしむべければなり。

寝室は、大抵母親と伴にするを普通とすれども、決して同衾せしむべからず。而して、大人に撰ぶものと変ること無く、清潔にして静閑なるべし。其臥蓐器具一切のもの、其他の取扱ひ配置等も、常住の室の所にいへる如く、小児の体育上、徳育上、最も大切に最も能く注意すべし。且つ、小児の身体は殊に薄弱なるものなれば、厳寒酷暑の候は最も能く心を用ひて、寝室中の温度は、殊更ら適度ならんやうにあるべし。

総べて、小児が飲食、衣服、住居の事は、先づ大概右に云へるが如くなりと雖ども、なほ、其児の体質により、又は時によりて、種々特別に注意を要することもあるべければ、慈母たらん人は能く、其実地に就きて、綿密親切なる注意を以てし、兎にも角にも、其愛児をして、強健無病の身体となし、他日其智徳を増進奨励するに差支へなきやうに、養ひ育つること甚だ肝要なりと知るべし。

生歯につきての注意

小児が生歯の期は其加養最も大切なる時なりとす。強健なる小児に在りては、さしたる困難を感ぜざるべしといへども、虚弱なる者にありては、往々熱さへ発生して、懊悩する者なれば、母は最も慎重の注意を要するなり。

生歯の期に至れば、其徴候として、小児は何となく不穏の状を呈し、眼瞼、及頬辺に赤みを帯び、睡眠中に驚きて目を覚まし、発熱下痢し、又は総身に小さき腫物を発する等の事あり。然る時は、速かに医を請ひて診察せしむべし。さて、小児の齦に微痛を感じて、泣きむづかりなどせば、清潔なる布片を温湯に浸して、屡々齦を拭ひ、或は軟かき「ゴム」板等を噛みしめしむべし。而して、この間は、殊に臥蓐、衣服などにも能く注意して、寒冒等にかゝらず、便通なども滞り無きやうに手当し、且つ、気候温暖清涼なる時ならば、天気快晴の日には、時々戸外に誘ひて、新鮮の大気を呼吸せしめ、なるべく、小児が気分爽快ならんやうにすべし。

種痘につきての注意

天然痘が、小児の天寿を夭折するはいふまでもなく、左なきも容貌をして、醜悪ならしむる、恐るべきものなることは、種痘の発明ありてより、殆んど、世人に忘れられたり。然るに、斯くも貴重なる種痘の恩を思はず、甚しきは、官の懇篤なる注意をさへうるさがりて、再種以後は、殊に、痘病の流行期に及べども、更に意とせざる者さへ無きにあらず。世の慈母たらん人は、能くその大切なる事を弁へて、忽にすべからず。

小児に種痘を施こす時期は、誕生後、大凡七十日目程より、六箇月の間に於て、医に児を診せしめ、差支へ無しと認められたる上にて為すべきなり。さて後も、必ず六箇月目毎には、接種せしむるやうすべし。尚、其間にても、痘瘡の流行せば、必ず種痘を行ふべし。

種痘は、大抵左右の腕に、三つより五つ許り迄を施すものなり。而して、其経過は、第一二日は、接種の鍼の痕、未だ消滅せざるが故に、其周囲に紅色を呈し、やうやく薄らぎ消えて、鍼の小痕を見るのみ、斯くて、三日目に至り、鍼痕少しく腫れて赤色を帯び、四五日目には、円き腫物となり、濃紅色を呈し、七八日目に及べば、其中央に濃液を含み、弥々焮衝して、周囲に紅暈を匝らし、悪寒発熱等を感ずべし。さて後疱はます〳〵大きくなり、少しく苦悶を覚ゆるを以て、神経過敏なる小児にありては、或は痙攣を発するもあるべし。而して九日十日頃に至れば、豊痘熟して、濃漿疱中に充ち、形円くして、高さ一分より一分五厘許りとなる。其程より周囲の紅暈次第に薄くなり、十一十二日目より疱液紅色に変じ、中心より乾き固まりて、褐色となりゆくなるが、其痂は黒色を呈して、大凡そ半か月許りにして乾き落ち其疱痕は判然として終身消滅せざるものなり。

さて種痘を施したらば、最も清潔にして柔軟なる衣服をまとはしめ、摩擦掻破を防ぐべし。経過中、種々の病苦を訴ふるが如きことあるも、医薬を用ふる事を要せず、たゞ、哺乳、又は飲食物に能く注意して、節度を失はざらん様にすべし。局部あまりに痛痒を感ずるやうならば、清潔なる布片を清き水に浸し、絞りてこれをあて、冷やすを以て足れりとすべし。

小児の疾病につきての注意

小児が多く罹り易き疾病は、消化器病、呼吸器病、脳神経、及眼耳等の病、其他は伝染病の属、痘瘡、（仮痘）実布垤里亜、猩紅熱、百日咳、麻疹、水痘流行性感冒、流行性耳下線痰、赤痢腸窒疾斯等なり。とにも角にも、小児は、体中の各機関なほ不充分なるが故に、やゝもすれば、不消化停滞等に起因する疾病多しとす。而して、尚最も恐るべきは、各種の流行病なり。故に変り易き気候、及び食物の撰定、調理定度等、其他綿密の注意ありたき事なりかし。

さて小児の何となく気むづかしく成りて、顔を皺め泣きむづかり、其呼吸せはしく、又は嘔吐を催ほし、鼻つまり、或は便通に異状ある等の事あらば、発病の徴候なり。然る時には、母は其体温、呼吸、脈拍等を診し試み、それ〳〵手当して、速かに医の診療を請ふべし。又小児の頭部斜形をなし、肩曲り、手足の屈伸十分ならざるが如きことあらば、早く外科医に診せしめて治療を施こすべし。凡べて、発病の際は、最も注意して、手後れなからんやうすべし。

心身ともに薄弱なる小児の看病は、殊に困難なる者なり。其室内の温度衣服の増減はもとより、哺乳、服薬も亦容易ならず。されば、母親は恰かも籠中の病鳥を飼養するが如く、側より、其容子を推察して、それ〳〵の手当を過らざるやうにすべし。但し、姑息の愛に溺れて、服せしむべき薬用を緩慢にし、施こすべき手術を躊躇するが如きことゆめ〳〵あるべからず。小児が生物知りなる頃は、ややもすれば医の診察を嫌ひて、逃げ隠れなどするものなり。そは、治療上甚不利なるのみならず。小児をして、我侭気侭を増長せしむる階梯ともなるものなれば、母はかゝる折にも、よく注意して、良習慣をつけおくこと肝要なりと知るべし。

小児、若し負傷したる時は、決して怱て騒がずして、小児をして気後れせぬやう励まし置きて、先づ其傷口を洗ひ、出血を止め、外科医をして治療せしむべし。負傷の折の注意は、只其創所を清潔にし、且つ其腐爛を防ぐべき事なり。こもまた姑息の愛に溺れ、治療の際、児の泣むづかるが痛はしなど思ひて、充分の手術を施さしむること能はざる等のこと無かるべきなり。

小児の遊戯及玩具につきての注意

遊戯は、小児が身体の発育上、偉大なる効益あるのみならず、其間に、知らず識らず、智恵を啓発するものなりといへども、其種類をも撰ばず、朋友をも顧みざる時は、却て、あらぬ弊害を醸し、遂に、悪習慣に染むが如きことなしとせず。其遊戯の際には、然るべき保護監督をなさゞる時は、無我無中なる幼児は、やゝもすれば、危険を犯して、怪我負傷等をも為し、又は疾病の原因をも作ることなきにしもあらず。況んや、其耳目視聴に触るゝ所のもの、及び、其朋友、翫具等の善悪可否を撰ばざるに於ては、小児は、この遊戯中に、いつの程にか、いとも〳〵恐るべき悪徳を養成せらるゝこともあるべし。故に、母は、其遊戯の上に就きては、最も能く心を用ひて、其智徳体の三育に裨益すべきやうに、補導して、小児が嬉戯の間に、覚えずして、好き習慣に馴れもて行かん事を希ふべきなり。

母親は勉めて、其子女が快楽嬉戯を悦び見るべし。決して濫りに之れが妨げを為す可らず。幼少の児は、暫らくも静止すること無くして、或ひは走り、又は大声を発し笑ひさゝめきなどする者なり。さるを母は喧し噪がしとて、しば〳〵之れを制する時は小児はいたく不愉快を感じて、遂に卑屈陰鬱の気質を養成せらるゝに至る事多し。故に、子女いかに跳ね躍り、叫び歌ひなどして遊び戯るゝことありとも、なるべく其が為すまゝに放擲して之れを停め、これを叱ることあるべからず。唯其制止すべき時は、家内に病人ある程、来客との談話中、及び、人の既に眠りに就きたる後、此間は決して大声疾呼し、飛び走りなどすべからざる理由を、兼ねて能く〳〵示し置くべし。而して、母の只一言にて小児の悟り知りて、黙止するやうの習慣をつくべし。活発快闊にして、有益なる遊戯を好む小児は、悪戯あるひは、悪口などいはぬものなれば、母はその危険にあらざる限りは、大方の遊戯を奨励するをよしとす。尚、戸外と室内とにて為すべき遊戯は、自ら異るべし。時に臨み機に処して、体徳智育の上に意を用ふるやう心がくべし。

翫具は、其児の脳力と体力との発達の度に従ひて、適切なる物を選びて与ふるは更なれど、有害なる絵具を用ひたるもの、あるは、危険の患あるもの、醜汚残忍なる絵画等は、決して用ひしむべからず。而して、小児は箱にもあれ、毬にもあれ、之を砕き破りて、内部の構造を見んことを欲するは、新奇なる物を好む質なれば、なり。故に、翫具は、高価なる物は要せず、粗造なるものを与へて成るべくその為すがまゝに打任すべし。かくて、母の詞を理解する様になりては、我所有の物なりとて決して、濫りに毀損し捨つる等の事無かるべき道理をも説き諭し、己れに約にして、人に施こすべきことなど、即ち勤倹慈恵の心をも、漸々に養成すべきなり。かくて、小児漸く長じて、物言ひ習らふ頃に至らば、殊に一層注意して、翫具も其智徳を養成し、且つ体育の助けたるべきやうの物を選び与へ、而して是等翫具類は、其箱に納め、棚に据うるにも、極めて方正に順序よく置き並ぶる事を教へ、つとめて、方正清潔の徳を養はしむべし。

家庭教育

母が、其子女を教養するに当りては、既に受胎の時よりして、始めざるべからざることは、前已でに述べたるが如くにして、即ち其襁褓の裡に於て、完全なる教育の基礎を打立て、且つ其階梯を造らざる可らず。然れども、小児がやう／＼物言ひ習ひ、歩み習ふ程に至れば、母は一層深く心を竭して、善を勧め悪を懲らし、智を磨き徳を積ましむるの山口に入る程より、殊に周到なる注意を要す。泰西の俗に、年少なる子女が言行の正しきを聞きては、目して『彼を育つる所の母親は、定めて賢なるべし。其家庭は必らず厳粛なるべし。然らざれば彼児焉んぞ能く斯くの如くなるを得んや』と称し、又其学芸の優れたるを聞ては、評して曰はく『彼れを教ふる所の教師は定めて良かるべし。其学校は必ず完全なるべし、然らざれば彼児焉んぞ能く斯の如くなるを得ん』と蓋し彼国に於て、家庭及学校の教育に重きを置く事此の如し。思ふに、此語は実に家庭と学校との教育の効果を示して、余りある者といふべし。

子女が学校にある間は、僅々たる短時間なるのみならず、如何に善良なる教師なりとも、如何ぞ其慈母の注意周密にして、慈愛深きものあるべけんや。殊に子女が徳育の点に至りては、母親の責、実に重大なるものなれば、一日たりとも忽せにすべからず。

　純潔にして、更に私利私欲の、其清く且つ混りなき脳漿を有する神聖無邪気なる小児は、早く既に東西の聖賢に重視せられ、甚だ価値ある者と認められたりしなり。しかるに、世の愚かなる母は、其子の、心身共に、未だ已れと均しく発育完全せざるを以て、却りて、之れを蔑しろにし、又は疎かに取扱ひなどして、其教育を過るが故に、彼等やゝもすれば、不道不規律の人となりて、つひに、我か力に統御制服すること能はざるに至るものなり。最と悲しむべく歎くべき事ならずや。されば、母たらん人は、決して小児が齢のいとけなきを以て、其を苟且にも軽々に附す可らず。其神明に近つき、神慮に協へる、高潔清白の性を嘉みして、其価値の、遠く猾智に汚されたる大人に勝ること万々なることを知るべし。

　そも〳〵、家庭教育の目的は、智育も大切ならざるにあらずと雖ども、要は、其子女の徳育、即ち其心を固からしめ、其情を厚からしめて、而して、敬神愛国孝友の徳を養ひ、兼ねて、其身体を強健にし、寒暑にも耐へ饑渇にも阻まず、常に健康なる精神のよく健康なる身体に宿らんことを期すべし。而して、殊に男子にありては、平時は素より、一旦緩急あるも、櫛風露臥、更に其心身を傷き破ることなからんやうに養成せしむべし。

　性の善なると悪なるとを問はず、何人にても有するものは、好奇心と欲情との二つなり。神聖無垢なる彼の小児にありても、この二つの情念あらざるものはこれなきなり。故に、母は常に其児が欲情と好奇心とをして、正しき方向に誘導して、善に移り悪に遠さからんことを期すべし。而して、此等の天性をも変ぜしむる重大なる力を有するものは、即ち習慣なれば、其児の極めて幼稚なる程より、勉めて好き習慣をつく時は、家庭教育の績、実に彬々として挙がるべきなり。

　又、小児の脳力は、実に幼稚なるものなれば、其耐ふべからざる課業を与へ、或は理解し能はざる道理を説き、甚しきは、偶其児が鋭敏にして、少しく書を読み、字を書くを見ても、過誉百端、知らず〳〵も、其心を驕らしめて、遂に不遜の人となさしむるが如きことの、なからんやう、即ち小成を急がずして、大成を期すべく、学芸の進歩の如きは、緩くして固からん様にすべきなり。されば家庭に於て施すべき教育の順序は、必ず児童の能力の発達に従ひ、先づ幼稚なる子女が已知の事物より、未知の事物に及ぼし、其名称より性状に、大体より各部に、各部より総体に、有形より無形に、単一より複雑に、卑近より遠隔に及ぼすべきなり。

　小児が純白なる精神より出づる意志は、決して悪意あるべきものにあらず。彼れは、未だ自他の区別、物品の軽重価値等をも知るべきにあらねば、時としては、高価なるものを毀ちもすべく、花卉盆栽などを摘みもし、むしりもしぬべけれど、そをこと〳〵に叱り懲らし、一々に止め妨ぐるときは、遂に歪みたる性質たらしめ、過ちたることも、叱責を恐れて、隠し了せんと企つるに至るものなれば、若し高価貴重なる物、有用なるもの、危険なるもの等は、其傍らに置かざらん様にすべし。かくて、小児やう〳〵母の言を理解し得るに及びて、能く理りを云ひ聞かせ、さて、そを妨げ止めざる前に於て、能く其取るべからざること、毀つべからざることを説き聞かせ、その上にて制止もし、叱りもすべきなり。

　往昔より、幼と耄とは罪せずといへる如く、幼児に於ける賞罰は、あまりに厳格なるべからざるは勿論の事ながら、又、幼けなしとて、決して忽せにすること無かるべし。然れども、其緩急の度は、また殊に能く心を用ひて、ゆめ〳〵其当を誤ることなからん様にすべきなり。されば、幼児に対する賞罰は、緩恕にして、しかも放恣ならず。公正にして、しかも峻厳ならざるを要す。然れども、虚言をいひ、隠しことをなし、且つ強者に媚を呈するが如き悪徳は、縦令幼少の者なりとも、決して仮借する所なく、断じて嫩なる中に、其萌芽を摘み去るべし。其他の事は、小児のやう〳〵物の心知るに至りて、次第に除却せん事を期すべし。殊に、奨励助長せしむべきは、慈仁の心と誠実の行となり。詳言すれば、他の不幸を憐み、他の窮厄を助けんとし、又は、我過ちを自白して、其真を訴ふる如き事あらば、必ず其が善行を嘉みして、適宜の褒賞を与ふべきなり。ある翫具を与へんとする時、其命を能く奉したる折、或は褒むべき言行のありたる機を待ちて、授くるも奨励の一端なるべし。而して、褒むる時も、懲らす時も、極めて、荘重なる貌行ひを示して、其之れを受くる小児が頑是なき心の裡にも、何となく、有難く辱けなく感じ、又は畏く怖ろしく思ふやうにあらしむべし。凡て、幼児にありては、常に母許り尊く親しく、懐かしく慕はしき者の世にまたとあるべきかと、信ずるものにしあれば、母が一顰一笑は、よく其無上の賞罰たるものなり。

要するに、家庭教育の要は、子女が飲食衣服、及び住居に注意し、其運動を適度ならしめ、其睡眠を十分にし、以て身体を強健ならしめ、敬神の心を厚くし、忠君愛国の情を深くし、事は秩序によりて行ひ、物は規律に従ひて制し、正道を踏ましめんが為めに、勉めて我が建国の体、歴世の徳、今古東西の賢人名士の嘉言善行を説明指摘して、善に遷り悪を去り、以て仁恕博愛誠実正義の人たらしめんことを期すべきなり。又、子女学齢に達すれば、父母は学に就かしむる義務あるものなれば、彼等をすゝめ、悦び勇みて通学せしむるやうにし、師を信じ、友を愛し且つ家に還りては、学問と実地と相俟ちて其智徳を磨くに裨益すべく、能く其児童の脳力と体格との発達程度に注意し、其強弱と年齢とに適当して、聊かも過不及無からんことを期すべし。而して、学校と家庭と共に其方針を一つにし、互に連絡を通して、決して、撞着齟齬する等の事なからん様にすべきなり。抑、精神教育は、児の胎内に在るときより忽にすべからざるは、既に述べたるが如し。児、已でに五六歳に及ぶ頃ほひまでは、更に男女の区別を立つるに及ばず、唯精神を強固活発にし、其思想を純潔高尚ならしむべし。而して、其言行をなるべく、卒直にして、且つ能く父母の命令に従ひ、直ほに正しく打ちふるまはん事を期すべし。仁慈博愛の情を養はしめんには、先づ匍匐し習ふ程より、犬猫其他の動物を玩び遊ばしめんにも、小児が、濫りに打ち敲き、耳尾を抓み、引き、又はむしりなどしたらんときには、其しかすべからざる事を示して、母は之れを撫でさすりて見すべし。斯くて、やう〳〵、物言はるゝ頃に至りては、腹立たしき侭に傅婢を打ち、或は引き掻き等の事を為すことあるものなり。其時には、母は召使人たりとも、決して手を下だして、さる荒々しき事すべきにあらず。汝の身を摘みて見よ、痛く侘しきものぞ。汝痛ければ、人も亦痛かるべしと思ひやるべしなど、言ひ教へて、無益の殺生をゆめ〳〵為す可らざる理由を説明すべし。又、路上に行き悩む人を見、或は汚き衣服を纏ひて、寒げなるさましたるを認むる事あらん折には、『あゝいとほしや、憫然者よ』とやうに云ひて、其饑寒に泣く者の、苦み痛みて、助けなき人の悲みを、能く〳〵

談り聞かしめ、惻隠の心を起さしむべし。況して、父母及び一家の人の病める時は其痛苦を思ひやりて、騒がしき事、厭はしきわざなどは、我れから思ひ止まらんやうの考へを起さしむべし。されば、児の人に物与へんと希ふ時には、出来得べき限り、其希望を妨げざるやうにすべし。是れ則ち、長ずるに従ひて、仁恵の心を深からしむるの基礎となり、其れと同時に、また極めて、節約倹素の道を教ふるも肝要の事なりと知るべし。

　敦厚誠実の心は、しば／＼いふごとく、百徳の基となるものなれば、事ごとに注意して、この二つを養はしめんことを、期すべきなり。こもまた、前にいへると同じく、人の困難に陥りたる時、病苦に悩める折は勿論、縦令ば、奴婢の水を担ひ、重きを負ひ、又は搬びなどして、顔を皺め、可笑き風を為しなどしたらんやうの場合には、頑世なき小児は、ともすれば、痛く笑ひ、あるひは、悪口を云ひなどするものなり。左様の時は、母は能く戒めて、彼等は労役に服して、苦しきが故に、顔の色形を変へ、または、身形曲みよぢれなどもすなり。彼れいさゝかの給金のために、斯く人に使役せられて、苦み労つく、いと／＼あはれむべき者なりと思ふべし。決して、みだりに笑ひ譏る可らずなど教へ、又、母の小児に物を命じもし、禁じもする時は、厳かに慎めるさまにあるべし。且つ、小児の父母の旨を仰ぎ問ふ折も、亦敬ひ慎める心よりしていはしむべし。而して、総べての事、僉母、先づこれを躬行実践して、さて後に、小児に習はしむべし。尚いはゞ、母自ら為すことを厳にして、小児を責むるには寛なるべし。たゞ、小児が知らず／＼、母の徳に感化せられて、覚えずして、其性のいよ／＼ます／＼、誠実敦厚ならんことを希ふべし。

　虚言の恐るべきは、今更らにもいはじ。其萌芽は、実に微細なるものなれども、其れ積りては、頓て姦邪醜悪の叢となりもて行くこそ、最と凄まじけれ。かゝれば、母たらん人は、よく注意して、決して些細の事なりとて、約を違へ、己れ虚言を示す等のことなからん様にすべし。縦令ば、小児に対して『こゝまでお出で、甘酒進ぜう』などいひ、或は、小児の躓き転びたる時『オ、善き子よ、お金拾うた／＼』などいふ者あり。こはまことに、一小些事の如くなれども、苟くも児が模範たるべき母親は、斯る事にても、決して真実ならぬ事を苟且にも口にすべきにあらず。又『明日は何処に伴はん』など約束せば必ずこれを決行すべし。若し、障(さは)りも出で来べく思はるゝ時は『差支(さしつかへ)なくば』などやうに不定に言ひ置くべし。されば、小児が我が過ちを遁(のが)れんとして、あるは、笑語諧謔(せうごかいぎやく)のために、設けられたる虚言なりとも、決して、其侭(まゝ)に打ち捨て置くべからず。厳かに戒めて、後再びせざらんやうにすべし。されど、前にも述べたる如く、頑是(ぐわんぜ)なき小児は、悪しきと覚えずして、過ちをなすことあるものなれば、そも思ひ計らず、厳かに叱り懲(こ)らすときは、遂に、其叱責を恐れて、さま〲にこしらへ作りて、虚言をいふに至るものなれば、能く〲慎戒すべきことなり。独立自治の精神は、子女共に覚悟せざるべからざることにして、成長の後よく、難に耐へ、事を成す者、実に此確固不抜なる独立自治の精神に依るものなり。而して、之を養成せしむるも、亦母の任最も重かるべし。故に、児女幼少の時より、その心して教へ導くべきなり。世には、較(やゝ)もすれば、年少なき子女が心身の発達不充分なるが故に、母のこれを保持して、衣服飲食起居より、其他朝夕一切の事を助けなしたる習慣、知らず〲、其児等を驕(おご)らしめて、自らが四肢の働きも能く独り為すことを得るに及べる後も、母を使ひ、母を労して、己れ敢て怪しとも畏(かし)こしとも思はざるに至る者あり。実に恐るべく悲しむべき事ならずや。よし又、其従僕許多(あまた)召し使ふ程の富貴の家に生れたる者なりとも、母はなるべく、其子が幼少の頃よりして、能く自らを助くる独立不撓(ふたう)の精神を養はしめ、能く自ら為すの好習慣をつけしむべし。例へば、其帯紐(おびひも)等を自ら結ばしむるに、其不充分にして、かたく正しく結ぶこと能はずとも、母はそを戻(もど)かしく思はずして、側へより、これを熟視し、兎せよ角せよと、命令するのみにて、自ら手を下して為さゞるやうにすべし。又、物を見、物を聞き、或ひは学び覚えしむる事に就きても、出来得べき丈(だけ)、自ら考へ自ら計りて、わが分別をいひ出づるやうにせしむべし。斯くする時は、年長じて後、必らず其依頼心を少くして、甚堅固(けんご)なる独立の精神を強からしむるものなり。こは、独り男子に於けるのみならず、女子に在りても、此精神は必要なりとす。如何となれば、女子は、単に女子の母たるのみならず、又男子の母たらざるべからざればなり。然れども、自治自立といふことを取り違へて、女子も他に嫁せずして、独立の生計を営み、独自世に処するが如き事を以てよしと思ふべからず。前にもしば〲言へる如く、女子は従順を以て第一の徳とすべきなれば、宜しく三従(さんじゅう)の教を守るべきなれども、其一身の生計の上に於きても、希くば、自活の道を覚え置きて、其親夫の保護を仰ぐこと能はざるに至れる時、自ら助くるの覚悟ありて、一身を安らかに処せんことを期すべし。かくの如く確固たる独立自主の気象を具へ、一箇超然たる気概あり、将又、自活の道を計るも更に差支へ無き、天晴の女子にして、其己れが長ぜるも捨て、尊きも忘れ、至親至愛の人のために、身を謙り、心を委ねて、柔順恭敬、以て能くこれを尽したらんこそ、いと愛たく最良じくもあるべきなれ。

男子に在りては、殊に確乎不抜の精神を養ひ、他に依頼せずして、自ら立つの気象を強めざるべからず。而して、艱難崎嶇に処して、毅然として、其志操を変へざるが如きは、実に人間以上に信ずる所、恐るゝ所無ければ、決して其基礎強固ならざるものなり。畏こけれども、我が天皇陛下の、事ある時は、必ず先づ天神に告げ祭らせ給ひ、長へに、親祭の古典を尊び重んぜさせ給へるも、此理りなるべし。斯れば、其臣民たる者も、天にます神の御霊を崇め信じて、縦令、社会の潮、若し不調にして、全く濁り、正を非となし、不正を是となすが如き場合ありとも、我れは、能く我が義を守り、身を殺して以て、仁を為すに鋭なるべし。上智の人は、いざ知らず、中人より以下にありては、必ず、何等か無形に信じ頼む所無からんには、いかでかは、終止一到、実に能く斯くの如くなるべき。されば、母は小児に教ふるに、人間以上に位する神なるものありて、其神は、常に汝等が隠れたる所の善悪を知ろしめすものなれば、人知らずとて、露許りも欺き怠ることあるべからざるの理を示すべし。只迷信に陥らざるやう、注意すべし。又、古今東西の哲人、すなはち、勇士、義人、烈婦、節女が不撓の精神を蓄へて、苦節を凌ぎ、大敵に当り、国に殉し、君に忠なりし事蹟等を語り聞かしめ、其間に、忠君愛国の念を涵養せしむべし。然れども、小児未だ齢少なき程は、余りに、過激悲愴なる逆境に斃れたる事等は斟酌すべし。ともすれば、乱を好み、険を冒すの事たらざれば、心常に不平を懐く、燕趙悲歌の士を出さじとも云ひ難し。況して、女児に在りては、精神教育の方法最も至難なりと心得て、苟且の談話にも能く／＼注意すべきなり。

孝悌の道を教ふるにも、己れ自ら其模範を示して躬行し、其子女を率ゐざる可らず。先づ、家族の年長者に下り、老年の人を保護尊敬することを怠るべからず。一寸したるものにても、先づ第一に尊長の人には、最もよきものを取りて、慇懃に之れを捧げ、其悦ぶを見て悦び、其楽しむを楽しむべし。斯くするさまを、我が子ども等に見せおく時は、彼れ等も亦、己れが持てる物は、先づ其父母に分ちさゝげんことを希ふものなり。又、出入起居の際には、母自ら進みて、長者の機嫌を問ひ、且つ之を助け、真心を尽して、いかにも〳〵懇ろに仕へて、さて後に、幼児等に其長上に対するの行ひを教へなすべし。然れども、幼児等に教ふるには、勉めて其精神を感化する事を欲して、決して形態を矯正することを望むべからず。美育、即ち形の整へ等を学ばしむるは、大抵、子女が年齢の、小学卒業時期に至れる頃迄を待つべし。それも、家庭の組織完全にして、児等も其長上が為す所を見て、知らず〳〵、高尚閑雅にならん事は、もとより最良じき事なりかし。

孝悌の道は、又ひとり、家族の長者に向ひてのみなすべきにあらねば、児童が師友に対しても、亦必ず之を実践せしむべし。師道日に頽れ行きて、殆んど謝金を以て、学問を購ふのさまなれば、師弟の間更に恩義もなく、情愛もなく、弟子もまた、徒らに、我侭気侭の振舞のみ増長して、却りて己れ賢なりと為るが如きに至れる、いと浅間しき事なりけり。わが昔の武人的教育の状を我邦に見る能はずして、却て、泰西の諸国に見つること慨嘆の至りならずや。希くば、母は能く其子の言語挙動に注意し、師の尊ぶべく、敬ふべき事を懇ろに教へ為すべし。富貴の家の子弟などは、とかくに、其師を軽侮するものなれば、彼等の母は殊に注意して、厳く其を戒しめ諭して、苟且にも、さる観念をそが脳裡に宿さしめざるやうにし、教師には、多少いかにぞや思ふ点ありとも、決して、小児の面前にては、露ばかりも、批難攻撃すべからず。能く審査熟考して、愈〳〵不可なりと思ふ所あらば、已むを得ずして、其学校を変更し、教師を謝絶することあるべしといへども、ゆめ〳〵、軽卒のふるまひあるべからず。かくて後も、教師の去りたる後、かれこれと談り聞かすべからず。

斯くて、子女の年齢やう〳〵長じて、各独立の生計業務を営むに至りては、母は、なるべく、日常の事に干渉せず、出来得べき丈け、放任主義を取るべし。

要するに、何事も躬自ら実践して、小児をして、自然の間に薫化せしめ、単へに、完全なる未来の国民を作らんことを期すべし。さて、子女に、強健なる精神を宿さしめんとするには、先づ強健なる身体を作らざるべからざることは、前にも反覆して其衛生等のことをいへるが、尚又、幼児が、家庭教育の條に於ては、更に進みて、其運動につきての注意精神の加養のことを記すべし。

さても、小児は、天然自然に活発なる運動を好むものなり。斯くして、胃の消化と、血液の循環とを促し、以て能く、其身心の発達を速かならしむるなり。見よ。かの嬰児は床上(しょうじやう)に安臥(あんぐわ)せしむるも大人の如く、姑(しばら)くも静止することなく、絶えず、手足を動かし居るべし。斯く、其手足の働き自由なるに及びては、終止動き働き、駆け走りつゝ居るものなり。故にその挙動の騒がしきを厭ひて、大人の如く、静かならしめんとするは、極めて、不可なり。宜しく、適度の運動をすゝめて、能く其体育を充分ならしむべし。然れども、余りに過度なる運動、及び、危険ある遊戯をせしむべからざるは勿論、遊戯に耽りて、家に帰るを忘れしめ、或は、己れが日課をも打忘れて、終日遊び廻(ま)るが如きことなからしむるは、亦徳育と相俟ちて心すべきことなり。而して、運動は、出来得べきだけ、戸外にてせしむるやうすべし。殊に、広やかなる原野(げんや)に出で、新鮮なる大気を呼吸せしむるは、最も良き摂生法なりと知るべし。児女を伴ひて野外に散歩する時の如きは、殊に、体育のためのみならず、其間、自ら其智能を啓発せしむる事に心を注ぐべし。例へば、春の花、秋の草、梢(こずゑ)に囀(さへづ)る小鳥の類、地上を走る犬の群、みなそれ〴〵、智識を得しむる好材用ならずや。児童の天性をして見るもの聞くものにつけて、それよりそれと、さま〴〵の説明を求むるものなれば、其能力の理解し得べき程度に於て、懇切丁寧に説き聞かすべし。而して、庭園の花卉(かき)の手入れ、掃除の手伝(てつだひ)、または小鳥鶏、及(および)、犬などの取扱ひなど、よき程に手伝はしめて、ゆく〴〵は、其栽培の方法、飼養の世話をも知らしめなば、漸く、其性質効用、其他のことをも知りて、知らず〴〵、博物学の階梯を知るに至るべきなり。総じて何となき草の末葉だに、母の説明面白き時は、小児は悦びて大切に取扱ひ、且つ深く心に止むるやうになりもてゆくものなり。又、広闊(かうくわつ)なる眺望よき所に伴ひ、または眼界広き海辺(かいへん)、風光麗はしき高山峻嶺等を望ましむる時は、小児は、其身体精神ともに、すべて活発となりて、衛生上に少からぬ裨益を得るは勿論、天地の風光を愛する心、自づから高尚優雅の性情を養成するに至るべし。母は、其眼に映ずる各種の現象につきて、一々指点(してん)して、問ひ試み、教へ説く時は、物理学、地理学等の階梯は容易にして、小児が脳にも会得せらるゝものなり。それより進みては、彼れと是れと、もろ共に歩を運びて、其所より此所までは、何歩何間などいふことも知らしむるを得べし。其他、動植物、鉱物等各種の学科を習ふべき山口も皆この面白き眺望の中に写し出さるゝなれば、小児は、恰かも巧みなる幻灯を見るが如く、手を打ち、身を躍らして悦び興じつゝも、覚えずして、さまざまの智識を得もて行くものなり。小児が身体を強健ならしむるには、また、其精神の加養に注意すべし。殊に、神経質の小児に在りては、深く其精神に感ずる所の者如何によりて、左右せらるゝこと少なからず、然るを、母、若し己れが腹立たしきまゝに、怒りを移して、故なきに其子を叱責し、己れが憂はしきまゝに、其悲みを洩らして、打ちひそみ、涙をも見するが如きことある時は、幼児は、其至愛至親なる母の悲歎を見ては、我れもすゞろに物悲しく成りて、打ち泣きもし、又は其憤りにあひては、非常の不愉快を感ずるなるべし。幼稚の者の前にては、決して、父母どち相ひ争ひなどするさまを、苟且にも見すべからず。なるべく、平和なる温顔を示して、家庭の内、永久に、春陽の暖かなるが如くなるべし。されば、小児をして、運動遊戯せしむる時の如きも、先づ其精神をして、いかにも壮快に、つゆ心にかゝる事なきやうせしむる事肝要なり。されば、小児が『かくかくして遊びてもよきか』を問ふとき、一旦快諾して、ゆるしたるうへは、憚る処なく思ふ様に遊ばしむべし。決して、不勝不勝に之を許す等のことあるべからず。若し不可なるものならば、速かに其を制し止めて、其為すべからざる理由を説き諭すべし。又食事の時なども、なるべく彼をして悦び楽み、最も愉快なる感を以て食せしむべし。事毎に小言いひなどするは、甚だ宜ろしからぬことなり。食時に不愉快を感ぜしむれば、食物は決して速に消化せず。又其営養をとる事も、極めて少なきものなりかし。

　幼児は、また、種々の物語を聞くことを悦び、かつ好みて、これを人に談るものなり。故に、母はその嗜好を利用して、常に徳育智育に、裨益ある事柄を談り聞かせ、且つ其程度は、幼児が年齢により、智力の発達進歩に伴なひて、過不及なきやうにし、其為方はなるべく、幼き者の心に面白しと感ずる様にあるべし。然する時は、其智徳を啓発せしむるに、少なからざる利あることは、云ふまでも無く、幼児は、其最も愉快なりと感じて聞きもし、談りもする時は、知らず〳〵衛生の為にも、亦甚だ益あるなり。然れども、小児は、未だ己れ自身に、其分量を知ること能はざるものなれば、談話の愉快、其程度に超えて、気昂(きあが)り、眼さえなどして、其眠るべき定時をさへに、忘るゝが如きは、また身体の為宜しからず、されば、就寝の前などに於て、聞かしむる物語りは、余りに、其精神を鼓舞刺衝(ししやう)するに、過ぐるが如き事は、避け憚りて談る可らず。兎にも角にも、生先(おひさ)き遥かなる若竹の、まだ二葉なるほどには、なるべく、惨憺峻厳(さんたんしゅんげん)なる世の憂き節(ふし)を思ひ知らせて、濫りに、其軟弱なる脳を苦むること無く、常に春の日の長閑(のどか)に、麗(うら)かなるやうの心地に養ひなすべし。

　子女学齢に達して、学校に登るに至らば、母は一層其体育に注意して、なるべく病気の為め欠席等の少なからんことを期すべし。況んや、雑事のため、又他の出来事のために、しば〳〵子女をして其正科を欠かしむ可らず。世には、物見遊山などの為にさへ、幼年なる子女を休学せしめて、平然として、之を伴ふ者あり。而して幼児が今日は、遊戯の為に学校を休みたしと希ふに及(および)て、其を不可なりと咎むるが如きは、実に其言行相矛盾して、母の畏信を失ふものと言はざるべからず。然れども、母の其子の為に、能く学芸を修めんと希ふ余りに、己れ、いかに多事多忙の時に於ても、更に其子をして、我が手助けたらしむることなく、我れは、夙(つと)に夜(よは)に、起(た)ち居(ゐ)となみつゝも、子女は、なほ机に凭(よ)らしめて、筆硯(ひっけん)にのみ親しましむるが如きは、また極めて不可なるなり。況して、女児に在りては、殊に最も不利益なりとす。されば、母は能く子女等が日々課せらるゝ所のもの、難易を試み、此学課は、大抵何時間を要すれば、下読(したよみ)、復習等に差支へ無かるべし。此宿題はしか〳〵の時を以て、草案し得らるべしといふ事を監察して、さて、児童に命ずるに、相当なる家事の助けをせしむべし。斯くする時は、子女は、適度なる身体の運動と精神の変更とを得て、長者に奉仕するの道をも弁(わきま)へ、且つ、知らず〳〵、世故(せこ)にも通暁(つうげう)しもて行くものなりかし。是に於てか、人の母たらんものは、宜しく、普通学の一亘(わた)りは、修め置きて、就中(なかんづく)、子女取扱ひに過不及なからんことを期すべきなりけり。

二、姑としてのつとめ

心のをさめかた

実にや、花盛りの春の長閑さも、瞬くひまに過ぎ去りぬ。学校の課程のほかには、何事の心配も気遣もなかりし、青春の期、只昨日今日の心地せらるゝ頃は、はや他に嫁ぎて母と呼ばれ、主婦と言はるゝ時なりけり。世の憂きふしも、風荒き浮世の波も、真にこれよりぞしらるなる。それ将た、事ふるに親あり、語らふに夫あり、憂し、つらしとて、そもいか程の事かあるべき。なべて、人に事ふるは易く、人に事へらるゝ身は、却りて難きものなるを。されば舅姑在まし、夫ある間は、なか〳〵に為し易きものにこそ。さて漸く年ふるまゝに、やがて、己れ姑の地位に立つを思へば、媳となるも、姑となるも、同じき其身にあらずや。媳もつ身となりては、よく〳〵昔の己のが境遇に引きくらべて、媳のうへを思ひ遣るべきなり。

そも〳〵、息子に婦を娶りて、家系を継がしめ、子孫を繁栄せしむるは、元より親の任なり。人誰れか其子を愛せざらん。然らば其子が愛する媳も、また、愛すべきは、実に当然の道理ならずや。況してや、孝行の子を出すは、親先づ能く親の義務を尽し、其慈愛を施こすに於てこそ、始めて得べきなりけれ。姑と媳とは、所謂義に親しくして、情に疎き習ひなるに、今日は我が子として、昨日までは、他の家庭に教養せられたるを、慈しむなれば、道理は道理として、我意の如くならざる事も多かるべく、殊に各々の家風には、多少の異なる点もあるべく、又、才勝れたる婦なりとも、年まだ少く世故にも馴れざるべきを、万づに不如意なるは、また当然の事なるべし。己れが昔にくらべて、をもひやる点なかるべからず。今や家庭の組織も新旧の過度時代にありて、しだい〳〵に移り変り、婦女が社交のさまも、昔とは異なりもてゆくなれば、従来の如く、一々に舅姑の指図により、只管に事へて其家法だによく守らば、其れにて、そが義務職責は尽せりとやうにもゆかざれば、姑たる人は、あまりに、其の息子夫婦の為すことに干渉せず、大方は打任して、己れは静かに老を安んじ、余生を楽むべきなり。されど所生の女と別け隔てして、こと更に余所〳〵せよとにはあらず。親しみ慈むことは、更らに異るべきにあらず。兎にも角にも、万づ誠実もてしたらんには、世に、往々見る姑媳の不和などは夢にも見ることなかるべきなり。

されば、背言は聞くべからず。他人にても、身うちにても、媳の善し悪しなど、決して蔭口などすべからず。徒らに風波の起る基ゐをなすのみ、而かも謗を受くるものは、己れなるべし。さて姑の心得をいふ序に、我国従来の家庭の状態より、漸く移り来れる変遷のさまを記して、参考の資となすべし。

旧時の舅姑と媳と

我国の俗、上世は姑く置き、近世家庭の有様は、配遇を撰ぶにも、殆んど舅姑の権内にありて、媳を娶れば、姑母は恰かも一人の息女を挙げたるが如く、飲食起居の上に就きても、一々にこれを指南し、甚しきは、媳自らが結ふ髪の形、脱ぎ更ふる衣服の品定めまで、みな悉く、姑の指図に従ふの風習さへありし程なれば、到底、嫁して後数年の間は、其夫と親しく打ち語らふ折も無かりけん。況て、外出の如きは、大率、姑母に伴はるゝことにて、今の如く、夫婦車を共にして、公然、他の宴会に臨むが如きは、絶えて夢にだに見ざる所なりき。されば、当時の離婚は、夫の心に協はずして、決行せるものよりも、寧ろ舅姑の意に戻りて、離別せられたるが多きに居りし程なりといへり。是故に、新婦、人に嫁ぎて、最も心を労する所は、先づ第一に、舅姑の心を得んことを勉むるにぞ在りける。是れ即ち、封建時代に在りては、其家を嗣ぐ者は、才無く徳無きも、禄を世々にし、業を襲ひ、尚又其職をして、譲与せらるゝの幸福を得る事さへありし程なるが故に、縦令、孝子慈孫ならざるも、其父母に服従せざる可らざるの義務重かりけん。されば、よし其父母が無理不道の行ひを為して、咎なき妻を逐ふ事あるも、容易に違反する事能はざりしは、蓋し、其故無きに非らず。況して、風教の女子を抑ふる事最も重く、且つ甚しかりける社会に於ては、年少の女子、いか程、弁ずべき道理ありとも、決して、自己が意見を吐露するに道なく、涙を呑み、悲しみを忍びて、泣く〳〵も、其長上のなしのまに〳〵、終身の禍福を委ねたりけん。ことに、厳重なる庭の訓は、女子、一度夫の家に嫁がば、生きて、再び生家に帰ること勿れとさへに、誡めらるゝ程なれば、舅姑の命は、其理と不理とを問はず、一も二も無く、聴従する者とのみ、心得て、また敢て他意あること無かりしなるべし。さればこそあれ。嫁入の外出は、死出の旅路の心地して、涙にくれぬ女子とては、なかりけるも宜なり。嫁ぎて後の数年は、まことに針の席に座し、巌の上に居るの覚悟にこそありけれ。されども、舅姑には、従ふを習ひなりける世には、誰れとて、之を怪しと思ふ者も無く、また姑母の仏心ありて、慈しみ深き人に在りては、うら若き程より、我が手塩にかけて、教へ導きたりし媳は、真に我が生みの子の如く覚えて、閾の内波風立たず、義理の柵中々に心安立ての争もあらで、幸福の海、底ひも知らぬ、いとも楽しき家庭さへ、稀には無きにしもあらざりけらし。さるを、近来、世態の変遷につれて、知らずしも、今と昔と移りもて行く有様を見ては、舅こそは、男心に思ひ得ることもありぬべけれど、事の心を能くもたどり知ること少なき、姑の心の裡には、たゞ夢に夢みる心地して、怪しとも、浅間しとも、惘れ、惑ひて、打ち嘆かるゝも、また理りなきにあらず。されば、旧きより、新らしきに移らふ時代は、万づにつきて、容易からず。姑母のあらまほしと思ふことは、媳のあらずもがなと思ふ事にて、媳が斯くもあらなんと、希ふ事は、姑母のいぶせく覚ゆる事などもぞある。旧時代の習慣に染みたる姑どちは、能く〳〵、移りもてゆく時勢に鑑みて、つとめて、新しき智識を見聞き習ふやうにありたきことにこそ。

現今の舅姑と媳と

維新以降、急に我が鎖国の門扉開けてよりは、俄然として侵入せる泰西の新空気に、旧物は皆中有の空に漂はされぬ。ことに、少年にして、海外に渡り、壮年にして、故国に帰りし人の心よ。往昔にありしことは、なか〳〵に、定かに知るよしもなくて、第二の故郷とならされたる、かの西洋の天地、第二の性を作られたる、この教育の結果、見るもの聞くものにつけて、怪しく訝かしく思はるゝも理り、中につけて、家族の組織などは、最も心行かず覚えぬべき事にはありけん。先づ、欧米諸州に於ては、男女結婚の大礼を挙ぐる時は、すなはち、新たに一家をなすの期にして、新郎新婦が、初々しく営み為す、家の中には、心を兼ぬる舅姑も無く、気を遣ふべき小姑もなし。式終れば、直ちに、手を携へて登る初旅路、眼に珍らしき風光を見て、心に万年の契りを固むる、女子が終世娯楽の境は、実に、是時に在りとさへこそ、云ひ伝ふなる。斯く睦ましく結ぶ妻屋には、隙もる風もあらずして、千歳万年の後までも、相愛し相敬してぞありぬべき理りなれども、さても、人は馴るゝに易く、纔かに解くる心のうたてさは、舅姑在り、小姑も居りて、心遣ひも大方ならぬ、家族の内の、礼々しきに引かへ、性愚かしく、将た、頑なゝる、女子などにありては、いく程もなくて、其夫を軽しめ、我侭、気随のふるまひをなして、果ては、夫に疎まるれども、離婚の道、容易ならざる国にしあれば、去るにも去られず、止るにも止り難き、四苦八苦の困難に、夫妻、互みに背き〳〵て、面白からぬ、生涯を涙に送る輩も、亦、甚少なからずとぞ。されど、こは是れ、其最も悪き者の例を云へるにて、夫婦、相ひ親愛して、義理だても無く、打ち隠しも無き、家庭の中に生ひ立つなる、子女こそは、まことに、其性の清くして麗はしき事、又わが東洋の上流社会、義理だて多き家庭には、見ること甚だ稀れなるべし。

身のもちかた

希くは、今の教育を受けて新らしき世界に成り立ちぬる人は、余りに人情を撓め、天然に背きたる冷たき家庭を作らずして、舅姑は、その欲するが侭にして、又甚しく子供が言ひ行ふ所に干渉せず、其財あるは別居して、残りの齢ひを静かに安らかに送らんもいとあらま欲しき事なるべし。然れども、こは、将来の舅姑たるべき人に望む所なりけり。娵の身に在りては、決して、今俄かに斯くもあれかしなど、夢にも欲し望むべきにあらず。凡そ我が身の便りよからんことを欲せば、宜しく、先づ他人の上を思ひ遣るべし。試みに、現今の家庭に於る舅姑が心になりて見よ。己が若かりし時は、たゞ姑母がなしのまゝに、万づの事を耐へ忍びて、憂き年月を経る程も、単へに行くすゑの頼みをかけて、今こそあれ。我もまた、心に協ひたる、娵を迎へとりたらん暁には、今の姑君がやうに膝元去らず、侍べらせて、兎もせまじ。斯くもせまじと心に希ひつることの、予想は、なべて、交嘴の嘴と喰ひ違ひぬ。世の有様、家の組織、みな、目の前に移り変りて、我が心づからに、予め撰み置きつる娵が候補者は、子息の心に協はずとて、あらぬ人を外より迎へられたるを、其は怪からずと、戻き云へば、今の世は昔と異なり、妻定めは、父母が口入るべき事かは。夫たる人こそ、尋ね求めて思ひ定めぬべきものぞと、反対に袖引き止めらるゝ口惜しさ。さて迎へつる娵は、たゞ単へに夫の心を取らんとこそは務むれ。姑の気に協はずとて、物打ち案ずるさまもなし。

昔の娘は、たまさかに、我が親里に帰るすら、夫の気色を伺ひ、舅姑の機嫌を量りて、やう／＼に云ひも出で、希ひもしてけるを、今の娘は其が同窓の友の交際、ようせずば、物見遊山の外出をさへに、心の侭に振舞ひて、なほ出て入りの挨拶に、姑母が不機嫌をつぶやくめり。況して、公けの宴会などには、夫婦打ち揃ひて、招待を受くれども、父母舅姑は捨てゝ顧みだにせられず。宜こそ娘の我れを有るか無きかに取扱ふも理りなれ。夫婦を先として、父母を後にし、孝行とは頑なる昔の教へ、長者を尊ぶは当世にあらずとは、まことに悲しき世にも遇ひぬる者かな。長命すれば恥多しとは、能く云はせたる事なりかしなど、打ち喞言たるゝも亦、無きにあらずとぞきく。思へば、現今の舅姑こそ、いとほしきものにはあれ。其が若かりける程は、常に祖先の余沢に浴して、世禄世襲なるを常とし、何事を企て、何者を営まずとも、たゞ其父母舅姑に能く事へて、其家法だに、固く守らば、其れにて、我職責義務は果たせるもの、身衰へ、年老いたらん頃は、また、我子、我が娘達の、我が父母舅姑に事へし如く、我等を労り、我等を養ひ、我が心の欲するまに／＼、残りの世は安く送りてましと、待ち設けつるものを、昔の事は夢と覚めて現につらき目をぞ見る。今の世の人の云はん様に、親は親どちと離れ住みて、思ひ／＼の生活もせましと思へども、貯蓄も無く、職業も知らぬ、老の身の、又今更に何事の為し得らるべきかは。さりとて、つれなき命を私に断つべきにもあらず。兎してやよけん。角やせんと愚痴いふ老人の、中等社会、殊に士族の輩には、少なからずと聞くぞ痛はしき。されど『己れの欲せざる所は、人に施すこと勿れ』身を摘みて人の痛さは思ひ知りぬべし。よく／＼おのが昔に思ひくらべて娘をいたはり慈み、よろづ信実もて、事とりしたゝむべきなり。

実にや、世の中の事は、往々に意にかなはぬ勝ちにて、決して我思ふやうにはあらぬを、我が子息の一日も早う妻迎へて、初孫の顔見たや、娘はいかに頼母しきものならん、初孫のいかに可愛ゆからん、家庭の朝夕いかに楽しからんと、楽み設けし事の、とかくはうらうへにて、さても果敢なき愚痴の言ひつゞけらるゝおそましさ、と同じやうなる繰言の、甲乙よりも聞きたることとなるが、こは姑のあまりに希望の好過ぎたるにて、子息の妻娶らぬ間は、家庭の和楽は、異性なる母一人の身にありしなれども、妻迎へては、最も其齢も格別違はぬどちが、楽しくも、面白くもあるは、当然の事なるべく、事とりしたゝめさするにも、母に頼むよりは、妻にさするが気易すかるべく、母に談らふよりも、妻に談らふは捷程なれば、何心とはなく、妻に云ひ、妻と共にし、度重なりては、怪しとも、悪しとも思はぬに至りぬべけれ。さりとて、妻よりも経験あり、妻よりも敬重すべき、母を思ふ情の頓に消滅すべき道理なく、寧ろ重大の事は、必ず先づ、其経験多き至親の母に謀らでやはあるべき。若きどちの運動は、歩みも軽く、物事も面白かるべし。老人の交らはねばならぬ場合もあり。又交りては、窮屈なる折もあらんと、我が若かりし時の事ども、思ひ合はせて、偶には子息の羽伸ばしもさせんと、心広く思はゞ、子ども等の睦ましきは、それ程結構なる事はなし。中悪くて出で入るの紛紜起るは、姑の重し足らぬといふ誹の一つにも数へらるべければ、よく思ひ顧みて、何事も悪しざまに思ひ取らぬが善きなり。さて今此項を結ばんとするに当り、吾が曾て親しく見聞きせる楽しく有りがたき家庭のためしをしるして、姑母の参考となしてん。某といふ姑母の若き媳に対するさまを見たり。御老人のさても凄ましき御勉強よといへば、わが若き程は学校と云ふものもなくて、たゞ習ひ覚えしは、針仕事や、遊芸のみ、今の人は、仕合せに学文といふ事をしたれば、我れも閻魔王への土産に、日本外史と、詠歌とを媳より習ふなり。其代りに、我れは媳に香のものゝ漬け方や、経済のやり方を教へつゝあり。兎角、老人には、新しく取らんとする気象欠けて、為すことの無きまゝに、知らず／＼、小世話も焼き度なるもの、常に所業あれは、決して、余計な心配はせぬものにぞある。其故、我れは、斯く物学びを始めたりと云ふ。さても賢しこき姑母の心がけかなと舌を捲きつるに、一日姑母は朝早くより起きて『サアサア、今日は日曜なれば、夫婦して緩々遊んで帰られよ。夜は遅くなりたりとて、二人連なれば、案じはせじ。留守は確に預れり』とて、急がし立てゝ、出だしやりつ。さて、翌日は、今日は、媳御に留守を頼みて、老人連にて、花見に行くなりとて、又いそ／＼として、衣裳改めらるゝに、媳いかでかは、取り持ちせでやはあるべき。昨日一日保養せさせ給はりつれば、今日は、何卒、姑母の君の歓び楽みて帰り給はんやうにと願ふ心、おもてに表れて、持ちつ持たれつ、さも楽しげなる家庭、これぞ賢き姑母の鑑とぞ覚えし。ことはざしげき廿世紀の今日、よし、とても昔のやうに父母舅姑に事ふることにのみに、打ちかゝりてのみあらんは、難かめれば、能く若きどちを思ひ遣りて、成るべく、世話焼すぎぬやうにあらまほし。

三、姉としてのつとめ

心のをさめかた

兄弟姉妹の友愛篤かるべき事は、前巻少女としてのつとめの條に述べ置きたるが、幼き時に在りては、誰れしも、睦み親しみ、兄姉が弟妹を慈しむ情は、なか〱に敦きものなれども、世には、年やゝ長じて、各嫁ぎもて行き、一家を構ふるやうなりては、或は相愛するの情衰ろへ、難を見ても救はず、病をも恤へず。其甚しきは、相仇視して、浅間しき争ひなどするに至るものさへある、嘆かはしき極ならずや。されば、姉は弟妹に対して、終世友情を深厚ならしむべし。

身のもちかた

兄弟姉妹は、みな同じ血統より別れて、ひとしく父母の分身なるが故に、最も親しく、睦ましく、相倚り相助けて、連なる枝に風騒がず、各々いや栄えに栄えゆかんやう、世を終るまで、頼もしくあらまほしくあるべき事なり。父母はいかに、高齢を有ち給ふとも、順にいへば、如何にしても、我れより、遥かに先き立ちて、世を去りたまふべきなれば、そが形見なる同胞こそ、長く相思ひ相和ぎて諸心に、勉め励みつゝ、父母の志をも嗣ぐべきなりけれ。

そも〱、兄姉慈を以てし、弟妹敬を以てし、両々互に相愛してこそ、始めて、春風和煦、靄々たる睦びも出で来べきなれ。而して、年長者が気質風儀、即ち其一言一行は、ひきて、年少者の気風を養成する者にて、兄姉は弟妹の先達たり、模範たり、分けても姉は、女性なるを以て、天資温順博愛の徳、必ず能く、他の同胞を薫化すべき理なるが故に、かへす〱も、其己れを修めて、能く之れを他に及ぼさんことを勉むべきなり。

弟妹に対する心得

弟妹よく我教を奉じ、又能く我事に服さば、能く懇ろに労はり褒めて、益々善き道に進ましむべし。若し是れに反して、我れに背き戻らば、是れを咎るに急にせずして、先づ我言の当るか当らざるかを、再考し、我取る所是にして、彼れが云ふ所非ならば、始めて能く、他を訓戒説諭すべし。然れども、過ちありとて、濫に、幼者を叱り懲らし、事ごとに制したしなむるは、その宜しきを得たるものにあらず。懇ろに教へ導き、善き模範を示して、之にならひ得たらん時は、之を賞し褒めて、少者をして、喜びて、善に進み、良に向はんやうにしむくべきなり。兄弟には怡々たれ、希くば、其友情を破り、其恩愛に傷くるが如き事、なからんことを期すべし。何はありとも、尚能く、我が赤誠を尽くして、責めず、叱らず、遂ひに、能く、薫陶感化せんことを欲すべきなり。

　姉の弟妹に対する心得は、恰かも、父母の威厳ありて、且つ、世故にも通じ、習慣にも馴れ、万づに就きて、其齢も、少者と甚しき差異あるが多かるべきを、よし、仮に、親子に均しきがありとするも、弟妹の思ひなしなど、同胞と父母とは、決して、同じかるべきにあらず。殊に、我れもまた、父母の如く、なべての事を専らに、示揮命令すべくもあらねば、このあいま能く、其長者たるの徳望と義理とを欠き損ふことなくして、然も、己れ、父母と均し例にあらざる地位なる事を、先づ能く心得置くべきなり。尚云はゞ、我れは、父母の仰せを受け、父母の心の向ふ所に従ひ、父母が助けとなりつゝも、わが弟妹をして、父母に孝行を尽すべき、教導者たらん事を思ふべきなり。されば、己れ斯くあれかしと、弟妹に望みつる事にても、父母の、しか為さらん事を思さば、決して、恣まに、少者に命ずべからず。退きて能く能く考へ、いかにしても、斯うぞ為べきものなるをと、深く信ずる事あらんには、父母の機嫌よからん折に、窃かに、これを告げ勧め、父母の許しを受けて後、更に弟妹に伝ふべし。ゆめ／＼、我れ怜悧気に命令がましきふるまひす可らず。我れも弟妹と、父母を同じうして、生れたれども、彼等に先立ちて世に出でたる許りに、姉と呼ばれ、年長者と推さるゝ事、実に幸福なる次第なれば、其姉たり、年長者たるに恥ぢざるべきふるまひこそあらまほしけれと、常に能く念じて、万づに就きて情深く、しかも、厳かに正しかるべき、心の法を超ゆることなく、少者をして、能く正道に導かんことを希ふべきなり。かまへて／＼、己れが、年の長ずるまゝに、年若く、智短き者を侮り軽しめ、又は、濫りに叱り懲らし、嘲り貶しむるが如き、卑劣残忍なる挙動苟且にもあるべからず。其我れに懐み親しまんは、殊にいとをしみて、心の限り教へ助け、慈み育むべきは、云ふも更にて、若し幼き者の強情、我慢なる、又は父母の鍾愛を頼みて、倨傲不遜のふるまひをなす事ありとも、姉たらん人は、能くこれを堪へ忍びて、腹立ち怒り、或は俄かに矯正せんとあせる事なく、心しづかに、其正すべく教ふべき道を講じ、徐ろに、其不可なるを誡め諭して、つひに、其人の心より悔い改めんことを期すべし。

又、己れが年長者たるの故を以て、父母の、我れに給する事厚からんには、宜しく之を悦び受けて、後に其頒つべきは頒ち、其共にすべきは共にし、少者をして、羨やみ、猜み、将た、心淋しき感じを、起さしめざるやうにせしむべし。然れども、少者は、長者よりも、すべての事の、立ち後れて、不充分なるべきものなり。されど、少者も亦、年長ずれば、更に年少なる者に先立つべきものなるが故に、幼少の頃、非分の驕に耽るが如きは、孝悌の道に協へるものにあらずして、且つ将来の不幸を招く基たるべき事を、能く／＼談り聞かしむべし。

父母、若し憤りて、少者を叱責し給ふこと甚しくば、我れは、もとより、其憤怒を沈めて、能く、其為に謝罪の労を取るべきは勿論なれども、余りに少者を覆ひかばはんとして、父母に偽り、又は父母の詞を挫きて、少者を挙ぐるが如きは、極めて不可なり。己れ宜しく、其過ちを犯したる者の位置に在るが如き心もて、慎み畏みて、父母に詫び、且つ、其弟妹を、誨して、能く幾度も謝せしむべし。縦令、親の仰する所、理に違ひて、如何ぞや覚ゆるふしありとも、決して少者の前にて戻き云ふ可らず。那辺までも、尊長の威信を減ぜざるやう、之を挙げ之を助けて、能く其命ずる所の行はるゝやうにすべし。斯くて、諫むべきは、陰かに諫めて、其過を過ちとし、父母の少者をも慰諭し給ふべくば、真に其心より出で、宣ふやうにとりしたゝむべし。かまへて、私の恩を売る事なかるべし。又、少者の父母の事に心服せざる等の事あらば、是亦決して、捨て置べからず。宜しく窃かに諫めて、よしや、父母の思召に違ひ給ふ事あり、或は激怒の為めに其中を失ひ給ふが如き事ありとも、其御心には、唯単へに、我が子善かれと慈しみ給ふ余りに、痛くも憤り、苛くも責め給ひしなれば、決して、勿体なくも、其を恨み喞言ちて、詞を返し、又は、陰語いひなどする等のこと、あるべからざるべきを、能く／＼教訓すべきなり。

又幼き人は兄姉などの、人に招がれ、或は、物詣ですとて、外に出づる時は、諸共に従ひ行かんことを欲する者なり。其は、まことに理りなることにしあれば、伴ひ行きても差支なからん所ならば、なるべくこれを同伴すべし。然れども、幼き程は、他人の家又は、人込の中などは、先づ大抵避け憚るべき事なり。故にさるべき方へ同伴して、少者の打ち悦べる時に於て、其行くべき所と、行くべからざる所との区別を示し、年少者は年長者の如く何人にも招待され、何処へも行くべきものにあらざる事を教へ、彼等の心より、能く会得して、無理我侭なる希望を懐かざるやうに注意すべし。

尚同胞の事につきては、いはまほしき事多かれど、そは、妹としてのつとめの所に記すことゝすべし。

四、妹としてのつとめ

心のをさめかた

兄姉は、父母に亜ぎて尊敬すべき長者に在せば、常によく悌なるべし。何事も、その指揮教訓に従ひて、いさゝかも違背することなく、又露許も私意私欲を逞しうすること無くして、能く和順恭謙の徳を守らんことを勉むべし。

身のもちかた

然るに、同胞は、大方一つ家庭に生ひ立ちて、余りに心の隔て無きまゝに、知らず〳〵、我侭となり、心易たて出で来て、且つは、其齢も甚しき差違無き姉妹などにありては、幼き程は、やゝもすれば、兄の心に逆ひ、姉の意に戻りて、其仰することを遣り返し、又は、命ぜられたる事も用ひず、甚しきは、我れから兄姉に対ひて、無礼不敬のふるまひをさへに、為す者無しとせず。いと浅間しき事なり。慎しむべし。且つ、末の子は、父母の盛り過ぎて後、生ひ出づるが多き習ひなるからに、諸共に世に在る程の短き故にや、親子の情のことに深くて、やゝもすれば、其鍾愛の度の、兄姉に優りて、いとほしくせらるゝ事無きにあらず。さるからに、少者は、父母の愛を頼みて、年長の兄姉を凌ぎ、己れ心の侭に、打ちふるまふ輩無しとしも限らず。悲しき事なりかし。父母若し兄姉に超えて、我れを慈しみ給ふことあらば、弥々恐れ、益々謹みて、我れは尚一しほ兄姉を敬ひ親み、また事の序には、窃かに父母を諫め参らせもし、兄姉の上いとほしく思しならんやうに、取なし申すべし。さて事ある時は、弟子其労に服するは、もとより当然の事にしあれば、我が執るべき業を執りつゝある程のいとま〳〵にも、先づ父母の為にすべきは云ふも更なれど、尚、兄姉のためにも、手もとの用を足し、又は、はかなき事にも、其心を慰むべき、事どもを、語りもし、行ひもして、二つ無き者に思はれまつるべし。又人より贈られたる品、他にて貰ひたる物などは、我れのみ之を領すること無くして、先づ其優れるを、兄姉に分ち参らすべし。出で入りには、道を譲り、起居には、席を避け、常に、恭謙の徳を守りて、苟且にも、倨傲不遜の挙動あるべからず。

同胞のいましめ

又兄姉の万づに就きて、教へもし、戒しめもせられたらんには、深く喜び畏みて、慎みて、其教を受くべし。斯くて習ひ覚えたることは、幾度も復習して、忘れぬやうに心がくべし。又、兄姉の、命ぜられたることも、能く心に留めて、忘るべからず。凡そ長者の教へもし、命じもせられたる事を、少者の愚ろに、心にしめて、記憶したらんは、まことに云ひがひありて、頼母しく覚えぬべきものなるを、これに反して、何にも〳〵打ち忘れもし打ち捨てゝも置きたらんには、云ふも更にて、遂には疎ましく、厭はしくさへぞ、成りもて行きぬべきものなる。人の記憶の善し悪しは、其体質と、天性とによること少なからずと雖ども、大方は、物を大切に思ひて、忘れじ、失はじと、心に留むる事の疎かなるに基すること多し。忘れぬべく、危まれぬることならば、小さき手帳と、鉛筆とを懐ろにして、常に長者の仰するまに〳〵、書き記し置てもあらなん。いかに虚気なる人なりとて、食らふこと寝ぬることを忘るゝ者のあるべきかは。其れ習慣となりはてたらんには、などかは、物の記憶に止まらざるべき。能く思ひ見るべき事なり。又兄姉の賜はりたるものも、父母の賜ひたるにさし亜ぎて、大切にすべし。よし、己れが心には、飽かず覚えぬべき物なりとも我れに賜はせたる、友情の厚きを思ひて、更に〳〵不足がましき気色あるべからず。食物ならば、一箸(はし)、二箸許(ばか)りにても食し、衣服、装飾品ならば、勉めて身につけ、器具ならばなるべく使用すべし。さても我れに似合(にあは)しからず。家にふさはずなどもあらんには、其時に兎も角もすべし。かまへて、始めよりあらぬさまに取扱ふこと勿れ。

兄姉の叱りたまひしこと、又は過ちせられたらん時などにも、決して、心短く、口軽く、他人に語り、奴僕(ぬぼく)などに洩らすべからざるは、云ふまでもなく、決して、父母にも告げ参らす可らず。父母の其れが為に心遣(つか)ひし給はんは、いと辱(かたじけ)なきことなり。然れども、其れ諫めではあるまじく覚えぬる程の大事にして、我が力には、能くなすこと能はじと思はゞ、已む無くも、父母又は其れに代るべき人にも云ひて救正(きうせい)の策を求むべし。たゞ如何なる場合、何等の大事ありとも、おし包むがよしと云ふにはあらず。寧(むし)ろ、ありの侭(まゝ)に申さんこそ、咎(とが)無かるべきなれ。されど、口に出だして悪からん事、又已れ、一人忍びたらんには、事無くて済みぬべき事ならんには、必ず〳〵心に秘めて、濫りに、他に洩らす可らず。女子は殊更に、幼き程より、耐忍の力を能く養ひ置かざる時は、長じて他人の家に至るに及びて、俄(にはか)かに、えも云はぬ心つかひを生じて、身をも心をも痛く苦しむるものにこそあれ。何事も若木の枝の撓(たわ)め易きが如くなる幼年の時に、気侭(きまゝ)我侭(わがまゝ)の悪習慣にそまずして、物を忍び事に耐ふべき、好習慣をつけしめんこと必要なりと知るべし。

又、姉達の衣装、其他の物、我れに立ち優りて、麗はしく厚からんさまなどを見て、決して、露許(つゆばか)りも、羨むべからず、長者の少者に勝り、妹の姉に劣るは、もとより、しかあるべき道理にして、更に〳〵、不満不足を抱(いだ)くべき事にあらず。寧(むし)ろ却りて悦ぶべき事なり。何となれば、わが父母の能く道によりて、少者の長者に下るべき事を教へ給ふは、いと忝(かたじけ)なき事にて、さればぞ我れも心の錦(にしき)愛(め)でたく、世に織り出でぬべきなる。況して、人間の禍福は、常に、上帝の命じ定め給ふ所にして、其終身、費すべき物にも、大方の限りあるものなめれば、幼き時に、其分に過ぎて侈(おご)る者は、年長(とした)けて後、必ず、乏しくなるものとこそ云へ。いとも〳〵怖るべく慎しむべき事なりかし。

とにもかくにも、少者は常に能く長者に従ひ靡(なび)きて、従順謙遜にして、しかも真誠摯実(しんせいしじつ)なる心、自らなる友愛の情、事ごとに溢れ〳〵て、靄々(あい〳〵)たる家庭に、若木の枝の、とも〴〵に栄(さか)えに栄え行かば、父母に孝なるは更にもいはず。持ちつ持たれつ、互みに栄ゆるは、やがて、己れが幸福に非ずや。彼の兄弟墻に鬩ぎ、兄弟は他人の始りなどの忌はしき、言葉を、此社会に存在せしめざらんやうにすべく心のまに〳〵いかにともなるべきなり。

さても、同胞は手足の如し。手足、若し分厘の刺を得、微細の疵をも受くる時は、身体の全部、みな悉く、其痛苦を感じ、且つ、之れを一刻も早く抜き去らん。治療を施さんと勉むるは、無論の事なり。しかのみならず、足又過ちて跌き、手又過ちて傷きたらんにも、脳は、なほ、全身の諸機関に令して、速かに、之が救助の方法を取らしむるなり。斯くの如く、人も、其同胞が、災厄患難に遭ひたらん折には、単へに我が身の災難と心得て、一日も早く、其れが為に、救正保護の道を尽し、能く円満なる友情を全からしむべく、若し又過誤失錯あらんにも、尚之れを諌め、之れを戒しめて、遂ひに能く善に移り、正に帰するやうに導かんことを希ふべし。決して、無情に遮断放擲すべからず。然れども、手足若し負傷を蒙り、或ひは、腫物を生じなどして、其一部を切断するにあらざれば、つひに、其生命を失ふに至ると云はゞ、脳は、宜しく速かに、其耳に、聞く所の、忠言を入れ、愛を割き、痛みを忍びて、忽ちに之を切断し去るべし。されば、同胞の情誼に於けるも亦然り。其救ふべく、正すべき道あらば、いかやうにも、矯正訓誡して以て、之れを助くべきは、云ふ迄も無き事なれど、若し、何としても、救はれ難しと思はゞ、泣く〳〵も之れを捨て遠ざけて、己れその不義不正に陥らざらんことを期すべし。宋襄の仁は、身を亡すの基、匹夫の諒は死を徒らにするの事、況んや、愛に溺るゝの弊は、却りて、他をして、自立反正の気を、沮喪せしむべし。女子は、殊に、多感多涙の者なれば、最も、是等の点に、能く注意して、知らず〳〵も過悪を助け、不正を長ぜしむるが如きこと無からん事を期すべし。さればなほ、希くは、女子が温順高潔の徳、人をして、覚えず之に薫化せられぬべきやうにぞあらまほしき事なる。

同胞は、互に相助け相親しみて、友愛篤かるべき事は、前屢〳〵いへる所なり。彼の毛利元就が、其子息に遺言して、兄弟互ひに相ひ助くべきを訓へ、箭を折りて、共心僇力せんことを誡めたるとは、小学児童も、能く之を知れり。然れども、之を知るは易くして、之を行ふは難きものなり。始めは、ひとつ家庭に生ひ立ちぬる人の、遂に此所彼所に行き分れ、妻を迎へ、夫に配ひては、ともすれば、背き〳〵に成りもて行くこそ口惜しけれ。されば、この友愛の情は、幼き時より、能く之を養成して、相救ひ、助くるの好習慣をつけしむべし。父母の其子に対する恩愛は、誰れにか、優り劣りのあるべき。年長(た)けたるは頼母(たのも)しく、幼きは憐れなるべし。斯かれば、同胞の、互ひに相ひ親しみ、相ひ助けて、常に、心よげなる様を、見せ参らする許(ばか)り、父母の嬉しく、悦ばしく、思召さるゝ事やはある。斯くては、我が無からん後も、後ろ安しとこそ思すらめ。これぞ、此上なき孝行とは云ふべきなる。さるを、若し、兄弟姉妹寄れば障(さは)れば、争ひ逆(さから)ひて、不興気(ふきょうげ)なる気色のみ多からんには、父母は長(とこしな)へに、物を思して、我等が世に在る程だに、斯かる況して、あらずなりなん程は、いかならんなど、胸痛く覚え給ひぬべきこそ、返す〳〵も忝(かたじけ)なく、罪得(つみゑ)がましき事にはありけれ。凡そ、骨肉の同胞が、讐敵(しうてき)の思ひをなして、遂ひに、相ひ鬩(せめ)ぎ、相ひ傷つくるに至ることは、大方は、利己の欲てふ悪魔が、しわざなること多し。此悪魔は、智慧なる心をも暗(くら)まし、豪邁(がうまい)なる胆(たん)をも奪ひ、尚且つ、天受の性命をも縮むるものなり。されば、人苟(いやし)くも能く、この貪欲を去りて、清廉の欲を守らんことを期せば、いかでかは、同胞互みに背き離るゝの悲しみに遭ふことあるべき。幼き程は、同じ父母が愛の懐(ふとこ)ろに育まれて、卓を共にして食し、室を共にして寝(い)ね出るにも入にも、相ひ呼び、相ひ伴ひて、睦(むつ)れ習はしたる者が、遂に仇敵の行ひを為すが如きに、至れること実に怪しとも、浅間(あさま)しともいふべき詞(ことば)も無き程なれども、私欲の為には、忽(たちま)ちにして、意外にもこの人倫の変を見ること、これ無しとせず。中に就きて、殊に最も注意すべきは、わが上流社会に於ける兄弟姉妹の友情なりかし。其襁褓(むつき)の内より、別殿(べつでん)に養はれて、傅侍臣属(ふじしんぞく)も、みな悉く、其党(たう)を異にし、従ひて、是等の、たゞわが主君のよかれかしとのみ希ふあまりに、己れを挙げて、他を貶(おと)しめ、連枝(れんし)の中に垣(かき)結びては、隔ての関(せき)の。一日〳〵に其戸鎖(とざし)を固くするからに、他人がましき行儀作法に、物争ひ、一つ起らぬ、外面うつくしき、其が裏面(りめん)には、冷たき風常に通ひて、春暖き、友情の、起るべき期も無きまゝに、一朝、其隙(ひま)を求むる者あれば、忽(たちま)ちに背きて離れて、兄弟雄(いう)を戦場に競ひ、姉妹、勝を、公けに争ふが如き、いと浅間(あさま)しき結果をさへに見ることありき。是故に、富貴の家に生れて、常に侍婢(じひ)臣僚の、其左右に侍らん人は、最も能く、この同胞友愛の情を厚からしむべき教育を行ひ習慣をつけしむるこそ、肝要なりけれ。されど、詩(し)に所謂、「兄弟墻(かき)に鬩(せめ)げども、外その侮りを防ぐ」とかや。断たんとして、断つこと難き、骨肉の其情は、天然に発して自然になるものなれば、其教ふべきは懇(ねもご)ろに教へ、其戒しむべきは、徐(しづ)かに戒めて、互に助けつ助けられつして、終止、能くこの兄弟姉妹が、円満なる友情を全からしめんことを期すべきなり。況(まし)て、女子は、其資性和順温良の徳を有ちて、常に、春陽の万物を発生化育するが如く、他の激怒を和らげ、他の反乱を沈むべき天賦の職責ある者なれば、其兄弟の間に立つて、能く之を調和すべく、且つ、其妯娌(あひよめ)に対しては、殊に親しく懐かしく、打ちふるまひて、年長(た)けたるは敬ひ、齢(よはひ)少きは懐(なつ)け、たゞ真心に裏無く、相親しみ相助けて、孝悌の道を尽すべきなり。

又、同胞過ちあらん時は、縦令、年長者たる、兄姉たりとも、徐(おもむ)ろに、これを諫め改めしむべきは、勿論の事なり。然れども、古訓にも、『朋友には、切々偲々(せつ〳〵しゝ)、兄弟には怡々(いゝ)たれ』とあるが如く、善き事ありとも、余りに屢(しば〳〵)論じ争ひ、その中のそば〳〵しくならんは悪し。我が力に及び難く思ふことは、そが親友なる有徳の人に謀(はか)りて、善きに導き、悪しきに遠ざからしめんことを勉むべし。同胞は、手足の如く、極めて、親しかるべき理(ことわ)りなれども、互(かた)みに配偶を求め、子を挙げなどして後は、ありし昔のやうにもあらずなるが、尋常普通の人の習慣なれば、是等の点にも、能く注意して、出来得べき限り、其情を破らざらんやうにと希ふべきなり。

小姑に対する心得

小姑は、夫の兄弟姉妹たるが故に、其心得は前條述ぶる処と格別変ることなかるべしと雖ども、こも亦、舅姑の、父母とやゝ異なる処あるが如く、義を以てなるものにしあれば、いさゝか別に注意を要するものあり。小姑は、我同胞とひとしく、いと睦ましく親しかるべきものを、始めより小姑は、鬼々(おに〳〵)しくて、我れを仇敵視するものなりと、心に先づ迎ふるからに、自ら色にも顕(あら)はれ、詞(ことば)にも洩れて、我れより垣を結ぶ故に、彼れ亦我れに楯をつきて、広くもあらぬ閾(しきみ)の中に、小さき敵国をつくるこそいと、愚かなるわざなりけれ。何にも、我が誠の心を以て、新たに同胞を得し思ひをなしつゝ、其年長(た)けたるは敬ひ親しみ、年少なれば、懐(なつ)け慈しみて、我が手足を多くしたらんにはいかに楽しく面白き月日をこそ送らるらめ。ゆめ〳〵浅間しき、鬼千疋の名をして小姑に冠らしむることあるべからず。

五、小姑としてのつとめ

諺に『小姑は鬼千疋に対ふ』といへる悪言は、何日の世にか言ひ初めけん。さても酷き名を附しものかな。いかで世の小姑となりたらん人々は、この忌はしき諺を消滅せしめん事を希はざらめやは。こは、固より教育を受けたる人々にはあるべき筈もなければ、下等社会の者に冠らしめたる名なるべきも、往々にしてあらぬ噂を耳にするこそおぞましき極みなれ。されど、前にもいへるごとく、浮世の波風しらぬ、年若きどちなれば、深くも其性行、習慣を知りあはぬ間には、自らさてもあらぬを、かくぞあらましなど些々たる事に拘りて、心に慊らずおもふものから、遂には隔ても出で来、親への告げ口、夫への訴訟、一家の波風の起るもあらん。世故経験に馴れたる人は、大いに自ら抑へ、他を恕るの心も厚かるべきなれども、小姑に至りては、未だ世故にも馴れず、経験にも富まず、且つ恩愛の春、常に暖かなる、父母の膝下にのみ在りては、外の嵐の冷たさも、わが身に思ひ知らぬ侭に、何事も我が家庭の花の一つ色のみ愛たしとして、他の異なる色を、疎ましと思ふが如き感あり。況して、年少なる女子の如きは、胸狭く、智短く、口早く詞多かるなどもぞある。斯る輩にありては、左も無き事を喋々しく親に告げ、兄に語たり、針小棒大に取りなすからに、舅姑は、もと、他人の嫁よりも、生みの我が子が言を是として、これに荷担し給ふこともあるべし。これまことに、浅間しくいとあるまじきことならずや。親身の中には、何事も、恩愛の心もて推し測らるゝからに、腹立ちても、物争ひても、瞬く間に直るべけれど、さもなき事も、義理ある中にては、いたく胸に答ふるものなれば、深く怨りて、露ばかりの事も苟くもせず、誠実を本として、恰かも、同胞の兄に対するが如く、最も和順恭謙の道を尽し、先づ能く、これに信ぜられんことを期すべし。斯くて、互みに、其心を知られたらん後は、更に〳〵、真実の兄姉に異る所無く、能く友愛の情を尽すべし。ゆめ〳〵、嫂姉がうへに就きて批評がましき事を為し、又は、其言行に附て、わが父母、兄等に告げ口する等の事なかるべきは言を俟たず。尚、なるべく調和者の位置に立ちて、母と嫂との感情をなだめん事を勉むべし。我れより如何に年長けて、且つ、物に智深き人なりとも、其家風に馴れざる程は、思ひ至らぬ由もあるべく、或はゆくりなき過ち仕出づる事無きにしもあらざるべし。しからん時には、己れも頓て、人の家に行きて、斯かる心遣ひ、せではえあらぬ身にしあればと、思ひはかりて、我が力の及ばん限りは、告ぐべき事は告げ知らし、助くべきわざは、能く助けひき参らすべし。さりとて、怜悧気に、さし出て、指図がましき事など、露許りもある可らず。云ふべき事は慎みていひ、心づくべき事は、懇ろに心づくべし。況して、姉に在りては、ひとへに、わが生みの妹と心得て、あはれなる者に思ひなし、万づに就きて、丁寧に教へ導き、父母の御心にも、兄の意にも、なるべく、適はんやうにと、取りしたゝむべし。決して、己れ年長者なりとて、驕り高ぶりて、権威がましく、打ちふるまふ等の事あるべからず。いかにも／＼、おほらかに情深からんやうにぞあらまほしき事なる。殊に、父母、ゐまさずなりては、万づ兄なる人の（又弟にても）蔭に従ふべきものなれば、其れに配する嫂、また其義兄とひとしきが上に、とかく、女は女どちにて、行末ともに親しまざるべからず。其身、嫁して他の家に行きたる後も、生家に疎きは、道の為にも情の為にも、まことに不快なるべき事なれば、其諸共に、家にあらん時は、能く／＼友情を暖め置きて、出でゝの後も、裏無く懐かしきさまに、睦び交らんことを希ふべし。世に助け多き者は、栄え、助け少き者は滅ぶ、助けは遠き方より求めずして、先づ其近きあたりよりせんことを切ちに思ふべきなり。いかで／＼、情を以てなり、義を以てなると云ふとも、皆是れ連枝の因み深くて、背き離れぬべきものにあらねば、互ひに補け助けられ、親しみ睦び、相愛して諸箭の折るに難きが如く、能く、其心を協せ、力を慴せて家の礎、弥固く、家の掟の益々揺ぎなからんやうにと、労き勉むべきことなりかし。

（女子のつとめ　下の巻　終）

解題

伊藤由希子（実践女子大学下田歌子研究所主任研究員）

『女子のつとめ』は、明治三十五年、下田歌子四十八歳の年に出版された。

この本の正式書名は『新編　女子のつとめ』であるが、本書の「序」で下田歌子自身が書いていることによれば、この本は、出版社（成美堂書店）の主人の勧めで、それまで学校や私塾で女子学生たちに教えてきたことを取りまとめて本にしたものであり、つまりそれまでは部分部分話したり書いたりしていたものを、一冊の本として字義どおり「新たに編んだ」ものと考えられる。

したがって、本書の内容にはこの本の前後に出版された本（たとえば明治三十年より三十四年にかけて出版された『家庭文庫』全十二冊（博文館）のうちの第五編『婦女家庭訓』、第六編『母親の心得』等）と重複する部分もあるが、その具体的な記述を比べてみれば少なからぬ相違が見られるし、そして何よりも、この本のように、「少女（むすめ）」「妻」「主婦」「母」「姑」「姉」「妹」「小姑」という、女性がその人生の内で経験するであろうさまざまな段階・役割について全般的に説いていることは、他の著作には見られない特徴である。

しかし、そのライフステージによって女性の役割がさまざまに変わっていくとは言っても、それは一人の女性が経験することであって、そこにはいついかなる場合にも変わらず求められる基本となるものがある。それこそが、本書で「誠」「誠実」「至誠」「至信」「真心」などとくりかえして表現される、人として、人や共同体に対して全力で純粋にまっすぐ向かい合おうとする精神の姿勢である。

このような精神の主観的な純粋性・全力性、倫理学者の和辻哲郎が指摘しているように、この日本においては『古事記』の昔からいつの時代も基本的な徳として人々に求められてきた。下田歌子もその伝統の中にいると言えるが、しかし彼女の特徴は、それを単なる精神論として説くのではなく、その純粋さを実際の生活の中で具体的にどのように発揮すればよいかを説いた点にあると言える。

一例だけ挙げておこう。上の巻の「四、主婦としてのつとめ」の「家事についての注意」の中には、往時の武家の引越しの具体的な様子がこのように描かれている。

我が家の道具類やあれやこれやの品を新居に移し終わると、前の家を実に清潔に掃除し、玄関や、奥と表の庭園にまで打ち水をして、便所、ごみためなどに汚物を残さず、畳の傷(いた)みや障子の破(やぶ)れをつくろって、座敷の床(とこ)の間には一幅の軸をかけ、花を生け、香を焚き、新しい手桶に水を入れて、柄杓(ひしゃく)を添えて玄関前に置き、煙草盆に火を埋(うず)め、冬であれば火鉢に炭を添えて、新しい箒(ほうき)

とはたきを一本ずつ置いておきました。そして、両家の主人か執事に当たる人が衣服を着替えて面会し、受け渡しの挨拶が終わると、そこでようやくそれぞれの新居に住むことになるのです。

下田にしてみれば、これらのことは、次にその家に住む人たちに対する「誠」、今まで暮らした家に対する「誠」、そして一人の人としての「誠」の具体的なあらわれである。だからこそ、現在の主婦たちにもこれにならってほしいと、下田は次のように言う。

前の家の掃除が終わり、破損した箇所なども大体つくろい終わったら、桶などに水を汲ませ、箒は一本残しておきましょう。言うまでもなく、棚をはずして釘を抜いた跡の傷を大きく残し、道具類を取り出した時にあちこちぶつけたままにしておき、泥のついた足で床に上がったままにしたり、あるいは庭園の樹木を掘り荒らして、物を運ぶ人が足の踏み場もないほどにするなどといったことは、ひどく思慮分別のない行動です。

具体的なことは時代や場合によって当然少しずつ異なってくるが、しかし「誠」は単に内なる精神・主観だけの問題ではなく、あるかたちをとって外にあらわさなければならない。そしてそのかたちは女性のさまざまな役割に応じて違ってくるが、しかしその根底で目指している「誠」ということはいつでも変わらないと下田は考えていたのである。

和辻は、「婦人の教養について」というメモの中にこのように書いている。

母及妻は女が人間として己れを完成する重大な方法にあらずや。……我々が最もよく人間たるは、我々の特殊の地位、個性、性の差別、職業等をそのまゝに、その生活を通じてなし得る也。それらを脱することによつて、「人間」たりと思ふは、足、地下を踏まざる空想也。……良妻賢母が目的にあらず、人間が目的也。

下田歌子も、女性たちが自分たちのその女性としての具体的な人生を通して、一人の〝人間〟としての生を豊かに生きることを願っていたのである。『女子のつとめ』は、明治期における、その見事な〝人間〟宣言の書である。

著者紹介

下田歌子［しもだ・うたこ］

1854（安政元）年、美濃国恵那郡岩村（現・岐阜県恵那市岩村町）に生まれる。幼名鉐（せき）。16歳で上京し、翌年から宮中に出仕。その歌才を愛でられ、皇后より「歌子」の名を賜る。1879（明治12）年に結婚のために宮中を辞した後は、華族女学校（現・学習院女子中・高等科）開設時に中心的役割を果たすなど、女子教育者として活躍。1893（明治26）年から2年間欧米各国の女子教育を視察、帰国後の1899（明治32）年、広く一般女子にも教育を授けることをめざして、現在の実践女子学園の前身にあたる実践女学校および女子工芸学校を設立。女子教育の振興・推進に生涯尽力し続けた。1936（昭和11）年没。

訳者紹介

伊藤由希子［いとう・ゆきこ］

実践女子大学下田歌子研究所主任研究員。

1975年、神奈川県生まれ。東京大学大学院人文社会系研究科博士課程修了。博士（文学）。

新編 下田歌子著作集

女子のつとめ【現代語訳】

著者　下田歌子　© Utako Shimoda 2017

発行日　二〇一七年三月二〇日　初版第一刷発行

発行所　株式会社 三元社

東京都文京区本郷1―28―36　鳳明ビル1階

電話 03-5803-4155　ファックス 03-5803-4156

印刷＋製本　シナノ印刷 株式会社

コード　ISBN978-4-88303-434-5